博士论文
出版项目

新二元经济视角下的资源配置效应

Resource Allocation Effect from the
Perspective of the New Dual Economy

张鹏清　著

中国社会科学出版社

图书在版编目（CIP）数据

新二元经济视角下的资源配置效应 ／ 张鹏清著.
北京：中国社会科学出版社，2025. 8. -- ISBN 978-7-
5227-5305-8

Ⅰ. F205

中国国家版本馆 CIP 数据核字第 2025TF0131 号

出 版 人	季为民	
责任编辑	程心雨	
责任校对	杨　林	
责任印制	戴　宽	

出　　版	中国社会科学出版社	
社　　址	北京鼓楼西大街甲 158 号	
邮　　编	100720	
网　　址	http://www.csspw.cn	
发 行 部	010-84083685	
门 市 部	010-84029450	
经　　销	新华书店及其他书店	

印　　刷	北京君升印刷有限公司	
装　　订	廊坊市广阳区广增装订厂	
版　　次	2025 年 8 月第 1 版	
印　　次	2025 年 8 月第 1 次印刷	

开　　本	710×1000	1/16
印　　张	14.5	
字　　数	203 千字	
定　　价	79.00 元	

出 版 说 明

　　为进一步加大对哲学社会科学领域青年人才扶持力度，促进优秀青年学者更快更好成长，国家社科基金 2019 年起设立博士论文出版项目，重点资助学术基础扎实、具有创新意识和发展潜力的青年学者。每年评选一次。2023 年经组织申报、专家评审、社会公示，评选出第五批博士论文项目。按照"统一标识、统一封面、统一版式、统一标准"的总体要求，现予出版，以飨读者。

全国哲学社会科学工作办公室

2024 年

摘　　要

　　发展社会主义市场经济的关键在于处理好政府与市场的关系。党的二十大报告强调，要深化要素市场化改革，充分发挥市场在资源配置中的决定性作用，更好发挥政府作用。本书尝试将政府与市场的关系具象化到新二元经济分析视角当中，通过构建一个动态随机一般均衡（Dynamic Stochastic General Equilibrium，简称 DSGE）分析框架，厘清潜在要素市场化改革措施的资源配置效应，为站在更高的起点谋求中国式现代化改革提供一定的理论依据。

　　新二元经济分析视角是指将经济体划分为两个部门进行分析，这两个部门分别是政策扶持部门和市场部门，该分析视角不同于其他二元经济视角。本书首先构建一个包括政策扶持部门和市场部门的基础模型。分析表明，在新二元经济视角下，经济体在面对外生冲击时具有相对稳定性，却在一定程度上牺牲了部分效率，说明应该妥善处理好经济高成长与经济稳定性之间的关系。基础模型还揭示了政府逐步降低补贴和担保的现实意义，除减少要素价格扭曲、促进市场主体公平竞争外，还可以间接增加政府预算，并刺激总需求，有利于扩大消费占 GDP 比重，促进经济体实现转型升级。

　　围绕政策扶持部门偏向型特征和新二元经济制度性因素，本书还关注四个重要经济问题，即垂直市场结构、货币政策传导、政治晋升锦标赛和财政压力。将其纳入新二元经济分析框架中研究发现：（1）在垂直市场结构背景下，取消对部分企业的偏向型政策可以改善下游市场部门的经营环境，并带来改革红利，但是，中间品价格的提高可能会削减部分红利，因此，最好同步降低上游进入壁垒。（2）宽松货币政策对政策扶持部门和市场部门产生了非对称。与此同时，货币因素在供给侧结构性改革中扮演非中性的角色，改革所释放的红利可以被货币政策进一步加强，带来更高的经济增长水平。（3）政治周期与经济周期的互动体现为党代会召开、官员换届等晋升锦标赛冲击使实际 GDP 呈 "U" 形变化。如果把垂直结构纳入分析，那么晋升锦标赛冲击还体现为资本偏向型特征。推进经济改革会弱化晋升锦标赛所能带来的经济增长效应，说明淡化 GDP 考核也是推进经济高质量发展的内在要求。（4）在财政压力下，通过改变政府支出结构的方式刺激总需求，可能会出现政府支出系统性偏向政策扶持部门的结果。当面临财政压力时，最好进一步推动资源流向具有较高效率的市场部门，而非强化政府部门对经济的干预。

关键词： 新二元经济分析视角；动态随机一般均衡模型；政治晋升锦标赛；垂直市场结构；货币政策非对称传导

Abstract

The key to developing a socialist market economy lies in handling the relationship between the government and the market. The report of the 20th National Congress of the Communist Party emphasizes the need to deepen the market-oriented reform of factors of production, fully leverage the decisive role of the market in resource allocation, and better utilize the role of the government. This book attempts to concretize the relationship between the government and the market through the perspective of new dual economy analysis. By constructing a Dynamic Stochastic General Equilibrium (DSGE) analysis framework, this book aims to clarify the resource allocation effects of potential market-oriented reform measures, and provide a theoretical basis for pursuing reforms from a higher starting point under Chinese path to modernization.

The new dual economy analysis perspective refers to analyzing the economy by dividing it into two sectors: the government-favored sector and the market sector. This perspective differs from other dual economy perspectives. This book first constructs a basic model that includes both the government-favored sector and the market sector. The analysis reveals that, under the new dual economic perspective, the economy exhibits relative stability when facing exogenous shocks but sacrifices some efficiency to a certain extent. This suggests the need to properly manage the balance between high economic growth and economic stability. Additionally, the basic model highlights the practical significance of gradually reducing subsidies and guarantees by the government. Besides reducing factor price distortions and promoting fair competition among market participants, these methods can indirectly increase the government budget, stimulate aggregate demand, expand the consumption-to-GDP ratio, and facilitate the transformation and upgrading of the economy.

Centering on typical features biased towards the government-favored sector and institutional factors of the new dual economy, this paper then extends the basic model in four aspects, including vertical market structure, monetary policy transmission, economic tournaments, and fiscal pressure. Incorporating these issues into the new dual economy analysis framework, the findings are as follows: (1) In the context of vertical market structure, eliminating biased policies toward certain enterprises can improve the operating environment of the downstream market sector and bring reform dividends. However, an increase in intermediate goods prices may offset some of these benefits. Therefore, it is preferable to simultaneously lower entry barriers in the upstream sector. (2) In the context of monetary policy transmission: Loose monetary policy has asymmetric effects on the government-favored sector and the market sector. Additionally, monetary factors play a non-neutral role in supply-side structural reforms; the dividends released by reforms can be further enhanced by monetary policy, leading to higher economic growth. (3) In the context of economic tournament, the interaction between political and economic cycles manifests in the U-shaped change in real GDP due to the impact of party congresses, official transitions, etc. When vertical structures are considered, economic tournament also exhibits capital bias. Advancing economic reforms can weaken the economic growth effects of economic tournament, indicating that reducing GDP-based assessments is an intrinsic requirement for promoting high-quality economic development. (4) In the context of fiscal pressure, stimulating aggregate demand by changing the government expenditure structure could result in a systemic bias of government spending toward the government-favored sector. When facing fiscal pressure, it is better to further direct resources toward the more efficient market sector rather than intensifying government intervention in the economy.

Keywords: New dual economy analysis perspective; Dynamic stochastic general equilibrium model; Economic tournament; Vertical market structure; Asymmetric monetary policy transmission

目　　录

第一章　绪论 ……………………………………………………（1）

　第一节　问题的提出 ………………………………………………（1）

　第二节　研究目的和意义 …………………………………………（6）

　第三节　研究内容和方法 …………………………………………（10）

　第四节　创新之处和不足 …………………………………………（15）

第二章　文献综述 ………………………………………………（18）

　第一节　中国经济部门性差异 ……………………………………（18）

　第二节　动态随机一般均衡模型 …………………………………（25）

　第三节　部门性差异与动态随机一般均衡模型 …………………（32）

第三章　新二元经济视角下的资源配置效应：基础模型 ………（37）

　第一节　模型设定 …………………………………………………（40）

　第二节　数值模拟 …………………………………………………（52）

　第三节　政策模拟 …………………………………………………（64）

　第四节　本章小结 …………………………………………………（69）

第四章　垂直市场结构下新二元经济的资源配置效应 …………（71）

　第一节　模型设定 …………………………………………………（73）

　第二节　数值模拟 …………………………………………………（80）

第三节　政策模拟 ……………………………………………… （91）

第四节　本章小结 ……………………………………………… （95）

第五章　货币政策非对称传导下新二元经济的资源配置
　　　　效应 …………………………………………………… （96）

第一节　模型设定 ……………………………………………… （98）

第二节　数值模拟 ……………………………………………… （111）

第三节　政策模拟 ……………………………………………… （129）

第四节　本章小结 ……………………………………………… （133）

第六章　政治晋升锦标赛下新二元经济的资源配置效应 …… （135）

第一节　晋升锦标赛冲击设定 ………………………………… （137）

第二节　数值模拟 ……………………………………………… （138）

第三节　本章小结 ……………………………………………… （153）

第七章　财政压力下新二元经济的资源配置效应 …………… （155）

第一节　财政压力的刻画 ……………………………………… （156）

第二节　数值模拟 ……………………………………………… （157）

第三节　本章小结 ……………………………………………… （174）

第八章　结论与政策建议 ……………………………………… （176）

第一节　主要结论 ……………………………………………… （176）

第二节　政策建议 ……………………………………………… （179）

第三节　研究展望 ……………………………………………… （181）

参考文献 ………………………………………………………… （183）

附　录 …………………………………………………………… （198）

A　第三章附录 ………………………………………………… （198）

B　第四章附录 ……………………………………………（201）

C　第五章附录 ……………………………………………（204）

索　引 ………………………………………………………（211）

Contents

Chapter 1 Introduction ································· (1)

   Section 1 Research Background ························· (1)

   Section 2 Research Objectives and Significance ·············· (6)

   Section 3 Research Content and Methodology ··············· (10)

   Section 4 Innovations and Limitations ················· (15)

Chapter 2 Literature Review ······················ (18)

   Section 1 Sectoral Differences in the Chinese Economy ········ (18)

   Section 2 Dynamic Stochastic General Equilibrium (DSGE)

          Models ································· (25)

   Section 3 Sectoral Differences and DSGE Models ············ (32)

Chapter 3 Resource Allocation Effects in the New Dual Economy:

         The Basic Model ························· (37)

   Section 1 Model Setup ························· (40)

   Section 2 Numerical Simulation ···················· (52)

   Section 3 Policy Simulation ······················ (64)

   Section 4 Summary ·························· (69)

Chapter 4 Resource Allocation Effects in the New Dual Economy

         under Vertical Market Structure ············· (71)

Section 1　Model Setup ································· (73)

Section 2　Numerical Simulation ···················· (80)

Section 3　Policy Simulation ······················· (91)

Section 4　Summary ································· (95)

Chapter 5　Resource Allocation Effects in the New Dual Economy
under Asymmetric Transmission of Monetary
Policy ····································· (96)

Section 1　Model Setup ····························· (98)

Section 2　Numerical Simulation ··················· (111)

Section 3　Policy Simulation ······················· (129)

Section 4　Summary ····························· (133)

Chapter 6　Resource Allocation Effects in the New Dual Economy
under Political Promotion Tournament ············ (135)

Section 1　Setup of Promotion Tournament Shocks ············ (137)

Section 2　Numerical Simulation ···················· (138)

Section 3　Summary ····························· (153)

Chapter 7　Resource Allocation Effects in the New Dual Economy
under Fiscal Pressure ························· (155)

Section 1　Characterization of Fiscal Pressure ·············· (156)

Section 2　Numerical Simulation ···················· (157)

Section 3　Summary ····························· (174)

Chapter 8　Conclusions and PolicyImplications ··············· (176)

Section 1　Main Conclusions ························· (176)

Section 2　Policy Implications ······················· (179)

Section 3　Future Research ························· (181)

References ·· (183)

Appendices ··· (198)
   A. Appendix to Chapter 3 ·· (198)
   B. Appendix to Chapter 4 ·· (201)
   C. Appendix to Chapter 5 ·· (204)

Index ·· (211)

第 一 章

绪 论

第一节　问题的提出

一　政府和市场

正确处理政府和市场的关系，是发展社会主义市场经济的关键所在。党的二十大报告指出，要充分发挥市场在资源配置中的决定性作用，更好发挥政府作用。党的二十届三中全会强调，必须更好发挥市场机制作用，创造更加公平、更有活力的市场环境，实现资源配置效率最优化和效益最大化，既"放得活"又"管得住"，更好维护市场秩序、弥补市场失灵。党的二十届三中全会还强调，科学的宏观调控、有效的政府治理是发挥社会主义市场经济体制优势的内在要求。有效市场和有为政府的双轮驱动，是经济发展取得一系列瞩目成果的重要支撑。改革开放以来，中国经济持续高速增长，人均 GDP 增长了近 32 倍①，被称为"中国奇迹"。进入高质量发展阶段，中国经济在数字经济、新能源等领域全球领跑，新质生产力不断涌现。

---

① 根据世界银行数据计算人民币不变价下 2023 年与 1978 年人均 GDP 之比得到。

现代经济学普遍认为，市场并非万能的。垄断、外部性和信息不对称等因素都可能阻碍市场机制正常发挥作用，导致资源配置效率低下。即使市场本身是有效的，也无法保证分配结果的公平。政府的"有形之手"则可以在一定程度上弥补市场失灵，政府和市场协同发力、因势利导，才能充分发挥两者的互补优势，实现经济的长期繁荣稳定。即使是在倡导"小政府"+"大市场"的西方国家里，也存在政府对市场的不同程度的干预和协调。

中国本身有着新型举国体制的制度优势，能够"集中力量办大事"，可以在资源配置中充分发挥政府作用。除了维护市场秩序、弥补市场失灵之外，作为发展中国家，更好发挥政府作用的现实需求还来源于缩小与发达国家之间的经济发展差距。中国政府持续在基础设施供给、打造优势产业集群、培育新兴和未来产业等方面积极发挥"有为政府"的力量，有力推动中国经济从"中国制造"向"中国智造"蜕变，劳动生产率得以不断提高。

值得注意的是，在经济发展取得一系列重大成就的同时，建设高标准市场体系仍然存在着一定的空间。目前，部分地方政府对市场的干预超出了合理必要范围，行政性壁垒、不平等竞争等问题还时有发生，一定程度上阻碍着资源的进一步优化配置①。党和政府部门也充分意识到各个市场主体公平参与竞争的重要性，高度重视推进供给侧市场化改革，始终强调进一步理顺政府与市场的关系。党的二十大报告指出，要构建高水平社会主义市场经济体制，其中就包括"构建全国统一大市场，深化要素市场化改革"等重要任务。2024年的《政府工作报告》强调，要深化要素市场化配置综合改革试点，专项治理地方保护、市场分割、招商引资不当竞争等突出问题。

---

① 例如，Brandt et al.（2022）和陈梦根和侯圆圆（2024）等学者的研究表明，中国经济2011—2019年的全要素生产率低于2001—2010年。Bai et al.（2016）和Cong et al.（2019）发现，具有较低产出资本比的企业反而更容易获得信贷支持，但是，这类企业往往具有较低的生产效率。

基于站在更高起点谋划和推进改革的迫切现实任务，本书试图将政府与市场的关系具象化到新二元经济的分析视角当中，尝试通过动态一般均衡的经济学研究方法，分析潜在市场化改革措施的资源配置效应，从而为深化要素市场化改革、推动中国式现代化提供一定的理论借鉴。

二　新二元经济分析视角

本书所采用的新二元经济分析视角，是指将经济体划分为两个部门进行分析，这两个部门分别是政策扶持部门和市场部门[①]。新二元经济分析视角由白重恩（2016a，2016b）首先提出，其实质是基于政府与市场关系，用两部门分析方法理解中国经济问题。一般而言，政策扶持部门包括政府所特别支持、鼓励的国有、非国有企业，而市场部门包括其他企业。政府所特别支持的企业一般是一个地方规模最大的那些企业（Bai et al.，2019），但不一定具有较高的全要素生产率（Cong et al.，2019），这些企业往往集中于基础设施建设行业、房地产行业、当地重点产业和高新技术行业等，能够产生一定的正外部性，是地方政府发展辖区经济的重要抓手。

新二元经济分析视角能够比较好地刻画一些政府与市场关系的重要特征。

第一，它能够反映政府的有形之手既可能弥补市场失灵，也可能由于过度干预而阻碍市场力量发挥作用，因此能体现处理好政府和市场关系的重要性。政策扶持部门既可能产生正的外部性（例如大量吸纳劳动力就业、负责基础设施建设、形成优势产业集群、突破"卡脖子"技术等），因此对市场部门产生正的外溢效应，但也可能产生预算软约束等问题，导致部分资源的低效率使用，对市场部门产生挤出效应，造成资源错配。

[①] 新二元经济作为一个经济学概念，其定义并不是唯一的。之后将比较本书所采用的新二元经济定义与其他定义的差别。

第二，它能够与晋升锦标赛假说下地方政府官员发展辖区经济的模式相结合。在政治晋升锦标赛背景下，地方政府为发展经济、推动产业结构转型升级，往往会向一些企业提供补贴、优惠政策或隐性担保等支持，以打造地区优势产业或特色产业。而这些企业对当地经济发展所产生的正外部性，很大程度上又提供了政府部门向其提供各类扶持政策的正当性所在。

第三，它能用于分析要素市场化改革所可能引致的资源配置效应。要素市场化改革的目标之一是让不同的市场主体公平参与市场竞争，而如果政府部门向政策扶持部门提供的政策支持超出了合理必要范围，就会导致政策扶持部门和市场部门处于非公平竞争的环境当中，所以，在合理范围内降低政府部门对政策扶持部门的支持力度，一定程度上构成了要素市场化改革的应有之义。

新二元经济分析视角强调区分政府所特别支持、鼓励的企业和市场上一般的企业。新二元经济分析视角和国有、非国有部门的两部门分析框架有一定的共通之处，但是，新二元经济分析视角更契合中国经济的特征化事实。国有部门可以看作新二元经济分析视角中的政策扶持部门的子集，新二元经济分析视角中的市场部门可以看作非国有部门的子集。政策扶持部门和市场部门分别继承了许多国有部门和非国有部门的特点。例如，政策扶持部门相对容易获得银行贷款，其融资约束较为宽松，同时还可能得到政府补贴、政策优惠或贷款担保。但是，政策扶持部门可能存在着一定的政策性负担或预算软约束问题。市场部门相对难以获得信贷资源，但是，市场部门没有预算软约束问题。虽然政策扶持部门和市场部门的生产效率存在差别，但这并不意味着政策扶持部门的盈利能力较差（白重恩，2016b），也不意味着政策扶持部门没有高新技术企业。事实上，高新技术企业往往是政府所特别支持、鼓励的企业类型。

三　其他二元经济分析视角

本书所采用的新二元经济分析视角与经典的二元经济分析视角存

在很大的差别①。"二元经济"的概念最初由 Lewis（1954）提出，是指将经济体划分为传统农业部门和先进城市部门进行分析，通常用于研究转型经济体。二元经济又可以延伸为城乡二元结构。Lewis（1954）所提出的"二元经济"分析框架强调发展中国家的经济发展是剩余劳动力从传统农业部门向先进城市部门转移的结构变迁过程，如果不存在剩余劳动力，经济体便跨过了"刘易斯拐点"，实现城乡一体化发展。在城乡二元视角下，工业化和城镇化是驱动中国经济增长的重要力量（吴福象和刘志彪，2008）。尽管在这一过程中，不同地区的空间结构、产业集聚和人口增长等方面存在一定的差异（刘修岩等，2017；魏守华等，2020；朱英明等，2012）。将"二元经济"视角应用于中国时，一般还会将其与户籍制度相结合进行分析（Pi & Zhang，2016）。

"新二元经济"或"新二元结构"等"新二元"概念也被其他学者广泛使用，但是含义与本书所采用的新二元经济分析视角有着很大的不同。本书所采用的新二元经济分析视角将经济体划分为政策扶持部门和市场部门进行研究（白重恩，2016a，2016b）。史晋川（2016）则把国有经济部门和非国有经济部门的分立称为新二元经济结构。一部分学者用新二元结构指代城市内部发展不平衡的现象，既包括城市内部的发达中心城区与落后边缘区域所形成的二元结构，也包括城市户籍人口和城市外来人口之间城市权利不对等所形成的二元结构（严善平，2006；顾海英等，2011；曹清峰，2019）。还有一部分学者用新二元经济指代数据部门（新经济）和传统工农业部门（传统经济）所形成的二元结构（辰昕等，2022；周春生和汪祉良，2022）。此外，许月丽和纪晓丹（2024）把资金通过数字普惠金融等方式从城市向农村逆向流动的模式称为"新二元转型"。刘平

① 如果把二元经济分析视角拓展到两部门分析视角，那么常见的两部门分析视角包括国有、非国有部门分析视角，重、轻工业部门分析视角，大、小企业（垄断、竞争部门）分析视角等。本书将在第二章介绍关于中国经济部门性差异的研究。

（2007）将传统计划体制的社会机制和市场化社会机制的共生社会结构称为"新二元社会"。

相较而言，本书所采用的新二元经济分析视角非常适合用于研究政府和市场的关系，并分析其所引致的资源配置效应。新二元经济分析视角中的政策扶持部门是直接与政府部门相关的，政策扶持部门和政府部门之间的互动能在一定程度上反映政府对市场的干预和协调程度。与此同时，政策扶持部门和政府部门之间的互动又具有外溢效应，能在一定程度上给市场部门带来正外部性，但也可能产生挤出效应，进而影响经济体的产出和资源配置效率，因此反映了处理好政府和市场关系的重要性。最后，政策扶持部门和政府部门之间互动模式的改变会影响不同市场主体之间是否平等参与竞争，因此能用于分析要素市场化改革的潜在经济效应，这正是本书希望探究的问题。

第二节　研究目的和意义

本书研究目的是以新二元经济分析视角为基础，构建一个关于中国经济的动态随机一般均衡分析框架，并在这个框架基础上研究新二元经济的资源配置效应，探讨潜在要素市场化改革措施所带来的影响。研究并构建中国新二元经济的动态随机一般均衡分析框架，具有重要的理论意义和现实意义。在理论意义方面，第一，已有中国宏观经济模型尚未采用新二元经济分析视角进行资源配置效应的研究，因而在潜在要素市场化改革的模拟分析方面仍存在一些不足；第二，以新二元经济分析视角构建宏观经济模型能够沟通已有强调政府作用的文献，从而更好地理解部门偏向性政策的资源再配置效应；第三，通过以新二元经济分析视角构建宏观经济模型，我们能够更好地解释或预测货币政策的非预期效果，特别是货币政策如何影响政策扶持部门和市场部门之间的资源配置。在现实意义方面，第一，通过构建新二元经济模型模拟不同融资约束下的经济运行，我们能够为深化金融领域改革提供有益建议；第二，通过构建新二元经济模型模拟经济资源的重新配置，我们能够为供给侧结构性改革提供一定启示。

一　理论意义

虽然白重恩（2016a，2016b）提出了"新二元经济"分析视角，并使用该视角解释当前中国经济出现的一些反常经济现象，但是，目前尚未看到学术界以新二元经济分析视角建立相关的宏观经济模型。一些分析中国经济的两部门宏观模型，如 Song et al.（2011，2014）、Chang et al.（2016）和 Chang et al.（2019），仍然大体延续国有部门和非国有部门的两部门分析，但他们也或多或少认为，他们模型中的国有部门内涵要比国有资本的定义宽泛。本书打算构建的新二元经济宏观模型可以看作对已有文献的拓展和延伸。此外，已有文献多关注两个生产部门面临着不同融资约束，具有不同生产率水平，而较少探讨政府部门对生产部门施加的影响。本书打算构建的新二元经济宏观模型与已有文献的宏观模型的一个重要不同之处在于，本书构建的宏观模型强调政府对政策扶持部门的鼓励和支持，这种鼓励和支持的正当性来源于政策扶持部门所产生的正外部性。本书希望借此提供一个关于中国经济的新二元分析框架，并加深对新二元经济资源配置的理解。

本书以新二元经济分析视角构建宏观模型，研究政府在中国经济发展中起到的重要作用，拓展了既有的相关理论。比如，突出中央政府和地方政府单独或共同对偏好的企业进行产能补贴、产量补贴和研究开发补贴等政策的支持效果（安同良等，2009；皮建才和张鹏清，2019a，2019b，2020a，2020b；王宇和刘志彪，2013），强调地方政府通过土地财政放宽预算约束，筹集资金提供基础设施等公共品对中国经济增长的促进作用（葛扬和岑树田，2017），强调中国特有的政治晋升锦标赛或地方政府竞争对市场经济发展的影响

（Li & Zhou，2005；Xiong，2019），强调地方政府行为对宏观经济波动的影响（郭庆旺和贾俊雪，2006；李猛和沈坤荣，2010）。通过以新二元经济分析视角构建的宏观经济模型，我们可以把对政府行为的局部均衡分析纳入宏观模型的一般均衡分析中，从而加深对政府行为所产生的宏观经济影响的认识，特别是加深对政策扶持部门和市场部门资源配置的认识。

本书以新二元经济分析视角构建的宏观模型也能够帮助理解宏观调控政策的有效性，解释一些货币政策执行过程中出现的非预期效果。比如，Chang et al.（2019）认为，中国人民银行对存款准备金率的调整将会在国有部门和非国有部门之间产生资源再配置效应，因为国有部门主要通过银行表内业务进行融资，而私人部门主要通过银行表外业务（即影子银行）进行融资，所以提高存款准备金率将会诱使银行收缩表内业务，扩张表外业务，从而使信贷更多地配置到生产率较高的私人部门。Chen et al.（2018）认为，中国人民银行在2009—2015年期间所实施的紧缩型货币政策导致了银行的表外业务迅速扩张，因此，紧缩型货币政策虽然按照预期降低了商业银行传统贷款业务，但却不能有效地降低社会信贷总量。同时，商业银行通过资产管理等方式把表外业务的风险和收益带回表内，导致金融部门的系统风险性上升[①]。通过以新二元经济分析视角构建宏观模型，我们可以对货币政策在异质性部门的传导有进一步认识，从而为货币政策带来的非预期资源配置效应提供一定的解释或预测。

二　现实意义

以新二元经济分析视角构建的宏观经济模型能够在一定程度上为深化金融领域改革提供有益建议。"摸着石头过河"的改革方法被认为是中国渐进式发展道路取得巨大成功的关键（Xu，2011），但

---

① 2018年3月28日实施的《关于规范金融机构资产管理业务的指导意见》（即资管新规）限制商业银行把表外业务带回表内。

随着改革进入深水区，Brunnermeier et al.（2017）认为，过去"摸着石头过河"的改革方法将面临挑战，因为特别是涉及金融领域的改革，市场上会立即对改革措施做出反应，或对改革的预期做出反应①。在新二元经济的分析框架里，政策扶持部门相比市场部门更容易从金融机构获得贷款进行投资，这种部门性信贷偏好被称为信贷歧视或金融歧视（张军和詹宇波，2006；刘凤良和陈彦龙，2024），而利率市场化改革是消除部门性信贷偏好的关键。2019 年第一季度中国人民银行发布的《中国货币政策执行报告》中指出，深化利率市场化改革将是央行的政策趋势之一。Liu et al.（2020）通过一个包含国有部门和非国有部门的两部门宏观经济模型分析发现，如果存在信贷歧视，利率市场化不一定能够提高资源配置效率。以新二元经济分析视角构建的宏观模型将能够对这些类似改革的预期效果提供判断和预测。

对以新二元经济视角构建的宏观模型进行分析，可以在一定程度上为构建全国统一大市场、深化要素市场化改革、促进经济高质量发展提供政策建议。在供给侧结构性改革中，要素市场化改革是重点。以新二元经济分析视角来看，现阶段政策扶持部门要比市场部门具有更强的获取资源能力，特别是获取信贷资源能力。政策扶持部门也更容易获得政府的行政审批或市场准入，而通过减少审批、减税降费，用正式制度替代非正式特惠模式，是提升市场部门市场参与度、降低运营成本和制度成本的关键（Bai et al.，2019）。本书以新二元经济视角构建的宏观模型一定程度上可以为探究要素市场化改革如何能使资源更多配置到生产率较高的市场部门提供一个分

①　典型的例子是股票市场上融资融券的放开造就了2015 年上半年中国股市的繁荣。当股票市场从 6 月份顶峰掉头下降时，融资融券放开导致的高杠杆率造成了流动性漩涡，威胁到金融系统稳定性，证监局不得不组织"国家队"救市，以稳定市场（Song & Xiong，2018）。此外，还有 2016 年 1 月 1 日至 8 日中国股票市场所实施的熔断机制作为例子。这些例子深刻说明了当处在改革深水区时，"摸着石头过河"可能并不现实，需要更强的理论先行探索。

析视角，并借此进一步探究对政策扶持部门的改革措施将如何影响处在下游市场部门的经营和规模（Li et al.，2015；Ru，2018），从而为进一步促进经济高质量发展提供有益启示。

第三节　研究内容和方法

一　研究内容

本书以新二元经济视角下的资源配置效应为研究主线，围绕政策扶持部门偏向型特征和关于新二元经济的制度性因素展开分析。首先，以新二元经济分析视角构建一个刻画中国经济的基础模型，该模型体现了新二元经济的特征，同时也融入了中国经济其他典型特征，包括部门生产率差异、产出补贴、隐性担保和官员政治晋升等。其次，进一步分析了政策扶持部门偏向型特征所引致的资源配置效应，具体包括垂直市场结构和货币政策非对称传导，它们都深刻影响政策扶持部门和市场部门的资源配置，且都具有政策扶持部门偏向型特征。最后，分析了新二元经济制度性因素所引致的资源配置效应，具体包括政治晋升锦标赛和财政支出变动，它们在很大程度上对新二元经济的两个部门产生重大影响。不同经济问题从不同角度影响经济体的资源配置：垂直市场结构聚焦的是产业结构角度，货币政策传导聚焦的是宏观政策角度，政治晋升锦标赛聚焦的是政府治理角度，财政支出变动聚焦的是预算约束视角。

全书分为八个章节。各个章节的具体安排如下。

第一章是绪论。绪论介绍了新二元经济视角所反映的政府与市场的关系、新二元经济的具体定义，以及本书所采用的新二元经济视角与其他二元经济分析视角的不同之处。绪论还阐明了本书的研究目的是在新二元经济分析视角的基础上，构建一个动态随机一般均衡分析框架，并在此框架基础上研究资源配置效应和潜在改革措施对资源配置的影响。最后，绪论简述了本书的研究内容、技术路线图、研究方法、研究意义，以及可能的创新之处和不足。

　　第二章进行文献综述，主要关注三方面的文献：一是关于中国经济部门性差异的文献，包括特征化事实及其对中国经济的影响；二是关于动态随机一般均衡模型的文献，包括该理论的发展及其在分析中国经济的应用；三是关于中国经济部门性差异与动态随机一般均衡模型的文献，包括国内国外的相关研究。

　　第三章以新二元经济分析视角构建基础模型。作为能够反映政府与市场关系的切入点，新二元经济分析视角尚未被学术界充分研究。第三章试图构建一个既能囊括新二元经济部门，又能结合中国经济其他典型特征的动态随机一般均衡模型，试图一定程度上填补理论上的空白。本章的模型主要以尽可能简洁的方式，通过新二元经济分析视角刻画中国经济，并突出政策扶持部门和市场部门之间的资源再配置效应。

　　第四章拓展基础模型，引入垂直市场结构，即政策扶持部门是上游部门，而市场部门是下游部门。垂直结构是中国经济的重要特征，作为一种上下游关系深刻影响资源配置，且具有上游部门偏向性（Li et al.，2015；陈小亮和陈伟泽，2017；郭长林，2018；李胜旗和毛其淋，2017；刘瑞明和石磊，2011；皮建才和张鹏清，2020a；王永进和施炳展，2014）。但是，现有文献尚未在新二元经济视角下分析垂直市场结构。随着中国市场化改革进入深水区，经济转向高质量发展，有必要在新二元经济分析框架中研究垂直市场结构的影响。

　　第五章进一步拓展基础模型，考虑货币政策实施过程出现的非对称传导，即扩张性货币政策往往使政府所偏好的企业受益更多，而紧缩性货币政策使一般的市场企业受到更严重冲击（Chen et al.，2019；喻坤等，2014），货币政策体现为政策扶持部门偏向型特征。在当前中国经济走向高质量发展，金融市场化改革进一步深化的背景下，研究货币政策非对称传导机制具有重要现实意义。厘清这一机制，有助于回答金融如何更好地服务于实体经济的现实问题，也有助于在充分激发市场主体经济活力的基础上，更好实施逆周期调节的货币政策。

第六章探讨新二元经济视角下官员政治晋升锦标赛冲击对经济的影响。地方政府竞争是"中国奇迹"背后的重要推动力（Blanchard & Shleifer，2001；Qian & Weingast，1996），竞争的具体表现形式则是政治晋升锦标赛（Li & Zhou，2005；Yao & Zhang，2015；周黎安，2004，2007，2008）。官员竞相通过发展辖区经济增加升迁的机会，其抓手通常是政策扶持部门。已有理论研究把官员政治晋升锦标赛纳入博弈论模型、税收竞争模型或经济增长模型（Xiong，2019；皮建才，2012；皮建才等，2014），但较少将其纳入两部门一般均衡模型中①。经济高质量发展的新理念要求建立与之相适的地方官员治理模式（张军等，2020），本章的分析有助于深化这方面的认识，从而能在一定程度上为政府治理体系的改革提供政策建议。

第七章分析财政支出变动所引致的新二元经济资源配置效应。政府部门向政策扶持部门提供的各项优惠性政策，很大程度上是以充足的预算约束为支撑的。政策扶持部门所享受到的产出补贴、隐性担保和公共品购买，都需以政府部门的财政支出为基础。可以说，新二元经济中的政策扶持部门以政府财政收支为现实基础。然而，进入到2024年，随着中国房地产步入下行周期，地方政府卖地收入大幅下滑，极大影响了政府部门预算约束。基于中国经济所面临的新挑战，本章尝试以新二元经济视角为基础，探索财政压力下的资源配置效应。

第八章总结以新二元经济分析视角为基础，研究资源配置效应得到的主要结论，并针对性提出在新发展阶段有助于深化供给侧结构性改革、推动经济高质量发展的政策建议。最后，反思本书的潜

---

① 张军等（2020）在动态随机一般均衡模型中引入政治晋升锦标赛。本书所构建模型与张军等（2020）的不同之处在于，本书模型考虑新二元经济不同部门之间的差异，特别是政策扶持部门的正外部性，这种正外部性是政府部门向政策扶持部门提供扶持性政策的理性基础。

在不足之处，并相应提出未来研究展望。

二 技术路线图

本书研究的内容已作归纳和介绍，在此给出本书的技术路线图
（图 1.1），以进一步明晰本书的逻辑架构。

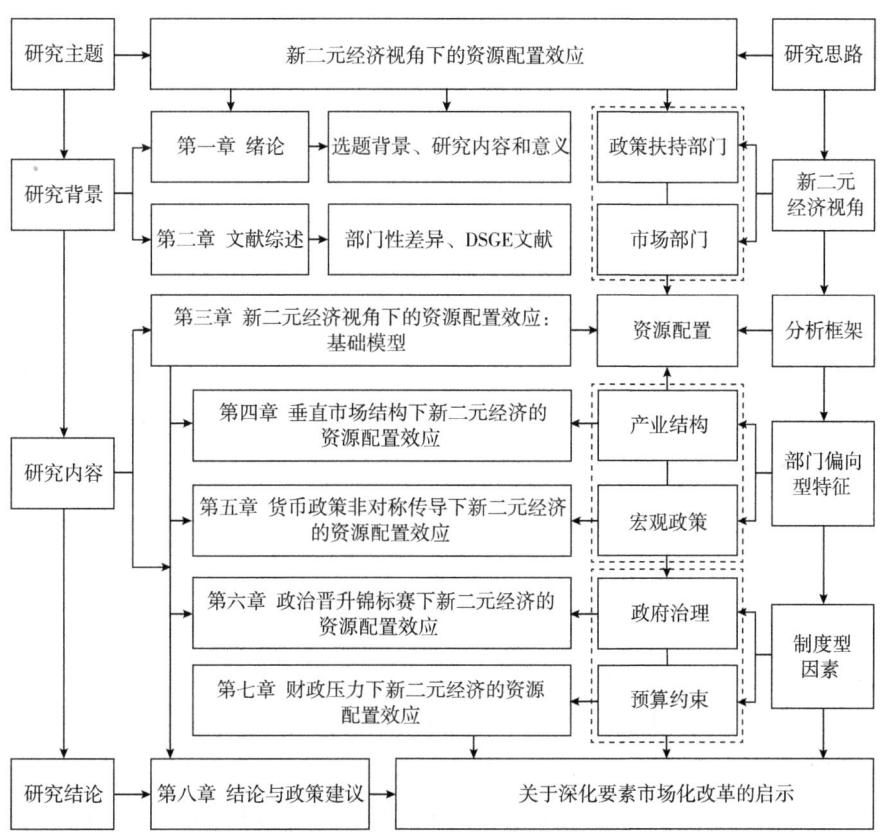

图 1.1 新二元经济视角下的资源配置效应研究技术路线图

三 研究方法

本书采用学术界广泛使用，且发展成熟的动态随机一般均衡建
模方法，以新二元经济为分析视角，构建宏观经济模型，并根据中

国的实际情况对模型参数进行校准或赋值。随后，对已校准的模型通过数值模拟方法探究外生冲击或外生约束的改变对资源配置的影响，从而加深对新二元经济在资源配置、波动特征和政策传导等方面的认识和理解。在数值模拟过程中，本书注重比较分析在不同的经济环境下外生冲击或外生约束改变所产生的效应，例如比较存在对政策扶持部门的政策性优惠和不存在这种政策性优惠的情形，比较存在对市场部门的信贷歧视和不存在这种信贷歧视的情形。通过这种对比，本书能够分析潜在改革措施所带来的宏观经济影响，包括金融领域消除信贷扭曲的改革所带来的宏观经济影响。

本书所要构建的动态随机一般均衡模型打算通过以下几个方面刻画中国经济。

一是政策扶持部门和市场部门所生产的产品是异质的，只有政策扶持部门的产品才能用于生产公共品，而公共品对整个经济而言具有正外部性。白重恩（2016a）认为，政策扶持部门主导了非居民建筑安装工程的投资，这类投资的投向一般是基础设施建设项目。在本书构建的模型中，政策扶持部门的产品既可以被用来生产公共品，也可以被用来生产民用品，但市场部门的产品只能被用来生产民用品。换言之，只有政策扶持部门的产品才能用来生产公共品。这样的假设突出了政府部门是通过政策扶持部门来扩大对公共品投资的事实特征，也突出了政策扶持部门所具有的正外部性特征，同时也不会与 PPP 模式（Public-private partnership，简称 PPP）冲突，因为政策扶持部门也包含部分私人企业。

二是突出政府部门向政策扶持部门同时提供多种政策性优惠。一方面，政府部门直接向政策扶持部门提供产出补贴和隐性担保，其中产出补贴体现为政策扶持部门每单位产值都能从政府部门处享受一定比例的补贴，隐性担保体现为政策扶持部门每笔贷款都可以享受政府部门的潜在担保，从而降低其贷款的实际利率。另一方面，因为只有政策扶持部门的产品可以被用来生产公共品，所以，政府部门可以通过增加对公共品的投资以间接推动政策扶持部门产出的增加。此外，政策扶持部门在信贷市场中可以免受信贷歧视，这体现在抵押品约束上。政策扶持部门从商业银行获取贷款时，需要提供较低价值的抵押品，而市场部门从商业银行获取相同额度贷款时，需要提供较高价值的抵押品。

三是对政府部门的刻画体现了政治晋升锦标赛特点。政治晋升锦标赛假说是理解中国经济长期高速发展的关键，本书在 Xiong（2019）的研究基础上把政治晋升锦标赛嵌入动态随机一般均衡模型中。政府部门发展当期的公共品可以增加企业下一期的生产效率，从而推动下一期 GDP 增长。根据 Xiong（2019）构建的经济增长模型，政府部门的公共品供给水平可以被视作一个衡量官员发展经济能力的充分统计量，因为政府部门增加公共品投资，则必然要减少在职消费。在本书所构建的动态随机一般均衡模型中，政府部门一方面重视当期在职消费，另一方面重视下一期公共品供给。因而，对下一期公共品供给的相对重视程度就衡量了政治晋升锦标赛的考核压力。

四是当在模型中引入中央银行时，本书采用 Chen et al.（2018）根据中国数据估计得到的简单货币政策规则，而非使用 Taylor 规则。Chen et al.（2018）估计的政策规则体现了中国人民银行以货币供应量为中间目标，实现价格稳定和经济增长的最终目标，不同于 Taylor 规则以市场利率为中间目标。

第四节　创新之处和不足

一　创新之处

本书强调政府鼓励、支持经济体中的部分企业，这部分企业不仅包括国有企业，也包括部分民营企业。受政府偏好的企业组成政策扶持部门，一般的企业组成市场部门，这是本书所采用的新二元经济分析视角。新二元经济视角强调了政府与市场之间的关系可能会影响资源配置，从而影响到宏观调控政策的有效性和宏观经济运行的波动性。如本章第一节第三小节所述，新二元经济视角与其他二元经济视角有很大不同，分析视角的不同构成本书的第一个创新之处。

本书的第二个创新之处是在动态随机一般均衡模型的框架下强调政府部门对生产部门的影响，特别是强调政治晋升锦标赛的影响。现有使用动态随机一般均衡模型研究中国经济的文献通常假设政府部门是作为平衡财政预算的被动主体，而很少有文献考虑政府部门自身的目标函数，或者考虑公共品对生产部门的影响。区别于西方国家"小政府+大市场"的发展模式，中国式现代化发展道路强调的是"有为政府+有效市场"（皮建才和张鹏清，2024）。中国政府积极对经济发展施加影响，而非仅充当"守夜人"角色。这就意味着我们必须要重视在宏观经济模型中突出政府对市场的影响，比如政府积极提供发展型公共品，对契合经济发展方向的企业提供补贴、税收优惠或隐性担保等鼓励、支持措施。本书将在构建的动态随机一般均衡模型中刻画政府的最优化行为，并分析政治周期与经济周期的互动。

本书采用 Chen et al.（2018）根据经验数据得到的中国货币政策规则，这一规则强调中央银行把货币供应量作为中间目标。在此基础上，本书研究货币政策在政策扶持部门和市场部门非对称传导所带来的资源配置效应。目前大部分使用动态随机一般均衡模型研究中国经济的文献采用 Taylor 规则（Taylor，1993，1999）刻画中央银行的货币政策，这一规则把市场利率作为货币政策的中间目标。使用 Taylor 规则无法很好地刻画中国货币政策的实施情况（Chen et al.，2018），原因有二：一是中国经济的发展轨迹难以用平衡发展路径刻画，因而也就很难定义 Taylor 规则中的潜在产出（产出缺口）或增长趋势；二是中国金融市场的发展仍然存在空间，因而很难找到充当货币政策中间目标的市场利率。使用更符合中国实际的货币政策规则，并分析货币政策可能带来的非对称传导，构成了本书的第三个创新之处[1]。

二　不足之处

本书在给定新二元经济分析视角下研究中国宏观经济问题，并未将政策扶持部门和市场部门内生化。一方面，在现实经济运行中，由于政府鼓励发展某些类型的企业，处于市场部门的企业可能会因此改变自身行为，主动进入政策扶持部门所在的行业，成为受政府支出、鼓励的企业。另一方面，政府对企业类型的偏好可能会随着经济发展而调整，因此，处于政策扶持部门的企业可能会丧失政府提供的优惠性政策，从而变成一般的市场企业。本书尚未考虑类似的新二元经济结构内生转换，并将其留作未来研究方向。

本书只是以新二元经济视角，建立一个基于动态随机一般均衡模型的分析框架，在这个分析框架中研究资源配置效应，并探讨潜在要素市场化改革的影响。本书所构建的宏观经济模型为理解政府与市场的关系提供了一个切入点，但是，本书尚未以新二元经济为视角进行计量分析。在实证分析中合理区分政策扶持部门和市场部门，以研究新二元经济的微观影响，将成为未来研究方向。

本书使用一般均衡模型对新二元经济部门进行分析，在强调政策扶持部门所产生的正外部性的同时，尚未考虑经济体的负外部性问题。政府部门为特定企业提供政策性优惠，或为特定行业制定产业政策，很有可能是出于克服经济负外部性，打破技术壁垒，谋求长远利益的战略考虑。此时，政策扶持部门所享受的偏向性政策虽然可能扭曲短期的资源配置，但是，在长期可能通过推动产业变革、解决"卡脖子"技术等方式增进社会福利。分析这些问题可能需要用到博弈论等方法，这也是未来以新二元经济分析视角研究中国经济问题的方向之一。

---

① Chang et al.（2019）也使用了 Chen et al.（2018）所估计的中国货币政策规则，但是并未分析货币政策非对称传导的资源配置效应。

第 二 章

文献综述

第一节　中国经济部门性差异

一　部门性差异的特征化事实

部门性差异的存在使得两部门或多部门分析成为必要，学术界对中国经济部门性差异的研究主要体现在融资约束差异、生产率差异、产业链差异和政策优惠差异等方面。大部分的研究对国有企业和民营企业的差异作了区分，这些差异能在一定程度上反映政策扶持部门和市场部门之间的差异。

政策扶持部门所面临的融资约束比市场部门更为宽松。特别地，地方政府融资平台的涌现放宽了地方政府所面临的预算约束，使地方政府可以使用融资平台这一强有力的工具为政府所偏好的企业提供资金上的帮助（Bai et al.，2016）。政府所偏好的企业不一定是生产率高的企业，而可能是当地的大企业或上市企业（Bai et al.，2019）。Bai et al.（2016）发现国有企业和上市民营企业的债务收入比在2008年后呈上升趋势，且比值较大；但是，非上市民营企业的债务收入比维持稳定，且比值较小。这佐证了政策扶持部门较容易从金融机构或政府部门获取资金，而市场部门则有着较紧的融资约束。Cong et al.（2019）提供了进一步的微观层面数据分析，他们发现 4 万亿经济刺激政策导致的信贷扩张系统性偏好国有企业和具有较低产出资本比的企业，这与 Bai et al.（2016）认为的信贷向政府偏好企业倾斜的观点一致。徐思等（2019）发现，中国政府共建"一带一路"倡议降低了与该倡议有关联的企业的融资约束，其外部融资和银行借款显著增加。卢盛峰和陈思霞（2017）利用"撤县设区"作为准实验，以识别政府对辖区企业的偏好下降，发现政府对企业偏袒程度下降会收紧这些企业的融资约束，说明地方政府偏好是这些企业拥有宽松融资约束的必要条件。

学术界一般认为，国有企业相较于民营企业更容易从金融机构获取贷款（比如，Allen et al.，2005；简泽等，2018；林毅夫和李志赟，2005；刘小玄和周晓艳，2011；张杰，2000），典型事实是民营企业虽然占经济体总产出的比重很高，但只能从金融机构获得的贷款支持有限，需要依靠盈余资金或较高成本的非正式金融融资。与之相反，国有企业往往依照管制的贷款基准利率获得金融机构的信贷资源（Dobson & Kashyap，2006；汪伟等，2013）。一方面，这种信贷歧视产生的可能原因是一些金融机构（比如商业银行）或金融市场（比如股票市场）建立之初的目的是解决国有企业的融资问题或资产负债表问题（Song & Xiong，2018；林毅夫和李永军，2001），因此金融业务存在一定的路径依赖。Cong et al.（2019）发现银行的国有股比例越高，其发放贷款目标企业的国有股比例也越高。另一方面，国有企业往往能够获得政府的隐性担保，甚至当某些贷款业务面临很大风险，可能给银行或政府造成巨大损失时，贷出方仍然预期政府会对企业可能出现的经营不善进行救助（朱宁，2016）。隐性担保的存在使金融机构更倾向于为国有企业提供信贷支持。

在生产率差异方面的研究中，现有文献发现，国有企业的生产率低于民营企业。Hsieh & Klenow（2009）是研究中国国有企业和民营企业之间生产率差距的经典文献，他们使用中国工业企业数据库发现，平均而言私人部门的全要素生产率是国有部门的 1.42 倍。杨汝岱（2015）研究发现，国有企业的投资效率仅为民营企业的57%。Brandt & Zhu（2010）研究发现，在20世纪90年代中期国有企业改革实施后，国有部门和私人部门之间的全要素生产率增长率差异逐渐缩小，但是这两个部门之间的全要素生产率差异仍然很大。Brandt et al.（2012）认为，平均而言，国有部门全要素生产率比私人部门全要素生产率低27%。然而，在考虑企业的进入和退出后，存续国有企业全要素生产率增长率比民营企业高。尽管如此，在不同行业内，国有企业全要素生产率相比民营企业全要素生产率仍有较大差距。聂辉华和贾瑞雪（2011）发现，国有企业全要素生产率在2004年后有很大提升，甚至在某些年份还超过了民营企业。Hsieh & Song（2015）发现，在"抓大放小"国有企业改革后，存续国有企业和私有化后的国有企业平均劳动生产率和平均全要素生产率都得到了提高，且它们之间的差距在缩小，而对于新建立的国有企业，其劳动生产率与所在行业对应的民营企业没有明显差异，但是资本生产率则明显要低于民营企业。

国有企业更可能处于产业链上游，并实施寡头垄断，而民营企业更可能处于产业链下游，接近完全竞争（Li et al.，2015；陈小亮和陈伟泽，2017；刘瑞明和石磊，2011）。国有企业往往享受来自政府的补贴，且国有企业所在行业往往会设置行政进入壁垒，这些因素导致了"上游国企垄断、下游非国企竞争"的垂直市场结构（陈小亮和陈伟泽，2017）。上游行业一般是采矿、石油、金融、电信和电力等行业，这些行业往往由中大型国企或央企主导（Li et al.，2015；陈小亮和陈伟泽，2017；刘瑞明和石磊，2011），形成寡头垄断或自然垄断，行业集中度要比下游行业高出许多。这种垂直市场结构的形成与国企改革进程密切相关。改革开放以前，国有经济占据了上游行业和下游行业。改革开放以后，下游行业的进入壁垒逐渐放开，具有较高生产效率的民营企业得以不断进入，而下游国有企业严重亏损。国企改革使得国有企业渐渐从下游行业退出，但是，在系统性重要行业的国有企业仍然通过兼并重组等方式保留了下来，而这些行业往往处于上游（Li et al.，2015；陈小亮和陈伟泽，2017）。此外，国有企业改革也使得大量国有企业从劳动密集型行业退出，让位于民营企业，存续国有企业多为资本密集型，形成国有企业为资本密集型，民营企业为劳动密集型的格局。然而，随着经济发展，越来越多的民营企业进入重工业部门。因此，资本密集型行业是国有企业和民营企业的混合（Chang et al.，2016），而劳动密集型行业的主体是民营企业。

相比一般的市场企业，政府偏好的企业能从货币政策中获得更大利益。国有企业或政府偏好的企业往往容易因扩张性货币政策而借入低成本的资金（Chen et al.，2019；喻坤等，2014）。与之相反，民营企业或中小企业往往难以从宽松的货币政策中得到足够的低成本资金。当面对紧缩的货币政策时，政府偏好的企业受到的损失往往也更小。货币政策非对称传导的原因很大程度上在于政策扶持部门和市场部门之间的融资约束差异。尽管政府偏好的企业通常具有较低的资本使用效率，但是，它们依然能够以较低的成本借入资金（Song et al.，2011），这种资本配置方式无可避免地导致资本错配问题（陈小亮和陈伟泽，2017；罗德明等，2012）。正是因为政府所偏好的企业与一般的市场企业具有不同的融资约束，当经济体的流动性发生变化时，不同类型的企业会做出不同的反应，这也就使得货币政策出现了非对称传导，从而影响经济体的资源配置。

在政治晋升锦标赛背景下，地方政府有能力也有动机向政府偏好的企业提供政策优惠。地方政府本身有较大的行政权力和能力向偏好的企业提供"扶持之手"，在政治晋升锦标赛背景下，地方政府官员本身也有巨大的动机这样做以便获得政治晋升或者租金（Li & Zhou，2005；周黎安，2008）。与此同时，地方政府之间激烈的竞争又限制了单个地方政府做出损害企业的行为（周黎安，2007）。然而，偏好性政策优惠的存在也人为地造成了政府偏好的企业和一般的市场企业之间的成本差异，这在地方政府融资平台大量涌现后变得尤为明显，因为地方政府有了强大的工具对政府偏好的企业提供直接或间接的融资支持。此前，地方政府一般只能通过放松正式制度的执行或者提供税收优惠等措施对政府偏好的企业提供隐性或显性的支持。因此，政策性优惠与企业的融资约束和经营成本密切相关。

二　部门性差异对中国经济的影响

中国经济存在的部门性差异引起的一个很重要的问题是资源错配。资源错配又与政策扶持部门和市场部门或者国有部门和私人部门所面临不同的融资约束有很大关系。在理想情况下，资本的配置应该使得其在各部门所获得的回报率相等，这也被称为无套利条件，此时资本配置效率最高，但是，扭曲的存在会阻碍无套利条件的成立。因为国有企业更容易从金融机构获取贷款，地方政府也通过资金或政策向政府偏好的企业提供直接或间接的支持，所以资本被不成比例地更多配置在了国有部门或政策扶持部门，而处于这些部门的企业往往具有较低的生产效率，导致资本回报率偏低，从而造成比较严重的资源错配（聂辉华和贾瑞雪，2011；杨汝岱，2015）。Hsieh & Klenow（2009）认为，如果中国企业间的资源错配程度能够降低到美国的程度，全要素生产率将得到30%—50%的提升，换而言之，由资源错配导致的潜在全要素生产率损失在30%—50%，这在经济意义上相当显著。简泽等（2018）认为，金融市场不完善和信贷配给偏向国有企业是引起资本配置扭曲的两大关键因素，导致在微观层面资本更多配置在较低生产率的企业，降低了加总层面的全要素生产率。Wu（2018）识别了政策扭曲和信贷歧视所引致的资源错配。文东伟（2019）则认为，制造业企业不仅存在资本配置不足，还存在劳动配置过度。

另外，资源从国有部门配置到私人部门以降低资源错配是中国经济实现产出增长和生产率提高的关键（Hsieh & Klenow，2009；Song et al.，2011）。在这一过程中，国有部门和私人部门的全要素生产率差距得以缩小（聂辉华和贾瑞雪，2011；杨汝岱，2015）。然而，在 4 万亿经济刺激政策实施后，资源错配加剧，国有部门和私人部门之间全要素生产率差距缩小的趋势出现了反转（Cong et al.，2019）。这主要是因为地方政府融资平台等金融工具的出现放松了地方政府的预算约束，使得更多的资源配置到政策扶持部门，体现为资本一方面从民营企业配置到相对低效率的国有企业，另一方面从高效率的民营企业配置到低效率的民营企业。Bai et al.（2016）通过中国工业企业数据库发现民营企业产出资本比的方差在 2011—2013 年的样本中呈上升趋势，说明民营企业内部资源配置效率有所下降。按照新二元经济分析框架解释，这是因为，资本被更多配置到低生产率的政策扶持部门，包括配置到政策扶持部门中的民营企业，挤出了高生产率的市场部门所能获取的资本，加剧了资源的错配。

部门之间存在的融资约束差异不仅会导致资源错配，还会引起其他问题。比如，融资约束会对企业的创新活动产生影响，正式融资渠道受限降低了一般民营企业的创新投入，一般民营企业的创新活动更多以自有资金、盈余积累和非正式金融作为支撑，但是那些受到政府补贴的政府偏好型民营企业则更容易获取银行贷款，作为其研发活动的资金来源（张杰等，2012；张璇等，2017）。融资约束还影响企业的对外行为，融资渠道受限的民营企业对外投资的可能性较低，其对外投资的规模也较小，这解释了为什么对外投资的企业大部分都是融资约束宽松的国有企业（王碧珺等，2015）；类似地，国有企业出口产品质量较少受到融资约束的影响，而民营企业出口产品质量则显著受到融资约束的限制（张杰，2015）；融资能力强的企业选择出口的概率也较高，出口额更多，并倾向于选择持续出口的模式，而非间断出口的模式（文东伟和冼国明，2014；阳佳余和徐敏，2015）。融资约束还可能对企业的储蓄行为产生影响，容易从金融机构获取信贷的企业具有较低的储蓄率，但是受到政府补贴的企业拥有更高的储蓄率（江静，2014）。

垂直市场结构，即国有企业处于上游垄断地位，民营企业处于下游竞争地位，能够帮助理解中国经济一些独特现象。比如，垂直市场结构能够解释为什么国有部门和私人部门之间发生了"财富的逆转",即私人部门以前的利润率要高于国有部门,但是近年来国有部门的盈利反而超过了私人部门。原因在于,国有企业所处的上游行业往往存在进入壁垒,所以,下游民营企业的快速发展使得上游国有企业能够获得更多的垄断型租金(Li et al.,2015;刘瑞明和石磊,2011)。另外,Ru(2018)发现,对上游国有企业进行贷款能够挤入下游民营企业的投资、雇佣和销售,且下游民营企业的生产效率越高,挤入的程度也越高。Pi & Zhang(2017)在垂直市场结构背景下研究缩小城乡人力资本差距对熟练工人和非熟练工人之间工资差距的影响,发现工资差距的变化取决于上游企业提供的中间产品相对于下游企业投入的劳动和资本之间的替代弹性。皮建才和赵润之(2018)发现,在上游国有企业进行混合所有制改革之前,政府对下游民营企业进行补贴不会导致其出现体制性产能过剩,但是,在改革之后,政府的补贴会导致下游民营企业出现体制性产能过剩。皮建才和赵润之(2019)发现,上游国有企业进行混合所有制改革能够在一定程度上抑制下游民营企业的过度进入问题,提升社会福利,但是上游国有企业的非国有成分与社会福利之间呈倒"U"形关系。皮建才和张鹏清(2020a)则认为,在垂直市场结构背景下,中央政府的环境规制需要与地方政府的补贴措施形成良性互动,方能实现降低环境污染和缓解产能过剩的双重目标。

政府向偏好的企业提供政策性优惠所引起的经济效果存在较大争议。一方面,在改革开放初期,正式制度的执行成本较高,政府向企业提供政策优惠(或"特惠")能够使企业以非正式途径降低制度性成本,而政治晋升锦标赛又约束了地方政府官员做出伤害本辖区企业的行为[1],这一非正式"特惠"制度解释了为什么在改革

---

① "政治晋升锦标赛"虽然约束地方政府做出伤害本辖区企业的行为,但是会导致辖区间出现市场分割问题。皮建才(2008)为理解中国的市场分割与区域整合提供了分析思路。

开放初期，中国在世界银行公布的营商环境指数里排名靠后，但仍然取得了非凡经济增长（Bai et al.，2019；周黎安，2007），同时也解释了为什么具有政治关联的企业能取得较大程度发展（Li et al.，2008）。另一方面，非正式"特惠"制度又使得非偏好型企业有着更高的生产成本，除了造成资源错配问题，还诱使这些企业迎合优惠政策的标准，成为政府偏好的企业。比如，杨兴全等（2018）发现没有受到政府扶持的企业会倾向于多元化经营，以便进入受产业政策支持的行业，从而享受政府的税收优惠或补贴。企业还可能有动机迎合政府对研发活动的补贴政策，从而降低补贴政策对创新的激励效应（安同良等，2009；张杰等，2015）。政府向偏好的企业提供补贴是导致目前中国经济出现较为严重的体制性产能过剩的原因之一（耿强等，2011；皮建才和张鹏清，2019a，2019b）。地方政府的一些短期化行为是引起宏观经济波动的重要因素（郭庆旺和贾俊雪，2006；李猛和沈坤荣，2010）。

第二节 动态随机一般均衡模型

一 动态随机一般均衡模型的发展

动态随机一般均衡（Dynamic stochastic general equilibrium，简称DSGE）模型的发展可以追溯到 Kydland & Prescott（1982）提出的真实经济周期（Real business cycle，简称 RBC）理论。这一理论模型采用新古典假设，建立在按最优化行动的个体、市场出清和理性预期的框架之上，对宏观经济波动有较好的拟合效果。RBC 理论对宏观经济理论的发展产生了深刻影响，主要体现在方法论和思想两方面。在方法论方面，RBC 理论的动态随机一般均衡方法成为现代宏观经济分析的核心，RBC 理论对模型的校准、模拟和评估的强调也引起了对宏观经济模型进行量化分析的重视；在思想方面，RBC 理论认为，外生技术冲击是经济波动的重要来源，商业周期的出现不依赖于个体决策的非理性，因此，商业周期可以是有效率的，货币因素起到的作用则有限（Galí，2008）。

货币在商业周期中不起作用（即货币中性）这点使 RBC 理论遭受到一定程度的批评。传统观点一般认为，货币或者货币政策是引起经济波动的重要因素（比如，Friedman & Schwartz，1971），而货币因素背后又与价格粘性等因素紧密相连（Akerlof & Yellen，1985；Ball & Romer，1990）。为了在 DSGE 框架下研究货币对经济周期的影响，必须考虑三方面因素（Fernández-Villaverde，2010）：第一，经济体不能是完全竞争，因为在完全竞争的背景下，如果一部分厂商的定价存在粘性，那么这部分厂商必然会因为亏损而退出市场。为此，需要在宏观经济模型中引入垄断竞争，在这方面做出开创性工作的是 Blanchard & Kiyotaki（1987）。第二，货币需要在模型中起到一定的作用，一种方案是持有货币本身能给家庭部门产生效用，即把货币引入效用函数（Money in the utility，简称 MIU），这一思想可以追溯至 Sidrauski（1967）；另一种方案强调持有货币的交易动机，家庭能够购买消费品的前提是拥有货币，因此把货币引入家庭的跨期预算约束当中（Cash in advance，简称 CIA），这方面的开创性工作是 Lucas（1982）。第三，货币当局需要被引入模型中，以把名义波动传导到经济体当中，在此经常用到的是所谓的 Taylor 规则（Taylor，1993，1999）或货币供应量增长方程（Chen et al.，2018）。此外，为提高模型拟合效果，还可以加入其他粘性因素以限制或扩大变量对外生冲击的响应，比如工资粘性、消费习惯和投资调整成本；或加入其他外生冲击，比如投资技术冲击、货币政策冲击和财政政策冲击。

新凯恩斯模型把 RBC 模型的动态随机一般均衡方法和价格粘性、垄断竞争等非新古典假设结合起来，使得货币对短期经济波动产生重要影响。Yun（1996）提供了一个早期版本的新凯恩斯动态随机一般均衡模型，其价格粘性的设定采用 Calvo 定价（Calvo，1983），即每一时期每个厂商可以自由调整价格的概率是给定的。在

Calvo 定价设定下，可以得到新凯恩斯菲利普斯曲线（New Keynesian Phillips curve），它描述的是通货膨胀率与产出缺口之间的关系。虽然 Calvo 定价是刻画价格粘性的常用建模方法，但其缺点是厂商可以调整价格的概率是独立的，不受厂商自身因素或经济状态的影响。另一种刻画价格粘性的建模方法是引入二次型的价格调整成本（Rotemberg，1982），这种方法同样可以推导出新凯恩斯菲利普斯曲线，也经常被用在新凯恩斯模型中（比如，Chang et al.，2019）。

新凯恩斯模型对垄断竞争的刻画通常采用 Dixit‐Stiglitz 加总方式（Dixit & Stiglitz，1977），这种产品加总方式简洁优美地刻画了张伯伦垄断竞争的思想。Dixit‐Stiglitz 加总的主要问题是加成定价率（mark‐ups）由不变替代弹性（Constant elasticity substitution，简称 CES）外生决定，而 Kimball 加总能克服这一问题（Kimball，1995）。在 Kimball 加总中，差异化商品的价格弹性由相对价格决定，所以使用 Kimball 加总而非 Dixit‐Stiglitz 加总能够估计时变需求弹性，避开了 Dixit‐Stiglitz 加总导致的加成定价率不变的缺陷（比如，Smets & Wouters，2007）。

新凯恩斯动态随机一般均衡模型不仅为宏观经济分析提供了微观基础，同时还能较好地拟合宏观经济数据，其预测能力常与向量自回归模型相比较，在这方面比较有代表性的研究是 Christiano et al.（2005）和 Smets & Wouters（2007）。Christiano et al.（2005）在带有价格粘性和垄断竞争的新凯恩斯模型基础上引入了许多粘性或惯性机制并把它们放在一个统一分析框架当中，比如工资粘性、消费习惯、可变资本利用率、投资调整成本、工作资本（working capital）贷款机制。Christiano et al.（2005）发现他们模型生成的脉冲响应函数与向量自回归模型产生的脉冲响应函数很接近，并认为工资粘性起到很重要的作用。Smets & Wouters（2007）在具有多种名义和实际摩擦的新凯恩斯一般均衡模型基础上引入了七种结构性外生冲击，分别是全要素生产率冲击、风险溢价冲击、投资专用技术冲击、工资加成（wage mark‐up）冲击、价格加成冲击、财政政策冲击和货币政策冲击。Smets & Wouters （2007） 使用了贝叶斯方法对模型进行估计，并比较了不同的名义或实际摩擦的相对重要程度，发现其建立的动态随机一般均衡模型的样本外预测能力媲美贝叶斯向量自回归模型。现在，Christiano et al. （2005） 和 Smets & Wouters （2007） 构建的新凯恩斯动态随机一般均衡模型成为多个国家或地区的中央银行建立各自宏观经济模型的起点和重要参考。

新凯恩斯模型的一个重要拓展是引入金融摩擦以研究其对经济波动的影响。Bernanke et al. （1999） 把金融加速器 （Financial accelerator） 机制引入 DSGE 模型，发现金融加速器对商业周期有显著影响。在 Bernanke et al. （1999） 模型中，外部融资的风险溢价与企业自身净值占总投资的比重负相关。因此，该模型体现了加速器机制，若外生冲击导致企业的净值下降，则外部融资的风险溢价会上升，这又会导致企业更难获得外部融资，阻碍了企业的净值积累，从而放大了外生冲击给宏观经济带来的波动。Christiano et al. （2014） 把 Bernanke et al. （1999） 的金融加速器机制扩展到更一般的新凯恩斯动态随机一般均衡模型中，并引入了影响有效资本的风险冲击、影响净值的冲击和投资边际效率冲击。Christiano et al. （2014） 发现，风险冲击是引起经济周期最重要的因素。带有金融摩擦或金融部门的新凯恩斯动态随机一般均衡模型也被用来研究金融危机的产生及其影响或金融部门对金融危机的影响 （比如，Gertler & Kiyotaki， 2010； Gertler et al.， 2016； Gertler et al.， 2012）。

动态随机一般均衡模型不仅适用于刻画封闭经济，还适用于刻画开放经济。Galí & Monacelli （2005） 构建了一个经典的小型开放经济动态随机一般均衡模型，该模型采用 Calvo 定价机制，研究不同货币政策产生的影响。Galí & Monacelli （2005） 推导了适用于开放经济的新凯恩斯菲利普斯曲线，并发现货币当局在稳定名义汇率和改善贸易条件之间以及稳定本国商品价格和缩小产出缺口之间存在权衡取舍。在 Christiano et al. （2011） 建立的开放经济动态随机一般均衡模型中，消费品、投资品和出口品三类最终产品的生产都需要用到国内和国外厂商生产的中间品，因此能够比较全面地刻画国家之间的中间品贸易和最终品贸易，并从中考察外部需求下降等冲击给国内经济活动带来的波动。

二　动态随机一般均衡模型与中国经济

动态随机一般均衡模型在分析宏观经济现象时有着坚实的微观基础，能够研究跨期动态问题，同时又避免局部均衡模型的一些缺陷，所以被越来越多国内学者用来分析中国经济所面临的挑战，相关文献极为丰富①。在此，本节对相关文献做一个简短的综述。

国内早期相关研究关注的是在 RBC 模型的基础上构建一个能够比较好拟合或预测中国经济波动的动态随机一般均衡模型。卜永祥和靳炎（2002）构建了一个考虑技术冲击、资产价格和货币政策的 RBC 模型，发现技术冲击能较好解释中国经济波动。陈昆亭等（2004）在 RBC 模型中考虑了技术冲击、供给冲击和需求冲击，发现中国经济波动大部分可由技术冲击所解释，但供给冲击的引入使得模型对消费变化的预测更准确。黄赜琳（2005）则在动态随机一般均衡模型中同时考虑了财政政策冲击和技术冲击，发现两者可以解释中国经济主要宏观变量的波动，并对就业和产出有较好的预测效果。胡永刚和刘方（2007）把劳动的调整成本和消费的流动性约束引入动态随机一般均衡模型中，发现模型较好拟合了就业、产出和消费的波动。

把金融摩擦或银行部门引入动态随机一般均衡模型中能够较好体现中国经济波动的传导机制。杜清源和龚六堂（2005）通过对比

---

① 用 DSGE 模型研究中国经济的国外文献方面，除了本章第三节将要提到的关于部门性差异的 DSGE 国外文献以外，还有 Chang et al.（2015），Chen et al.（2018）和 Li & Liu（2017）等文献。Chang et al.（2015）在 DSGE 模型中考虑了中国的资本账户管制政策及其福利影响；Chen et al.（2018）建立了一个 DSGE 模型用以分析中国的货币政策规则和影子银行系统；Li & Liu（2017）分析了 Taylor 规则和货币增长规则在中国的适用性。

含金融加速器和不含金融加速器的动态随机一般均衡模型，发现金融加速器的存在明显放大了外生技术冲击导致的经济波动。许伟和陈斌开（2009）建立了一个包含信贷供给的动态随机一般均衡模型，发现技术冲击和信贷冲击能够解释主要宏观经济变量的波动。王立勇等（2012）考虑了不同粘性条件下的金融加速器传导机制，发现相比价格粘性和信息粘性，在混合粘性条件下经济变量对外部冲击作出的反应更符合现实。鄢莉莉和王一鸣（2012）引入了三种不同的金融市场冲击，分别是直接投资冲击、信贷市场冲击和融资环境冲击，发现金融市场冲击能解释部分中国经济的波动。张勇等（2014）则在金融摩擦背景下研究了利率双轨制的改革路径问题。

随着中国经济发展，房地产部门对经济的影响越来越大，许多学者通过构建动态随机一般均衡模型对此进行分析。何青等（2015）建立了一个带有住房需求、抵押约束和名义价格刚性的新凯恩斯动态随机一般均衡模型，发现调控政策会放大住房偏好冲击和抵押率冲击给宏观经济波动带来的影响。康立等（2013）在动态随机一般均衡模型中同时考虑了房地产部门和制造业部门，发现外生冲击使银行因房地产部门发生损失而收紧对两个部门的信贷，以符合资本充足率要求，从而导致制造业面临更紧的融资约束。陈诗一和王祥（2016）则构建了一个包含房地产部门和消费品部门的新凯恩斯动态随机一般均衡模型，发现当社会融资成本较高时，央行盯住房价的货币政策能够比较有效降低宏观经济波动和增加社会福利。

房地产发展的背后又与中国特色的土地财政密切相关，把房地产和土地财政相结合是应用动态随机一般均衡模型研究中国宏观经济问题的一个焦点。赵扶扬等（2017）研究了土地财政给宏观经济带来的波动。在他们设定的动态随机一般均衡模型中，地方政府通过税收收入和土地出让收入为基础设施建设进行融资，而基础设施对生产部门产生正的外部性，这一设定对住房需求冲击产生了土地财政加速器效应，即住房需求的上升会抬高地价，增加基础设施供给，基础设施带来的外部性刺激工业产出，但工业产出的增加又会反过来刺激工业用地价格的上升，从而放大了外生冲击对宏观经济波动产生的影响。高然和龚六堂（2017）在刻画土地财政的动态随机一般均衡模型中强调地方政府追求财政收入最大化，并发现房地产市场的波动主要由住房需求冲击引起，地方政府的土地财政一方面放大了外生冲击引起的房地产市场和宏观经济的波动，另一方面也显著降低了社会福利水平。梅冬州等（2018）把金融加速器机制引入分析土地财政的动态随机一般均衡模型中。在一个具有房地产部门、非房地产部门和政府部门的经济里，他们发现金融加速器机制叠加土地财政加速器机制能够较好解释房地产部门所引起的中国经济波动。

在过去十余年里，中国影子银行以财富管理产品、信托贷款和委托贷款等形式得到了迅速发展，认识和理解中国影子银行是防范发生系统性金融风险的关键，而相关文献也在动态随机一般均衡的框架下研究中国影子银行如何影响宏观经济。裘翔和周强龙（2014）把影子银行和商业银行纳入新凯恩斯动态随机一般均衡模型中，发现影子银行具有明显的逆周期特征。正向利率冲击虽然降低了商业银行信贷，但却提高了影子银行信贷，从而削弱了货币政策有效性。林琳等（2016）发现，若影子银行缺乏监管，则商业银行会在经济上行时通过影子银行扩张信贷。高然等（2018）考虑了商业银行面临资本充足率约束和存贷比约束，发现紧缩性货币政策和高存贷比会促使商业银行把表内业务转移到影子银行，从而部分抵消监管政策的加强。

随着中国人口出生率下降，人口老龄化成为阻碍中国经济长期发展的重要因素，而相关文献也在动态随机一般均衡框架下研究中国的人口结构问题。严成樑（2018）构建了一个世代交叠模型，发现由市场提供的老年照料能比由政府提供的老年照料带来更高的人口出生率和社会福利水平。陈彦斌等（2019）则在动态随机一般均衡框架下研究如何发展人工智能以应对人口老龄化的挑战，发现人工智能可以弥补劳动力的不足，提高资本回报率和全要素生产率。

最后，学者在开放经济背景下研究动态随机一般均衡模型如何适用于中国经济。刘斌（2008）在开放经济动态随机一般均衡模型下研究了中国货币政策问题。袁申国等（2011）在开放经济模型中引入金融加速器机制，发现固定汇率制度下的金融加速器效应要比浮动汇率制度下的效应强。梅冬州和赵晓军（2015）则在中国持有大量美国国债背景下研究两国资产互持对经济周期协同性的影响，发现互持比重与经济协同性负相关。张开和龚六堂（2018）发现，在固定汇率制度下，政府财政支出乘数要较浮动汇率制度下的大，且政府对非贸易部门支出所带来的乘数效应要大于对贸易部门支出所带来的乘数效应。

第三节　部门性差异与动态随机一般均衡模型

一　国内文献的研究

现有关于中国经济部门性差异的动态随机一般均衡文献多强调国有部门和私人部门的差异，比如国有部门虽然有更宽松的融资约束，但是生产效率较低。陈晓光和张宇麟（2010）较早在 RBC 模型基础上考虑不同部门面临不同的贷款利率，以检验两部门 RBC 模型对中国宏观经济波动的解释能力。在其设定的模型中，国有部门贷款利率低于市场利率，而私人部门贷款利率高于市场利率。陈晓光和张宇麟（2010）通过对比含部门性信贷约束和不含信贷约束的模型结构，发现部门性信贷约束能够较好解释中国经济的波动特征。汪伟等（2013）则通过构建一个包含国有部门和私人部门的动态随机一般均衡模型解释中国劳动收入份额和消费率下降的趋势，他们模型中的部门性差异主要体现在贷款的数量和类型上。具体而言，国有部门可以从银行获取短期贷款和中长期贷款，且不受额度限制，而私人部门只能从银行部门中获取短期贷款以支付营运成本，且贷款额度受到限制，其长期投资只能依靠自身资本积累。汪伟等

（2013）发现，劳动收入份额的下降是因为私人部门需要依靠自身盈余进行长期资本投资，从而挤出了付给劳动者的报酬，而劳动者收入下降导致了消费率的同步下降。在这一机制里面，信贷歧视起到重要作用。

部门性差异引起的一个重要问题是资源错配导致的生产率损失。罗德明等（2012）构建了一个中间品分别由国有企业和民营企业生产的动态随机一般均衡模型，其中国有企业和民营企业不仅面临不同的贷款利率和全要素生产率，还面临着不同的劳动成本。此外，政府通过补贴的方式对亏损的国有企业进行补贴以避免其退出市场。通过现实数据对模型进行校准后发现，要素市场扭曲导致的潜在总产出损失和全要素生产率损失非常大。林滨等（2018）发现，中国高效率企业往往融资困难。基于这一事实，林滨等（2018）考虑了异质生产效率的企业，其中高效率的企业面临更紧的融资约束，发现技术冲击和金融冲击进一步收紧高效率厂商的融资约束，加剧资源错配，从而扩大经济波动。

部门性差异的存在也会使财政政策出现非预期效果。郭长林（2018）构建了一个反映垂直市场结构（"上游国有企业垄断、下游非国有企业竞争"）的动态随机一般均衡模型，其中国有部门生产中间产品，中间产品既可以用于私人部门以生产最终产品，也可以用于政府部门以生产发展型公共品。在此设定下，积极的财政政策提高了政府部门对发展型公共品的需求，进而导致国有部门生产的中间产品价格上升，但这会增加私人部门的生产成本。因此，积极的财政政策将系统性偏向国有部门，使得国有部门产出增加，私人部门产出下降。然而，国有部门的资本密集度要高于私人部门，其吸纳就业的能力不如私人部门。这一生产结构使得积极的财政政策虽然增加了国有部门的就业，但却降低了私人部门的就业，且没有改善总的就业。

构建反映部门性融资约束差异的动态随机一般均衡模型能够帮助理解利率市场化改革的问题和方向。陈彦斌等（2014）建立了一个包含利率管制的动态随机一般均衡模型，其中国有企业和民营企业的不同之处在于，前者受益于政府的隐性担保，不受抵押品约束限制，而后者没有政府担保，因而受到抵押品约束限制。研究发现，利率管制虽然扩大了投资，但是挤出了消费。如果去除利率管制，那么利率会上升。此时，因为高生产率的民营企业融资约束更紧，较高的资本价格恶化了资源配置，从而降低了总产出。陈小亮和陈伟泽（2017）则在垂直市场结构背景下研究陈彦斌等（2014）所构建的利率管制机制产生的影响，发现同时进行利率市场化改革和国企改革将有利于总产出的增加和消费率的提高。

二　国外文献的研究

国外文献方面，Song et al.（2011）在世代交叠框架下建立了一个包含国有部门和私人部门的模型。虽然私人部门拥有比国有部门更高的全要素生产率，但是仅国有部门可以从金融机构获得贷款，私人部门只能依靠企业家自身储蓄进行融资①。Song et al.（2011）的模型不仅解释了中国经济一些特殊现象，如高储蓄率和高经常账户盈余，还强调资源从国有部门向私人部门重新配置是中国全要素生产率得以提升的关键②。

部门性差异的存在会使货币政策出现非预期效果。Chang et al.（2019）研究了中央银行调整存款准备金率的资源再配置效应。在模型中，国有部门和私人部门都需要为每期的工作资本进行融资，不同的是，国有部门通过金融机构表内业务进行融资，其规模受存款

① 部分国外文献在经典的新凯恩斯动态随机一般均衡模型基础上借鉴 Kiyotaki & Moore（1997）和 Iacoviello（2005）关于抵押品约束的设定，从国有部门和私人部门分别面临不同的抵押品约束来刻画两个部门的融资约束（比如，Guo et al.，2018；Wang et al.，2017a，2017b）。

② Song et al.（2011）发展的框架也被用来研究中国的房地产泡沫问题（Chen & Wen，2017），人口老龄化问题（Song et al.，2015）和将要提到的资本管制问题（Song et al.，2014）。

准备金率约束，而私人部门通过影子银行进行融资，其规模不受存款准备金率调整的影响。此外，国有部门还享受政府担保，因此可以按无风险利率进行融资，而私人部门没有政府担保，只能以市场利率进行融资。在这样的模型设定下，央行提高存款准备金率将使信贷更多配置到私人部门，从而提高整个经济体的全要素生产率，但是政府对国有部门的担保成本会上升。

Chang et al.（2016）则关注重工业部门和轻工业部门之间的部门性差异。重工业部门接受来自政府的投资，并且以低利率从银行获得中长期贷款，贷款额受政府控制，而轻工业部门依靠企业家自身的资本积累进行投资，并且只能以较高利率从银行获得短期贷款，为其每期的工作资本融资。此外，银行部门的贷款成本呈凸性。Chang et al.（2016）发现该模型能够很好拟合中国经济宏观变量的变化趋势和波动情况，银行部门的凸性贷款成本解释了中国经济的波动特征，重工业部门受政府控制的贷款约束解释了中国经济的趋势特征，轻工业部门的融资约束解释了劳动收入份额和重工业产出占比下降的趋势。

不同部门面临不同融资约束的根源在于中国金融市场的不完善，因此建立关于中国经济部门性差异的动态随机一般均衡模型能够解答金融改革中的一些关键问题。Song et al.（2014）在模型中考虑汇率管制、利率管制和存贷比管制三种资本管制（capital controls）政策，发现资本管制抑制了金融机构之间的竞争，因此阻碍了向高生产率的私人部门提供信贷，而去除资本管制将有利于全要素生产率和总产出的提高。Liu et al.（2020）构建同时存在利率管制和信贷歧视的两部门动态一般均衡模型，其中国有部门能够以比私人部门更高的杠杆率和更低的利率向金融机构贷款，并且国有部门具有更强的激励（如政府对其进行产出补贴）扩张生产。Liu et al.（2020）发现，利率市场化提高了部门内部的资源配置效率，但是加剧了部门之间的资本错配。Liu et al.（2021）则建立了一个包含资本账户管制和融资约束差异的两部门动态随机一般均衡模型，其中相比私人部门，国有部门不仅享受银行的低利率贷款，还拥有一定的市场垄断力量。Liu et al.（2021）发现，随着国有部门产出份额的下降，社会福利最大化的改革路径要求尽快消除融资约束差异，但不宜过早开放资本账户。

第 三 章

新二元经济视角下的资源配置效应：基础模型

新二元经济视角是指将经济体划分为政策扶持部门和市场部门进行分析，其中政策扶持部门包括政府所鼓励、支持的企业，既含国有企业，也含部分非国有企业，而市场部门则包括一般的非国有企业（白重恩，2016a，2016b）。相比其他二元经济分析视角，新二元经济视角能在一定程度上反映政府与市场的互动，由此为理顺政府与市场的关系的研究提供一个分析切入点。

目前较少文献采用新二元经济视角研究中国经济。少量研究认为，政策扶持部门容易获取信贷资源，很少强调政策扶持部门所带来的正外部性。例如，Bai et al.（2016）研究发现信贷向政府偏好的企业倾斜，这些企业往往是国有企业或者上市民营企业，具有较低的生产率。Cong et al.（2019）发现，财政刺激政策导致的信贷扩张系统性偏好国有企业和具有较低产出资本比的企业，从而逆转了之前资源向高生产效率的企业进行配置的趋势。徐思等（2019）认为，"一带一路"倡议降低了与该倡议有关联的企业的融资约束，这些关联企业可以被视为政府支持的企业。卢盛峰和陈思霞（2017）认为，政府对企业偏袒程度的下降会收紧这些企业的融资约束，也就是说，政府的偏好是企业拥有宽松融资约束的必要条件。值得注意的是，Bai et al.（2016）和 Cong et al.（2019）为中国新二元经济提供了初步的一般均衡分析，但他们所构建的模型突出的是融资约束差异，而没有结合中国经济其他典型特征，特别是政策扶持部门可能产生的正外部性，例如参与基础设施建设等。

本章试图构建一个既能刻画新二元经济部门，又能结合中国经济其他典型特征的动态随机一般均衡模型，并基于构建的模型厘清资源配置效应，探讨潜在经济改革措施的影响。政策扶持部门除能够享受来自政府部门的各种显性或隐性的补贴之外，一个关键特征是能给经济带来正的外部性。从建模思路上而言，本章一方面刻画了政府部门和政策扶持部门之间的互动，另一方面刻画了政策扶持部门通过生产公共品提供正外部性。

本章所构建的动态随机一般均衡模型以真实商业周期（Real business cycle，简称 RBC）建模方法作为技术基础，通过刻画政策扶持部门和市场部门之间的资源配置揭示新二元经济的运行机制，并融入中国经济的其他典型特征，包括政治晋升锦标赛、政府部门的公共品供给、隐性担保和产出补贴。一方面，政策扶持部门面临比市场部门更为宽松的融资约束，体现在政策扶持部门能够享受到来自政府部门的隐性担保，并免受信贷歧视。另一方面，政策扶持部门是政府部门在政治晋升锦标赛中进行公共品投资的抓手，能享受到政府部门提供的产出补贴。此外，本章所构建的模型首次将 Xiong（2019）对政治晋升锦标赛的建模方法纳入一般均衡分析当中。

本章尝试构建的是关于新二元经济的基础模型，该模型还为未来四章进一步考察中国经济的政策扶持部门偏向型特征提供了统一分析框架。第四章将拓展基础模型，研究新二元经济视角下的垂直市场结构。垂直市场结构是学术界广为关注的问题，也是中国经济出现的特殊经济现象，它指的是国有企业或为政府所偏好的企业占据产业链上游，拥有一定垄断地位，而民营企业或非政府所偏好的企业占据产业链下游，处于完全竞争态势。第五章将拓展基础模型，研究货币因素在新二元经济部门中所起到的作用，特别地，第五章的拓展模型将体现货币政策对政策扶持部门和市场部门所产生的非对称传导效应。中国货币政策的非对称传导是学术界聚焦的一个重要现实问题，体现为央行的常规货币政策所提供的流动性难以流入民营企业或中小企业，而受益者往往是国有企业或政府所偏好的企业。第六章利用所构建的基础模型和拓展模型研究政治晋升锦标赛所带来的影响。政治晋升锦标赛假说对中国经济奇迹提供了一个重要解释，并与政府和市场的关系高度相关。因此，尽管第三章所构建的基础模型和拓展模型已融入了 Xiong（2019）对政治晋升锦标赛的刻画，但是仍然值得专门辟出章节对政治晋升锦标赛作进一步探讨。第七章则利用基础模型和拓展模型研究财政压力所引致的资源配置效应。政府部门向政策扶持部门提供的各类补贴都离不开财政收入的支撑。因此，在财政收入下降背景下，有必要以新二元经济视角研究新形势下的资源配置效应。

本书在第四章至第七章分析垂直市场结构、货币政策非对称传导、政治晋升锦标赛和财政收支变动这四个重要现象的原因在于，它们都深刻影响新二元经济视角下的资源配置。其中，前两者都具有政策扶持部门偏向型特征，而后两者则是新二元经济的制度性因素。垂直市场结构关注的是中国经济的产业结构可能造成的部门偏向性，货币政策非对称传导关注的是中国宏观政策可能导致的部门偏向性。政治晋升锦标赛关注的是中国的政府治理体系如何形塑新二元经济，财政收支变动关注的是政府预算约束如何形塑新二元经济。从产业结构、宏观政策、政府治理、预算约束四个方面进一步厘清中国新二元经济的资源配置效应，是本书在第四章至第七章所要做的工作。

本章总领了接下来的第四章至第七章，各章之间的关系结构可概括为图 3.1。

本章剩余部分的安排如下：第一节给出模型的设定，第二节对模型进行数值模拟，第三节概括本章主要结论。附录 A 提供本章的技术细节。

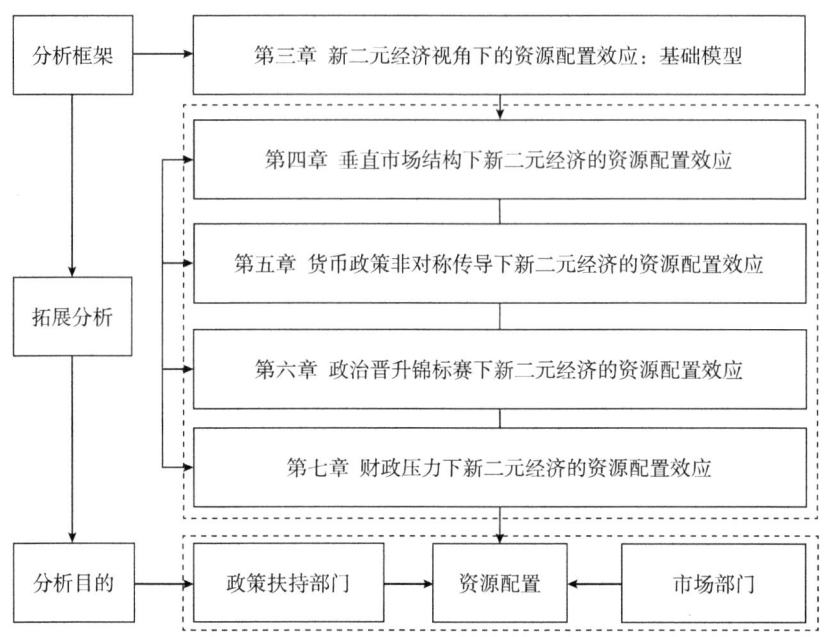

图 3.1　章节关系结构图

第一节　模型设定

本章所构建的动态随机一般均衡模型包括家庭部门、政府部门、政策扶持部门、市场部门、商业银行部门、公共品部门和民用品部门共七个部门。政策扶持部门能享受到来自政府部门的政策性优惠，包括产出补贴、隐性担保和公共品购买，政策扶持部门所参与的公共品供给可以产生正外部性。此外，政策扶持部门还能以更低的抵押比率从商业银行贷入资金。但是，市场部门无法享受政策性优惠，还需要以更高的抵押比率从商业银行获得贷款。政策扶持部门和市

场部门都雇佣资本和劳动，不存在上下游关系。政府部门的刻画以
Xiong（2019）的研究为基础，体现政治晋升锦标赛的特点。在政治
晋升锦标赛的考核压力下，政府部门不仅关心当期在职消费水平，
还关心对下一期公共品的投资。公共品投资可以促进下一期产出的
增加，但会牺牲当期在职消费，增加对公共品的投资就释放了一个
官员发展经济能力的信号。

本章模型的目的是以尽可能简洁的建模方式刻画中国新二元经
济，并为后面章节的研究提供一个分析框架。具体而言，本章模型
的各部门将作如下安排：

家庭部门向政策扶持部门和市场部门供应劳动力，并从中获得
工资收入。家庭部门还能够获得经济体各部门转移给它的利润，但
需要向政府部门缴纳一次付总形式的税收。家庭部门的收入还包括
上一期储蓄的本金及其利息。家庭部门利用所获得的净收入决定当
期向商业银行储蓄的金额和购买最终消费品的数量，并从最终消费
品中获得效用。家庭部门的最优化问题是在预算约束下最大化无限
期的家庭效用。

政府部门拥有当期的公共品存量，但是每一期存量公共品均存
在一定程度的折旧。此外，政府部门还从家庭部门处获得税收收入。
一方面，政府部门将所获得的部分收入用于向政策扶持部门提供产
出补贴，并承担为政策扶持部门提供隐性担保的成本。另一方面，
政府部门将剩下的收入用于当期在职消费和公共品投资。政府部门
从当期在职消费和下一期公共品供给水平中获得效用，后者进入效
用函数的原因在于下一期公共品供给水平可以作为一个官员发展经
济能力的信号（Xiong，2019）。政府部门的最优化问题是在预算约
束下最大化无限期的政府部门效用。本书假设政府部门的折现因子
小于家庭部门，以便能在一定程度上反映中国地方政府官员比较注
重任期内的经济发展。

政策扶持部门雇佣资本和劳动进行生产，其生产效率受当期公
共品供给水平的影响，当期公共品供给水平越高，生产效率也越高。

因此，在这个意义上，政府部门提供的是发展型公共品。每一期期末，每一个政策扶持部门企业所雇佣的资本都会受到资本质量的冲击（Gertler & Karadi, 2011; Gertler et al., 2012）。因此，实际生产中每个政策扶持部门企业在下一期期初所使用的有效资本存在差异。政策扶持部门的决策时序参考了 Buera & Moll（2015）和 Liu et al.（2020）的设定，即观察到上一期的资本质量冲击后，政策扶持部门企业在期初选择劳动投入以最大化当期利润；在期末，当期资本质量冲击实现后，政策扶持部门企业选择下一期资本存量，并决定其向商业银行存款和借款的额度，以最大化企业的市场价值。政策扶持部门的每单位产值都可以享受到来自政府部门的补贴。此外，当向商业银行借款时，政策扶持部门不仅因政府部门提供的隐性担保而获得较低的贷款利率，还可以按照较低的抵押率从商业银行获得贷款。

市场部门与政策扶持部门具有相似的生产结构，都雇佣资本和劳动进行生产，都会受到公共品供给水平和资本质量冲击的影响，其决策顺序也是给定上一期的资本质量冲击，先决定劳动投入以最大化当期利润，然后在当期期末资本质量冲击实现后，决定下一期的资本存量、存款额度和贷款额度，以最大化企业的市场价值。不同之处在于，市场部门不能享受政府部门提供的产出补贴和隐性担保。同时，市场部门向商业银行贷款时，面临较高的抵押率。

商业银行部门吸收来自家庭部门、政策扶持部门和市场部门的存款，并向政策扶持部门和市场部门发放贷款。商业银行的目标是最大化银行利润，但是商业银行部门存在金融摩擦，体现为商业银行需要为发放的贷款承担违约成本，这使商业银行要求贷款方支付一定程度的利率溢价。然而，因为政策扶持部门可以享受到来自政府部门的隐性担保，所以政策扶持部门需要支付的利率溢价低于不享受政府部门隐性担保的市场部门所需支付的利率溢价。

公共品部门以政策扶持部门的产品作为投入生产公共品。为使模型尽可能简洁，并且不失一般性，假设一单位政策扶持部门产出可以被用来生产一单位公共品。政府部门向公共品部门购买公共品以增加对公共品的投资，从而间接推动政策扶持部门产出的增加。

民用品部门以政策扶持部门和市场部门的产品作为投入生产民用品，其中政策扶持部门的产品和市场部门的产品以学术界广泛采用的不变替代弹性（CES）形式进行加总。民用品部门的产出即是最终消费品，既供家庭部门消费，也供政府部门消费。

一　家庭部门

代表性家庭部门的跨期效用函数如下：

$$U = E_0 \sum_{t=0}^{\infty} \beta^t \ln(C_t) \tag{3.1}$$

其中，C_t 表示第 t 期的居民消费，β 表示家庭部门的折现因子，E_0 表示第 0 期的期望算子。

在第 t 期，代表性家庭决定其当期的消费 C_t 和下期期初持有的银行存款 D_{t+1} 以最大化预期效用，其受到的预算约束如下：

$$C_t + D_{t+1} \leqslant w_t L + R_t D_t + \Phi_t - T_t \tag{3.2}$$

其中，L 表示家庭部门的劳动时间，w_t 表示第 t 期经济体的工资水平，从而 $w_t L$ 就表示第 t 期家庭部门的工资收入；D_t 表示第 t 期期初家庭部门持有的银行存款，R_t 表示第 t 期的总利率水平，从而 $R_t D_t$ 就表示第 t 期家庭部门能够获得的利息收入和本金收入之和[①]；Φ_t 表示第 t 期经济体中的其他部门向家庭部门转移的净利润，T_t 表示第 t 期政府部门向家庭部门征收的一次付总形式的税收。

二　政府部门

政府部门的设定参考了 Xiong（2019）的研究，即通过政府部门对当期在职消费和下一期公共品供给之间的权衡取舍来体现政治晋

---

① D_t 也可以理解为第 $t-1$ 期期末家庭部门持有的银行存款。本书允许 D_t 为负，此时 D_t 表示第 $t-1$ 期从银行获得的贷款，或第 t 期需要向银行偿还的本金。

升锦标赛。政府部门对下一期公共品供给的相对重视程度就衡量了政治晋升锦标赛的考核压力。

政府部门的跨期效用函数如下：

$$U_g = E_0 \sum_{t=0}^{\infty} \beta_g^t \left[\ln(C_{gt}) + \gamma \ln(G_{t+1}) \right] \tag{3.3}$$

其中，C_{gt} 表示第 t 期的在职消费水平，G_{t+1} 表示第 $t+1$ 期的公共品供给水平，β_g 是政府部门的折现因子。在参数校准时，我们假设政府部门的折现因子小于家庭部门的折现因子，较小的 β_g 表示政府官员更在乎任期内的表现。γ 衡量政府官员对仕途的重视程度，或政治晋升锦标赛的考核压力。Xiong（2019）认为，虽然地方政府官员的个人能力很难被直接观测到，但是下一期的产出水平可以用来推断出官员在当期发展经济的能力。如果官员拥有较强的发展经济能力，那么他就更愿意牺牲支付于在职消费的政府预算，从而也就更愿意把政府预算用于投资公共品，以增加产出。等式（3.3）可以看作 Xiong（2019）文章里等式的拓展①。

在第 t 期，政府部门决定第 t 期在职消费水平 C_{gt} 和下一期公共品供给水平 G_{t+1}，其受到的预算约束如下：

$$C_{gt} + P_{gt}G_{t+1} \leqslant (1-\delta_g)P_{gt}G_t - \tau P_{st}Y_{st} - \mathcal{F}_t + T_t \tag{3.4}$$

其中，P_{gt} 表示第 t 期公共品的价格水平，δ_g 表示公共品的折旧因子，这样 $(1-\delta_g)P_{gt}G_t$ 就表示第 t 期期初政府部门所拥有存量公共品的市场价值，$P_{gt}G_{t+1}$ 表示第 t 期政府部门按当期价格投资公共品后所形成公共品的市场价值。第 t 期政府部门对公共品的投资需求为 $G_{t+1} - (1-\delta_g)G_t$。$Y_{st}$ 表示第 t 期政策扶持部门的产出水平，τ 表示政

---

① 梅冬州等（2018）、梅冬州和温兴春（2020）假设政府部门的目标函数是追求同期消费性支出和生产性支出的最大化。本节采用的目标函数与他们的不同之处在于，本节政府部门目标函数中的在职消费和公共品投资是不同期的，政府部门在当期在职消费和下期公共品供给之间进行权衡取舍，因而体现了政治晋升锦标赛的特征。另外，本节的公共品供给能提高生产部门的生产率，具有正外部性，而在梅冬州等（2018）、梅冬州和温兴春（2020）的设定中，政府部门所提供的公共品没有直接进入生产部门的生产函数当中。

府部门对政策扶持部门产出的补贴率。P_{st} 是政策扶持部门产品的价格，$\tau P_{st} Y_{st}$ 就表示政府部门向政策扶持部门所提供的补贴金额。$\mathcal{F}_t$ 表示第 t 期政府部门为政策扶持部门提供隐性担保所负担的成本，具体表达式见式（3.28）。T_t 是第 t 期从家庭部门处征收的一次付总形式的税收，假设税收总额占经济总产出 ϑ 比例，即：

$$T_t = \vartheta \mathrm{GDP}_t \tag{3.5}$$

其中，GDP_t 的表达式见式（3.38）。

三　新二元部门

（一）企业决策

政策扶持部门和市场部门中的企业使用资本和劳动进行生产，其生产函数由下式给出：

$$y_{it} = A_{it} G_t (\varepsilon_{it} k_{it})^\alpha (l_{it})^{1-\alpha} \tag{3.6}$$

其中，$i \in \{s, p\}$，s 指政策扶持部门，p 指市场部门。A_{it} 表示第 t 期部门 i 的全要素生产率，G_t 是第 t 期的公共品供给水平，l_{it} 表示第 t 期企业所使用的劳动，α 表示资本收入份额，y_{it} 表示第 t 期企业的产出。k_{it} 表示第 t 期企业所使用的资本，ε_{it} 表示第 t 期期初（或第 $t-1$ 期期末）部门 i 的企业所受到的资本质量冲击（Gertler & Karadi，2011；Gertler et al.，2012），因此，企业第 t 期使用的有效资本为 $\varepsilon_{it} k_{it}$。为简化符号，企业本身没有用额外的字母标注。

新二元部门受到外生技术冲击的影响，其全要素生产率 A_{it} 的运动方程如下：

$$\ln(A_{it}) = (1 - \rho_{Ai}) \ln(A_i) + \rho_{Ai} \ln(A_{it-1}) + \varepsilon_{Ait} \tag{3.7}$$

其中，A_i 表示稳态时部门 i 的全要素生产率，ρ_{Ai} 表示部门 i 的技术冲击的持续性，ε_{Ait} 是第 t 期部门 i 的全要素生产率的随机扰动，且 $\varepsilon_{Ait} \sim \mathcal{N}(0, \sigma_{Ai}^2)$，其中 σ_{Ai} 表示部门 i 技术冲击的标准差。在进行参数校准时，本书假设稳态时市场部门的全要素生产率 A_p 高于政策扶持部门的全要素生产率 A_s。

新二元部门企业的决策时序遵循 Buera & Moll（2015）和 Liu et al.

（2020）的设定。在期初，给定当期资本存量和资本质量的情况下，企业选择劳动投入 l_{it} 以最大化利润，然后在当期期末，企业在观察到资本质量冲击后，决定下一期资本投入、存款金额和贷款金额。这样的决策时序避免了异质性投资风险所引起的一些问题（Angeletos，2007）。

在第 t 期期初，企业的最优化问题为：

$$\pi_{it} = \max_{l_{it}} (1+\tau_i) P_{it} A_{it} G_t (\varepsilon_{it} k_{it})^{\alpha} (l_{it})^{1-\alpha} - w_t l_{it} \tag{3.8}$$

其中，π_{it} 是第 t 期部门 i 企业的利润，P_{it} 是部门 i 产品的实际价格。w_t 是企业支付给工人的工资，由劳动市场决定。τ_i 是政府部门向部门 i 提供的补贴率，因为只有政策扶持部门才可以享受到政府补贴，所以此处 $\tau_s = \tau$、$\tau_p = 0$，其中 τ 是（3.4）式政府预算中的补贴率。

求解期初企业的利润最大化问题（3.8）式，可以得到企业的劳动需求为：

$$l_{it} = \left[\frac{(1+\tau_i)(1-\alpha) P_{it} A_{it} G_t}{w_t} \right]^{\frac{1}{\alpha}} \varepsilon_{it} k_{it} \tag{3.9}$$

相应的企业利润为：

$$\pi_{it} = a_{it} r_t^k \varepsilon_{it} k_{it} \tag{3.10}$$

其中，r_t^k 是衡量第 t 期资本回报率的系数，a_{it} 衡量第 t 期因政府补贴、技术水平和公共品供给带来的回报，它们的表达式如下：

$$r_t^k = \alpha \left(\frac{1-\alpha}{w_t} \right)^{\frac{1-\alpha}{\alpha}}, \quad a_{it} = \left[(1+\tau_i) P_{it} A_{it} G_t \right]^{\frac{1}{\alpha}} \tag{3.11}$$

令企业在第 t 期的银行存款为 d_{it}，背负的债务为 b_{it}，则第 t 期企业的净值 h_{it} 可以表示为：

$$h_{it} = \pi_{it} + (1-\delta) k_{it} + R_t d_{it} - R_{it} b_{it} \tag{3.12}$$

其中，δ 为资本折旧率，R_t 为经济体的总存款利率，R_{it} 为部门 i 的总贷款利率。企业的净值等于当期利润加上资本存量价值，再加上银行存款，然后减去贷款。

为了避免企业积累无限净值，遵照 Bernanke et al.（1999）和

Liu et al. (2020) 等研究的设定，假设每一期企业有 θ^e 的概率退出市场。企业退出市场发生在企业完成生产获取利润之后，但尚未进行资本投资和借贷决策。如果企业退出市场，则企业的清算价值归家庭部门所有。根据大数定律，部门 i 每期有 θ^e 比例的企业退出市场。为保持企业数量不变，假设每期有 θ^e 比例的新企业进入市场，而家庭部门为新进的企业提供 h_{it}^0 的初始资金。

在第 t 期期末，企业受到资本质量冲击 ε_{it+1}。在受到资本质量冲击后，企业决定下一期的资本投入 k_{it+1}，银行存款 d_{it+1} 和银行贷款 b_{it+1}，以最大化第 t 期期末企业的市场价值 V_{it}：

$$V_{it} = E_t \sum_{j=1}^{\infty} (1-\theta^e)^j \beta^j \frac{\lambda_{t+j}}{\lambda_t} h_{it+j} \qquad (3.13)$$

其中，λ_t 是第 t 期家庭预算约束的拉格朗日乘子，从而 $\beta^j \lambda_{t+j}/\lambda_t$ 就表示资产定价中的第 t 期随机折现因子。E_t 表示第 t 期的期望算子。企业在决定下一期的资本投入 k_{it+1}，银行存款 d_{it+1} 和银行贷款 b_{it+1} 时，受到的预算约束如下：

$$k_{it+1} + d_{it+1} - b_{it+1} \leqslant h_{it} \qquad (3.14)$$

此外，企业从银行获取信贷时，还受到抵押品约束：

$$0 \leqslant b_{it+1} \leqslant \theta^i h_{it} \qquad (3.15)$$

其中，θ^i 是贷款价值比（loan-to-value ratio）。在参数校准时，政策扶持部门的贷款价值比 θ^s 将高于市场部门的贷款价值比 θ^p，从而体现信贷市场对市场部门的信贷歧视[①]。

最后，企业的银行存款不能大于企业的实际净值：

$$0 \leqslant d_{it+1} \leqslant h_{it} \qquad (3.16)$$

求解期末企业最大化问题（3.13）的关键是观察到该问题和约束都是线性的。所以，当企业从生产经营中获得的期望资金回报率低于从银行存款中获得的期望利率时，企业将选择把全部的实际净

---

① 另一种刻画信贷歧视的方式是在不同部门所面临的贷款利率中打入一个"楔子"（比如，Pi & Zhang, 2021）。

值转化为银行存款；当企业从生产经营中获得的期望资金回报率高于从商业银行获取信贷的期望成本时，企业将尽可能地从商业银行获取信贷，并将其投资于生产当中；而当企业从生产经营中获得的期望资金回报率介乎两者之间时，企业既不会从银行借款，也不会向银行存款，而是利用自有资金投资下一期生产。下一期单位资本的回报率是 $E_t\left[a_{it+1}r_{t+1}^k\varepsilon_{it+1}+(1-\delta)\right]$，据此比较期望存款利率 E_tR_{t+1} 和期望贷款利率 E_tR_{it+1}，可以定义两个关于资本质量冲击 ε_{it+1} 的关键阈值：

$$\underline{\varepsilon}_{t+1}^i=E_t\frac{R_{t+1}-(1-\delta)}{a_{it+1}r_{t+1}^k}, \quad \overline{\varepsilon}_{t+1}^i=E_t\frac{R_{it+1}-(1-\delta)}{a_{it+1}r_{t+1}^k} \tag{3.17}$$

从而，期末企业的最大化问题（3.13）的解可以写成如下形式：

$$d_{it+1}=\begin{cases}h_{it}, & \varepsilon_{it+1}\leqslant\underline{\varepsilon}_{t+1}^i\\0, & \underline{\varepsilon}_{t+1}^i<\varepsilon_{it+1}\end{cases} \tag{3.18}$$

$$b_{it+1}=\begin{cases}0, & \varepsilon_{it+1}<\overline{\varepsilon}_{t+1}^i\\\theta^i h_{it}, & \overline{\varepsilon}_{t+1}^i\leqslant\varepsilon_{it+1}\end{cases} \tag{3.19}$$

$$k_{it+1}=\begin{cases}0, & \varepsilon_{it+1}\leqslant\underline{\varepsilon}_{t+1}^i\\h_{it}, & \underline{\varepsilon}_{t+1}^i<\varepsilon_{it+1}<\overline{\varepsilon}_{t+1}^i\\(1+\theta^i)h_{it}, & \underline{\varepsilon}_{t+1}^i\leqslant\varepsilon_{it+1}\end{cases} \tag{3.20}$$

（二）部门加总

假设部门 i 的企业分布在测度为"1"的连续统上，则资本质量冲击在部门 i 企业中的分布可以用资本质量冲击的累积分布函数表示。不失一般性，假设资本质量冲击服从均值为 1 的帕累托分布（Chang et al.，2019；Liu et al.，2020）。帕累托分布的优点在于它的随机变量取正数，这样就确保资本质量冲击总是为正，而正态分布不能保证这一点。

第 t 期部门 i 的有效资本存量 $\tilde{K}_{it}$ 可通过如下方式加总得到：

$$\widetilde{K}_{it} = \int_{-\infty}^{+\infty} \varepsilon_{it} k_{it} dF_i(\varepsilon_{it}) \tag{3.21}$$

其中，k_{it} 由（3.20）式定义。$F_i(.)$ 表示部门 i 资本质量冲击的累积分布函数，因为其服从均值为 1 的帕累托分布，所以可以写成：

$$F_i(\varepsilon_{it}) = 1 - \left(\frac{\Omega_i}{\varepsilon_{it}}\right)^{\kappa_i} \tag{3.22}$$

其中，$\Omega_i > 0$，$\kappa_i > 1$，且 $\varepsilon_{it} \geq \Omega_i$。$\Omega_i$ 和 κ_i 刻画了帕累托分布的形状。

部门 i 对劳动的需求可以通过对（3.9）式左右两边积分得到：

$$L_{it} = \left[\frac{(1+\tau_i)(1-\alpha)P_{it}A_{it}G_t}{w_t}\right]^{\frac{1}{\alpha}} \widetilde{K}_{it} \tag{3.23}$$

根据（3.9）式和（3.23）式，部门 i 每个企业的劳动和有效资本之比都是相同的，与企业水平的变量无关，且等于部门 i 加总水平的劳动和有效资本之比，因此部门 i 的总产出可以用加总水平的 $\widetilde{K}_{it}$ 和 L_{it} 表示如下：

$$Y_{it} = A_{it}G_t(\widetilde{K}_{it})^{\alpha}(L_{it})^{1-\alpha} \tag{3.24}$$

对（3.20）式、（3.18）式和（3.19）式分别加总可以得到部门 i 的总资本存量 K_{st}、总存款 D_{it} 和总贷款 B_{it} 如下：

$$K_{it} = \int_{-\infty}^{+\infty} k_{it} dF_i(\varepsilon_{it}), \quad D_{it} = \int_{-\infty}^{+\infty} d_{it} dF_i(\varepsilon_{it}), \quad B_{it} = \int_{-\infty}^{+\infty} b_{it} dF_i(\varepsilon_{it})$$

$$\tag{3.25}$$

从而，对（3.12）式进行加总可以得到部门 i 的净值运动方程如下：

$$H_{it} = (1-\theta^e)\left[a_{it}r_t^k\widetilde{K}_{it} + (1-\delta)K_{it} + R_tD_{it} - R_{it}B_{it}\right] + \theta^e H_{it}^0 \tag{3.26}$$

其中，H_{it} 和 H_{it}^0 分别是 h_{it} 和 h_{it}^0 的加总结果。

四　商业银行

在第 t 期期末，商业银行吸纳家庭部门存款 D_{t+1}、政策扶持部门存款 D_{st+1} 和市场部门存款 D_{pt+1}。在向中央银行缴纳一定比例的存款准备金后，商业银行向政策扶持部门和市场部门分别发放 B_{st+1} 和

B_{pt+1} 额度的贷款。假设信贷市场存在金融摩擦,为补偿潜在风险,商业银行在基准利率基础上要求一定的风险溢价。对于政策扶持部门而言,商业银行所要求的风险溢价相对较低,因为该部门能够享受到来自政府部门的隐性担保。

具体而言,商业银行第 t 期期末的目标函数如下:

$$\max_{B_{st+1}, B_{pt+1}} E_t \left[\begin{array}{c} (R_{st+1}-1)B_{st+1}+(R_{pt+1}-1)B_{pt+1} \\ -(R_{t+1}-1)(D_{t+1}+D_{st+1}+D_{pt+1})-\mathcal{F}(B_{pt+1}+B_{st+1})+\mathcal{F}_t \end{array} \right]$$

$$(3.27)$$

其中,$\mathcal{F}(\,\cdot\,)$ 衡量金融摩擦所带来的额外成本(比如违约成本、监管成本等),E_t 是第 t 期期望算子。假设 $\mathcal{F}(x)=\xi x$,其中 ξ 衡量金融摩擦的程度。$\mathcal{F}_t$ 是政府部门为政策扶持部门提供隐性担保所承担的成本。对于商业银行而言,这部分成本可以部分抵消金融摩擦所带来的影响。假设第 t 期政府部门提供隐性担保的成本如下:

$$\mathcal{F}_t = E_t(\xi-\xi_s)B_{st+1}$$

$$(3.28)$$

其中,$\xi_s \leqslant \xi$ 衡量政府提供隐性担保的程度。ξ_s 越小,政府提供隐性担保的程度越大,因而商业银行对政策扶持部门所要求的利率溢价越低。

商业银行还需要向中央银行缴纳一定比例的存款准备金。假设 ζ_s 和 ζ_p 分别是中央银行所要求的对政策扶持部门发放贷款和对市场部门发放贷款的存款准备金率,则商业银行的资金约束可以写为:

$$\frac{B_{st+1}}{1-\zeta_s}+\frac{B_{pt+1}}{1-\zeta_p} \leqslant D_{t+1}+D_{st+1}+D_{pt+1}$$

$$(3.29)$$

因为中国人民银行对大型银行设定的存款准备金率高于中小型银行的存款准备金率,而市场部门主要从中小型银行获取信贷,所以在对模型进行校准时,假设 $\zeta_s > \zeta_p$。此外,商业银行将每期获得的利润转移给家庭部门。

五 公共品部门

公共品部门生产公共品时需要用到政策扶持部门产品作为投入。

为使模型尽可能简洁，假设投入一单位政策扶持部门产品可以带来一单位公共品产出，这一设定类似郭长林（2018）的做法，郭长林（2018）构建的模型中只有国有企业生产的产品能被用于生产公共品。令Y_t表示第t期公共品部门产出，在均衡处，公共品产出等于政府部门对公共品的投资需求，所以有：

$$Y_t = G_{t+1} - (1-\delta_g) G_t \tag{3.30}$$

其中，$G_{t+1} - (1-\delta_g) G_t$是第$t$期政府部门对公共品的投资需求。假设公共品部门的利润为零，则在均衡时，公共品价格等于政策扶持部门产品价格。

六　民用品部门

民用品部门使用政策扶持部门产品和市场部门产品作为投入以生产民用品。因为政策扶持部门的部分产出已被公共品部门用于生产公共品，所以第t期可供民用品部门使用的政策扶持部门产品数量为：

$$\tilde{Y}_{st} = Y_{st} - [G_{t+1} - (1-\delta_g) G_t] \tag{3.31}$$

第t期民用品部门产出通过政策扶持部门产品和市场部门产品以 CES（即 Constant elasticity of substitution，意为不变替代弹性）的形式加总得到：

$$Y_t = \left[\phi (\tilde{Y}_{st})^{\frac{\sigma-1}{\sigma}} + (1-\phi) (Y_{pt})^{\frac{\sigma-1}{\sigma}} \right]^{\frac{\sigma}{\sigma-1}} \tag{3.32}$$

其中，ϕ衡量政策扶持部门产品的投入比例，σ衡量生产民用品时政策扶持部门产品和市场部门产品之间的替代弹性。

通过求解第t期民用品部门的成本最小化问题可以得到：

$$\tilde{Y}_{st} = \phi^{\sigma} \left(\frac{P_{st}}{MC_t} \right)^{-\sigma} Y_t \tag{3.33}$$

$$Y_{pt} = (1-\phi)^{\sigma} \left(\frac{P_{pt}}{MC_t} \right)^{-\sigma} Y_t \tag{3.34}$$

其中，MC_t表示第t期民用品部门的边际成本：

$$MC_t = \left[\phi^{\sigma} P_{st}^{1-\sigma} + (1-\phi)^{\sigma} P_{pt}^{1-\sigma} \right]^{\frac{1}{1-\sigma}} \tag{3.35}$$

民用品部门的产品既是消费品，也作为计价物。在零利润条件下，民用品部门每一期的边际成本 MC_t 被单位化为1。

七　加总

第 t 期经济体中的实物资本投资由下式给出：

$$I_t = K_{st+1} + K_{pt+1} - (1-\delta)(K_{st} + K_{pt}) \tag{3.36}$$

第 t 期经济体中的公共品投资金额由下式给出：

$$I_{gt} = P_{gt}[G_{t+1} - (1-\delta_g)G_t] \tag{3.37}$$

第 t 期经济体的 GDP 可以定义为：

$$\text{GDP}_t = C_t + C_{gt} + I_t + I_{gt} \tag{3.38}$$

第 t 期劳动市场出清意味着：

$$L = L_{st} + L_{pt} \tag{3.39}$$

把各部门的预算约束相加可以得到第 t 期经济体的资源约束：

$$C_t + C_{gt} + I_t + I_{gt} = Y_t + P_{gt}Y_t - \mathcal{F}(B_{pt+1} + B_{st+1}) \tag{3.40}$$

定义第 t 期经济体的全要素生产率为总产出与综合投入之比：

$$\text{TFP}_t = \frac{Y_t + P_{st}Y_t}{G_t(K_{st} + K_{pt})^\alpha L_t^{1-\alpha}} \tag{3.41}$$

最后，定义第 t 期总的资本回报率如下：

$$R_t^C = \frac{(P_{st}Y_{st} + P_{pt}Y_{pt}) - w_t L}{K_{st} + K_{pt}} + (1-\delta) \tag{3.42}$$

第二节　数值模拟

本节将所构建的动态随机一般均衡模型进行数值求解。首先，为贴合中国经济实际运行情况，我们将根据现有相关文献和中国经济相关数据对构建的模型进行参数校准。其次，我们将研究外生技术冲击对主要经济变量产生的影响。最后，我们进行政策实验模拟，以进一步厘清信贷歧视、产出补贴和隐性担保对新二元经济资源配置的影响。

一　参数校准

模型包含六个部分参数需要校准。一是影响家庭部门决策的参数，即家庭部门的折现因子 β。二是影响政府部门决策的参数，包括政府部门的折现因子 β_g，政府官员对政治晋升的重视程度 γ，存量公共品（基础设施）的折旧率 δ_g，政府部门向政策扶持部门提供的补贴率 τ 和税收收入占 GDP 的比重 ϑ。三是影响新二元部门决策的参数，包括资本收入份额 α，资本折旧率 δ，每期企业退出市场的概率 θ^e，稳态时政策扶持部门的全要素生产率 A_s，稳态时市场部门的全要素生产率 A_p，政策扶持部门的贷款价值比 θ^s，市场部门的贷款价值比 θ^p 和资本质量冲击累积分布函数的参数 Ω_s、Ω_p、κ_s 和 κ_p。四是影响商业银行部门决策的参数，包括衡量金融摩擦程度的参数 ξ，衡量政府为政策扶持部门提供隐性担保程度的参数 ξ_s，对政策扶持部门发放贷款所要求的存款准备金率 ζ_s 和对市场部门发放贷款所要求的存款准备金率 ζ_p。五是影响民用品部门决策的参数，包括衡量政策扶持部门产品相对比例的参数 ϕ 和政策扶持部门产品和市场部门产品之间的替代弹性 σ。六是冲击持续性的参数，包括政策扶持部门技术冲击持续性的参数 ρ_{As}，政策扶持部门技术冲击的标准差 σ_{As}，市场部门技术冲击持续性的参数 ρ_{Ap} 和市场部门技术冲击的标准差 σ_{Ap}。

模型的每一期代表一个季度。首先是家庭部门和政府部门的参数校准。家庭部门的折现因子 β 被校准为 0.99，以使年度存款利率约为 4%，相对应的季度存款利率约为 1%。为突出政府官员更看重任期内的利益，政府部门的折现因子 β_g 被设定为 0.95，这低于家庭部门的折现因子。根据 Bai et al.（2016）的研究，在 2014 至 2015 年，中国地方政府把 22% 通过表外融资获得的资金花在基础设施建设上，而把另外 78% 的资金花在私人领域的投资上。所以，本节假设政策扶持部门 22% 的产出被用来生产公共品，从而得到政府官员对仕途的重视程度 γ 为 1.60。金戈（2012）的研究表明，中国基础设施的年度折旧率为 9.2%，根据这一结论，本节把存量公共品（基础设施）的季度折旧率 δ_g 设定为 2.3%。不失一般地，政府部门向政策扶持部门提供的补贴率 τ 被设定为 5%。历年数据表明，中国政府财政收入占 GDP 的比重在 20% 左右，据此本节设定政府税收收入占 GDP 的比重 ϑ 为 20%。

接下来校准的是新二元部门参数。Brandt et al.（2008）和 Zhu（2012）认为，中国的资本收入份额约为 50%，这符合中国各省份按收入法核算的 GDP 数据，所以本节设定资本收入份额 α 为 0.5。学术界一般认为中国实物资本的年度折旧率在 10% 左右（龚六堂和谢丹阳，2004；张军等，2004），所以本节设定模型中的季度资本折旧率 δ 为 2.5%。本节设定每期企业退出市场的概率 θ^e 为 0.06，意味着企业平均存活约 16 个季度，这处于 Chang et al.（2019）设定的中国企业存活时间范围区间内。本节把稳态时政策扶持部门的全要素生产率 A_s 标准化为 1。为校准市场部门稳态时的相对全要素生产率 A_p，本节借鉴已有的对国有企业和民营企业的全要素生产率差距的研究。因为政策扶持部门一般包含国有企业和低生产效率的民营企业，而市场部门一般包含高生产效率的民营企业，所以本节将国有企业和民营企业之间的全要素生产率差距作为新二元部门全要素生产率差距的近似。Hsieh & Klenow（2009）发现，国有企业的全要素生产率比民营企业低 30%，据此本节把稳态时市场部门的全要素生产率 A_p 校准为 1.42。借鉴 Liu et al.（2020）的设定，本节把政策扶持部门的贷款价值比 θ^s 校准为 0.504，把市场部门的贷款价值比 θ^p 校准为 0.279，这意味着在向商业银行提供相同价值的抵押物时，政策扶持部门可从银行贷出的资金是市场部门的二倍左右。θ^s 和 θ^p 之间的差距一定程度上衡量了中国金融市场信贷歧视的程度。设定资本质量冲击累积分布函数的参数主要是突出政策扶持部门和市场部门两个方面的差异，一是市场部门有更大比例的企业处于正常经营状态，而政策扶持部门有相当一部分比例的企业依靠银行的存款获得收益；二是尽管正常经营的市场部门企业比例较大，但是正常经营的企业中能够获得银行信贷的企业比例较低，而尽管政策扶持部门正常经营的企业比例较低，但却有较高比例的企业能从银行中获得信贷支持。本节设定政策扶持部门的资本质量冲击累积分布函数的参数 κ_s 为 2。在资本质量冲击的均值为 1 的假设下，$\Omega_s = (\kappa_s - 1)/\kappa_s = 0.5$；本节把市场部门的资本质量冲击累积分布函数的参数 κ_p 也设定为 2。在资本质量冲击的均值为 1 的假设下，$\Omega_p = (\kappa_p - 1)/\kappa_p = 0.5$。在当前参数设定下，稳态时正常经营的市场部门企业的比例约为 89%，而正常经营的政策扶持部门企业的比例约为 73%，但是约 42% 正常经营的市场部门企业无法从商业银行获取信贷，只能依靠自身盈余进行投资，而仅约 8% 正常经营的政策扶持部门企业无法从银行处获得信贷支持①。

接下来校准的是商业银行部门参数。中国人民银行一般对大型银行要求较高的存款准备金率，而对中小型银行要求稍低的存款准备金率。其中，中小银行更多参与到市场部门的信贷活动中。根据近年中国人民银行公布的存款准备金率要求，本节把向政策扶持部门发放贷款所要求的存款准备金率 ζ_s 校准为 13%，把向市场部门发放贷款所要求的存款准备金率 ζ_p 校准为 12%。为使市场部门的利息成本约为政策扶持部门的两倍，本节把衡量金融摩擦程度的参数 ξ 校准为 1%，本节还假设政府部门为政策扶持部门提供的隐性担保足以覆盖金融摩擦所产生的利率溢价，这要求把逆向衡量隐性担保程度的参数 ξ_s 校准为 0。在当前商业银行部门的参数设定下，市场部门从商业银行获取信贷的年化利息成本约为 8.6%，而政策扶持部门从商业银行获取信贷的年化利息成本约为 4.6%，这一结果接近于 Liu et al.（2020）的校准结果。

---

① 通过事先设定正常经营企业比例和能够获取贷款企业比例来校准资本质量冲击累积分布函数的参数不太具备可行性，这是因为参数求解受到分布的均值等于 1 的约束，且求解的等式为复杂的非线性方程。现有参数设定得到的结果能较好反映市场部门融资困难的现实情况。

接下来校准的是民用品部门参数。本节把政策扶持部门产品和市场部门产品之间的替代弹性 σ 校准为 3，这与已有一些研究接近（Chang et al.，2016；Chang et al.，2019）。根据国家统计局数据，国有部门销售收入约占经济体 20% 的比重。因为政策扶持部门的内涵要比国有部门大，本节把衡量政策扶持部门产品的相对比例参数 ϕ 设定为 0.44，这使得政策扶持部门的产值约为政策扶持部门和市场部门总产值的 30%，且该取值接近于 Chang et al.（2019）的取值。类似的校准方式也为 Liu et al.（2020）所使用。

最后校准的是冲击持续性的参数。参考 Chang et al.（2019）的做法，本节把政策扶持部门技术冲击持续性的参数 ρ_{As} 和市场部门技术冲击持续性的参数 ρ_{Ap} 统一设定为 0.9。本节还把两种技术冲击的标准差 σ_{As} 和 σ_{Ap} 设定为 0.01。值得注意的是，合理的标准差取值不会从根本上影响脉冲响应图形的变化趋势。

二　政策扶持部门技术冲击

图 3.2 展示了正向政策扶持部门技术冲击产生的脉冲响应。本节考虑了四种不同情形，分别是基准情形，去除对市场部门抵押品约束歧视的情形（去除信贷歧视，$\theta^s = \theta^p = 0.504$），去除政府部门对政策扶持部门产出补贴和隐性担保的情形（去除政府补贴和担保，$\tau = 0$ 和 $\xi_s = \xi = 1\%$），和去除信贷歧视、产出补贴和隐性担保的情形（不存在扭曲，$\theta^s = \theta^p = 0.504$、$\tau = 0$ 和 $\xi_s = \xi = 1\%$）。

（一）基准情形下的资源配置效应

政策扶持部门技术冲击带来了明显的资源再配置效应。短期来看，正向政策扶持部门技术冲击给政策扶持部门带来了更高的全要素生产率，一方面，这刺激了政策扶持部门产出的增加；另一方面，这使得政策扶持部门可以向资本和劳动支付更高的报酬，从而导致原本市场部门雇佣的资本和劳动流向政策扶持部门，所以市场部门的产出会下降。

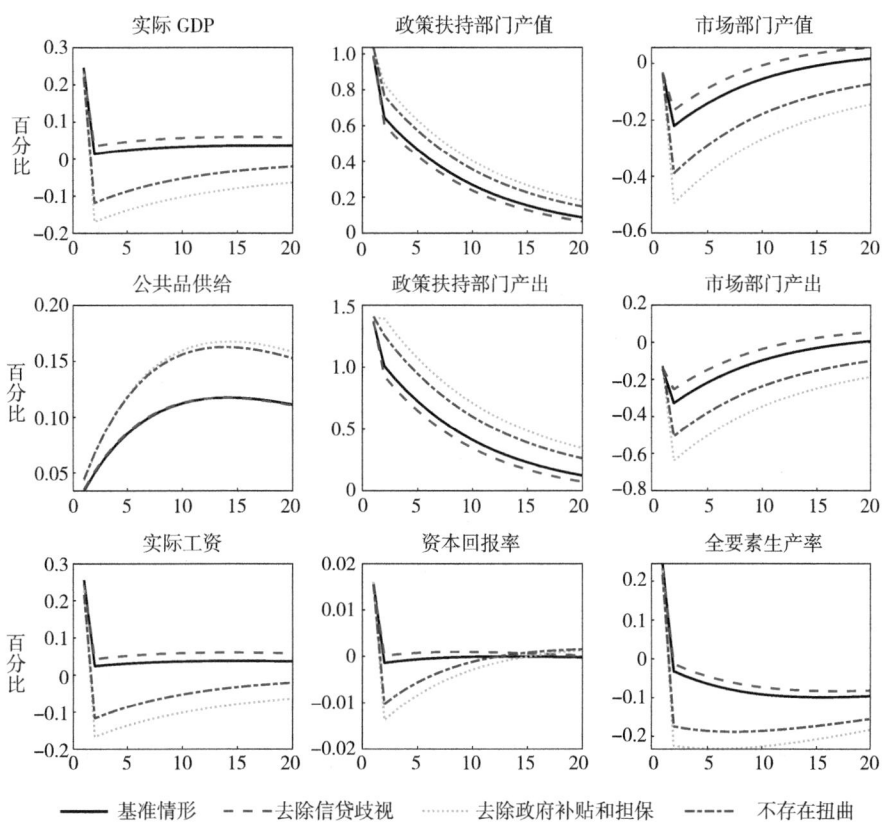

图 3.2　基础模型中的政策扶持部门技术冲击脉冲响应

具体而言，在短期，一单位正向政策扶持部门技术冲击能够带来约 1.4% 的政策扶持部门产出增加。因为政策扶持部门供给的增加会降低政策扶持部门产出的价格，所以政策扶持部门产值的增加幅度要低于产出的增加幅度，前者为 1% 左右。同理，由于资本和劳动的流出，市场部门产出出现了约 0.1% 的下降，但是由于市场部门供给减少使得市场部门产品价格上升，市场部门产值的下降幅度反而没那么大。政策扶持部门对资本和劳动需求增大的事实可以由短期内的实际工资水平和实际资本回报率的变化反映。可以发现，实际工资水平和实际资本回报率在短期内都出现了一定幅度的上升。

相应地，正向政策扶持部门技术冲击也推动了整个经济体全要素生产率的提高，带来更高的公共品供给水平和更高的经济体总产值。政策扶持部门产出的增加，一方面能够降低公共品部门生产公共品的成本，另一方面也能在一定程度上带动民用品部门产出的增加，这两个方面共同推动了经济总产出的增加。由于短期内资本和劳动的供给相对稳定，所以这意味着单位资本和单位劳动能够带来更高的产出水平，即经济体全要素生产率得以提高。

但是，正向政策扶持部门技术冲击并不能带来比较持久的经济体全要素生产率的提高。可以发现，在中长期，正向政策扶持部门技术冲击反而在一定程度上降低了经济体的全要素生产率。与此同时，政策扶持部门的产出和产值仍然要高于稳态水平，但逐渐向稳态水平收敛，而市场部门的产出和产值在中期经受更大程度的下降后，在长期逐渐恢复到稳态水平。实际 GDP 则在中长期快速回落到稳态水平附近。实际工资水平和实际资本回报率在中期都下降到稳态水平之下，并都在长期向上逐渐调整到稳态水平。因为政策扶持部门产出一直呈扩张态势，所以公共品的供给水平有较为持续的增加。

中长期这种变化趋势背后的经济机制如下。正向政策扶持部门技术冲击一方面使得那些拥有较低资本质量的政策扶持部门企业也能够参与到正常的生产经营活动中来，而这些企业原来只能单纯从存款中获得利息收入。另一方面，那些拥有中等资本质量的政策扶持部门企业，原来是无法从商业银行中获得贷款的，但是由于全要素生产率的提高，这部分企业现在也能够从银行中获取信贷了。换而言之，政策扶持部门从商业银行获取信贷的能力进一步加强。此外，由于实际 GDP 在短期的增加，政府部门可以向政策扶持部门提供更多的产出补贴、隐性担保和公共品购买。然而，尽管正向政策扶持部门技术冲击给政策扶持部门带来了一定的全要素生产率提升，但是毕竟政策扶持部门的全要素生产率要低于市场部门。政策扶持部门获取信贷能力的增强进一步扭曲了部门间的资源错配。对应地，市场部门在中长期获取信贷的能力出现了下降。这是经济体全要素生产率在中长期下降的原因，也是市场部门的产出和产值在中期进一步下降的原因。叠加正向政策扶持部门技术冲击逐渐减弱的因素，实际 GDP 也出现了较大幅度的下降。

由于市场部门获取信贷的能力相对下降，而政策扶持部门获取信贷的能力相对增强，所以市场部门会出现一定程度的萎缩，从而无法支付给资本和劳动较高的报酬。对于政策扶持部门而言，由于本身全要素生产率不如市场部门，涌入该部门的资本和劳动自然也无法获得较高的报酬，这是实际工资水平和实际资本回报率在中期出现较大幅度下降的原因。

注意到公共品供给的增加能够给新二元部门带来更高的生产效率。因此，随着公共品供给在中长期较为持续地增加，政策扶持部门和市场部门的生产效率都得到了改善。此外，正向政策扶持部门技术冲击也随着时间的推移而逐渐减弱。这改善了具有较高全要素生产率的市场部门相对于具有较低全要素生产率的政策扶持部门的处境，而政策扶持部门获取信贷资源的能力也出现一定程度的下降。因此，资源得以逐渐向高生产率的市场部门配置。市场部门提高支付给资本和劳动的报酬推动了实际工资水平和实际资本回报率的回升，也减缓了经济体全要素生产率的进一步下降。市场部门自身的产出和产值也停止进一步下降，逐渐向稳态水平回升。与此同时，政策扶持部门的产出和产值因技术冲击的消减和信贷的减少而逐渐下降。在市场部门产出逐渐增加的情况下，实际 GDP 得以在长期维持在稳态附近，而不是进一步下降。

（二）潜在改革下的资源配置效应

当仅去除经济体中的信贷歧视时，从图 3.2 可以发现，政策扶持部门技术冲击对主要经济变量产生的脉冲响应与在基准情形中得到的脉冲响应基本一致。不同之处在于，市场部门的产出和产值下降程度比在基准情形中下降的程度稍小，而政策扶持部门的产出和产值增加幅度也比在基准情形中增加的幅度稍小。这是因为去除信贷歧视后，市场部门更容易从商业银行中获取信贷，而政策扶持部门则没那么容易借入资金，从而一定程度上抑制政策扶持部门技术冲击所导致的资源从市场部门配置到政策扶持部门。但是，总体而言，去除信贷歧视后得到的脉冲响应与基准情形下的脉冲响应基本一致，说明去除信贷歧视并不能在很大程度上影响政策扶持部门技术冲击带来的经济波动。

当去除经济体中政府部门对政策扶持部门的产出补贴和隐性担保时，可以发现，政策扶持部门技术冲击使得政策扶持部门的产出具有更高上升幅度，而市场部门的产出具有更大下降幅度。原因主要有两个方面：一方面，当去除政策性优惠后，市场部门努力把产量维持在较高水平并不能削减政策扶持部门的优势。而如果存在政策性优惠，市场部门限制自身产量下降的幅度其实也相当于抑制了政府部门对政策扶持部门的补贴。因此，没有政策性优惠反而放大了市场部门的波动性。由于来自市场部门限制资源流出的力量减弱，政策扶持部门的产出和产值能够比基准情形增加更多。因为市场部门有着较高的全要素生产率，资源流向政策扶持部门反而在中长期恶化了全要素生产率，并降低实际 GDP。另一方面，当去除政策性优惠后，政府部门不需要承担隐性担保和产出补贴，因此可以把更多的预算用于投资公共品，这增加了对政策扶持部门产品的需求。从图 3.2 可以看到，公共品供给水平有了较大的提升。因此，政策扶持部门可以扩大生产，维持较高的产出水平，以满足政府部门的公共品投资需求。

当同时去除经济体中的信贷歧视和政府部门向政策扶持部门提供的政策性优惠后，从图 3.2 可以发现，政策扶持部门技术冲击给主要经济变量带来的经济波动明显增大，但仍小于去除政府补贴和担保的情形。这说明，如果在去除政策性优惠的情况下进一步去除信贷歧视，市场部门将得以借入更多的资金，从而也就能在一定程度上维持原有的生产水平，避免经济出现较大幅度的波动。

三　市场部门技术冲击

图 3.3 展示了正向市场部门技术冲击所产生的脉冲响应。本节考虑三种不同的情形，分别是基准情形，去除对市场部门的抵押品约束歧视的情形（去除信贷歧视，$\theta^s = \theta^p = 0.504$），去除政府部门对政策扶持部门的产出补贴和隐性担保的情形（去除政府补贴和担保，$\tau = 0$ 和 $\xi_s = \xi = 1\%$），和去除信贷歧视、产出补贴和隐性担保的情形（不存在扭曲，$\theta^s = \theta^p = 0.504$、$\tau = 0$ 和 $\xi_s = \xi = 1\%$）。

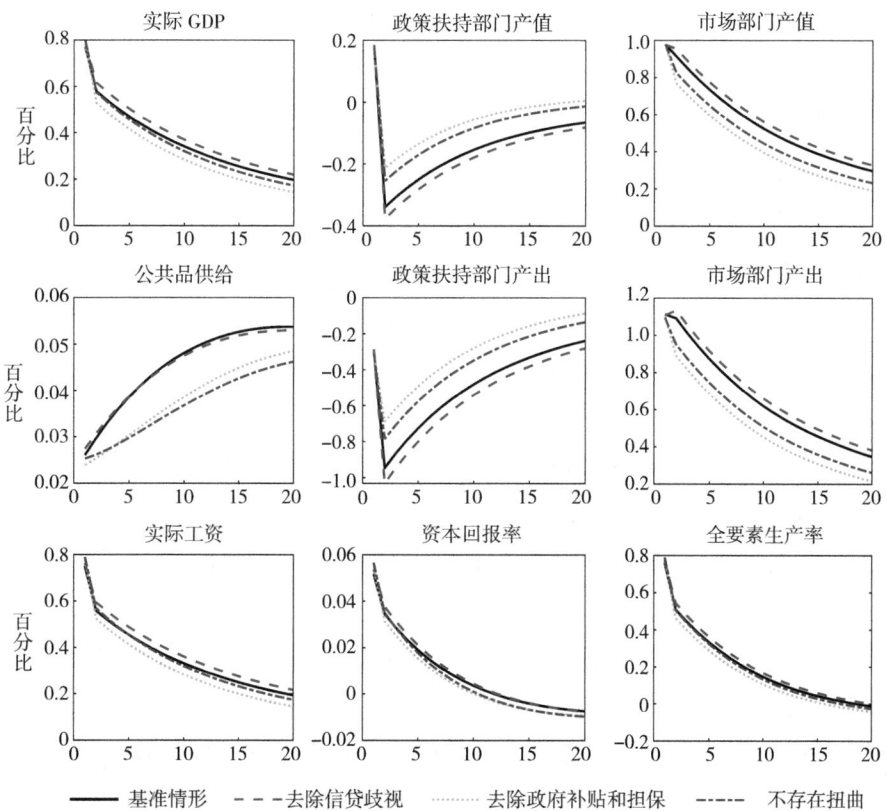

图 3.3　基础模型中的市场部门技术冲击脉冲响应

（一）基准情形下的资源配置效应

正向市场部门技术冲击使得经济资源从政策扶持部门配置到市场部门，在短期和长期均扩大了市场部门产出，但降低了政策扶持部门产出。相比正向政策扶持部门技术冲击，正向市场部门技术冲击使得实际工资和实际资本回报率经历了较为持续的上涨，经济体的全要素生产率和总产值也有较为持续的上升。

具体而言，在短期，一单位正向市场部门技术冲击带来了约1.1%市场部门产出的增加和约0.3%政策扶持部门产出的下降。一方面，因为市场部门产品供给的增加降低了市场部门产品的价格，所以市场部门产值增加幅度低于产出增加幅度，约为1%。另一方面，对于民用品部门而言，增加市场部门产品的投入也增加了对政策扶持部门产品的需求，这在一定程度上提高了政策扶持部门产品的价格，反而使短期内政策扶持部门的产值增加了约0.2%。市场部门全要素生产率的提高使得该部门增加对资本和劳动的需求，这导致资本和劳动从政策扶持部门流向市场部门，造成政策扶持部门产出的下降，同时，也导致了实际工资和实际资本回报率的上升。由于技术冲击使得整体上经济体单位资本和单位劳动带来更高的产出，经济体的全要素生产率提升了约0.8%，带动实际 GDP 增长约0.8%。因为实际 GDP 出现一定程度的增长，所以政府部门的税收收入也得到了一定程度的增加，这放宽了政府部门的预算约束，并带动公共品供给的增加。这也是政策扶持部门产品的价格出现一定程度的上升的原因。

与正向政策扶持部门技术冲击不同的是，正向市场部门技术冲击引起的主要经济变量的脉冲响应要更具持续性，但政策扶持部门产出和产值的脉冲响应除外。从图3.3可以发现，政策扶持部门产出和产值均在中期经历大幅度下降，然后在长期逐渐回归到稳态水平。背后原因是，政策扶持部门在当期所使用的资本是由上一期所决定的，因此当期期末的资本流出不会对当期期初所实际使用的资本产生影响，但是会对下期期初实际使用的资本产生影响。正向市场部门技术冲击在短期内引起资本从政策扶持部门中流出，但并未影响到政策扶持部门在短期内生产时所使用的资本。而在中期，政策扶持部门流出的资本影响到该部门在生产时实际使用的资本，因此导致政策扶持部门产出和产值出现较大幅度的下滑。在长期，随着正向市场部门技术冲击逐渐减弱，政策扶持部门可以重新吸引资本流入该部门，从而其产出和产值渐渐向稳态回升。值得注意的是，政策扶持部门供给的下降导致了其产品价格的上升，所以政策扶持部门产值的下降幅度始终要低于产出的下降幅度。

正向市场部门技术冲击带来的经济波动更具持续性这一特征不同于正向政策扶持部门技术冲击所带来的经济波动特征，后者更缺乏持续性。这种不同背后的原因如下，正向政策扶持部门技术冲击诱使更多的政策扶持企业进行生产，而这部分企业本身是比较低效的，从而部分抵消了政策扶持部门技术冲击带来的效率改进，因而导致部分主要经济变量的波动缺乏持续性。然而，正向市场部门技术冲击诱使更多的市场企业参与生产，而这部分企业本身生产效率较高，因而就不容易抵消技术冲击带来的影响，所以主要经济变量的波动具有较强的持续性。

（二）潜在改革下的资源配置效应

当仅去除经济体中的信贷歧视时，从图 3.3 可以发现，正向市场部门技术冲击引起的主要经济变量的脉冲响应与基准情形非常接近。市场部门产出和产值的增加幅度要比基准情形稍稍大一些，而政策扶持部门产出和产值的减少幅度也要比基准情形稍稍大一些。因为市场部门产出份额更大，所以实际 GDP 的增加幅度也要比基准情形稍稍高一些。但是，总体而言，这些变化幅度都比较小。细微差别出现的原因是去除信贷歧视之后，市场部门所面临的抵押品约束更为宽松，因而相对容易从商业银行部门借入资金，从而增强了其获得贷款的能力，相应地放大了正向市场部门技术冲击所带来的经济波动。对于政策扶持部门而言，相较于基准情形，其抵押品约束相对变紧，因而不能很好地维持其实物资本投资强度，所以导致面对正向市场部门技术冲击时，产量和产值下降的幅度要更大些。政策扶持部门产出的下降也在一定程度上制约了政府部门的公共品投资。

当去除经济体中政府部门对政策扶持部门的产出补贴和隐性担保时，可以发现，政策扶持部门技术冲击使得市场部门产出的上升幅度减少，同时政策扶持部门产出的下降幅度也减少了。因为市场部门的产出份额更大，所以 GDP 增长幅度也在一定程度出现了下降。背后经济学解释如下，在没有去除政策性优惠之前，市场部门扩大生产以压缩政策扶持部门的市场空间，也相当于削减了政策扶持部门所能获得的政府补贴和隐性担保，因而导致政策扶持部门产出出现较大幅度的下降。在去除政策性优惠后，政策扶持部门已不能获得政府补贴和隐性担保了，所以其产出和产值的下降幅度不会被放大。因为市场部门从政策扶持部门处吸引的资本和劳动相对较少，所以市场部门的产出和产值的上升幅度也相对较低。

当经济体不存在扭曲，正向市场部门技术冲击使经济资源更多被配置到市场部门，而非政策扶持部门。对比基准情形、去除信贷歧视的情形和去除政策性优惠的情形，当经济体不存在扭曲，正向市场部门技术冲击引起的脉冲响应一般介于去除信贷歧视的情形和去除政策性优惠的情形之间，但公共品供给的增幅则低于其他情形。这说明如果在去除政策性优惠的基础上进一步去除信贷歧视，那么市场部门的融资能力会大大增强，从而在一定程度压缩政策扶持部门的生产。市场部门产出的增加刺激了民用品的生产，这抬高了公共品的相对价格，所以政府部门倾向于增加民用品的消费，从而导致公共品供给的增幅较低。

第三节　政策模拟

动态随机一般均衡模型的一大优点在于可以方便地比较不同参数条件下模型得到的结果，因此具有"准实验"功能。通过修改或者去除参数约束，我们可以厘清被改动参数对新二元经济起到的作用，从而深化对新二元经济运行机制的认识。本节拟设定五个政策实验（见表 3.1），以探究信贷歧视、产出补贴和隐性担保在新二元经济资源配置中起到的作用机制。

表 3.1　　　　　　基础模型中的政策模拟实验及相应参数取值

实验编号	实验目的	与基准情形相比所做出的参数变化
模拟实验一	考察信贷歧视如何影响资源配置	市场部门的贷款价值比与政策扶持部门相同（$\theta^s = \theta^p = 0.504$）
模拟实验二	考察政策性优惠如何影响资源配置	同时去除政府部门向政策扶持部门提供的产出补贴和隐性担保（$\tau = 0$ 和 $\xi_s = \xi = 1\%$）
模拟实验三	考察产出补贴如何影响资源配置	去除政府部门向政策扶持部门提供的产出补贴（$\tau = 0$）
模拟实验四	考察隐性担保如何影响资源配置	去除政府部门向政策扶持部门提供的隐性担保（$\xi_s = \xi = 1\%$）
模拟实验五	考察信贷歧视、产出补贴和隐性担保如何影响资源配置	市场部门的贷款价值比与政策扶持部门相同（$\theta^s = \theta^p = 0.504$），且同时去除政府部门向政策扶持部门提供的产出补贴和隐性担保（$\tau = 0$ 和 $\xi_s = \xi = 1\%$）

各个实验均有其侧重点。实验一关注的是金融市场变化对新二元经济资源配置的影响；实验二、实验三和实验四从政府部门的角度入手，关注直接形式的偏向政策（产出补贴），间接形式的偏向政策（隐性担保），以及两者的结合对新二元经济资源配置的影响；实验五是作为一种理想情形被纳入分析，假设经济体中既不存在信贷歧视，又没有政府部门向政策扶持部门提供的产出补贴和隐性担保，此时也就相当于经济体中不存在任何的扭曲。

表 3.2 展示了实际工资、实际资本回报率、部门产出、资本、劳动和实际 GDP 在不同政策实验中的变化。为了方便理解变量的相对变化，表 3.2 将基准情形的均衡结果单位化为 1，其他情形的结果是相对于基准情形的倍数关系。可以发现，不同政策实验都能在一定程度上提高实际工资、产出、资本使用率和实际 GDP，而实际资

本回报率则基本维持稳定①。为了便于归纳分析，本节将表 3.2 的结果总结成若干经济学命题。

表 3.2　　基础模型中政策模拟实验对新二元经济资源配置的影响

变量	w	R^C	Y_s	K_s	L_s	Y_p	K_p	L_p	GDP
基准情形	1.00	1.00	1.00	1.00	1.00	1.00	1.00	1.00	1.00
去除信贷歧视	1.10	1.00	1.02	1.05	0.95	1.13	1.09	1.02	1.10
去除政府补贴和担保	1.36	1.00	1.18	1.12	0.87	1.44	1.42	1.05	1.38
去除政府补贴	1.24	1.00	1.12	1.11	0.90	1.30	1.29	1.04	1.26
去除隐性担保	1.09	1.00	1.05	1.01	0.97	1.11	1.10	1.01	1.10
不存在扭曲	1.50	1.00	1.21	1.18	0.83	1.63	1.56	1.07	1.52

注：基准情形的结果被标准化为 1，其他情形的结果是相对基准情形的变化。例如，在去除政府补贴和担保的情形中，$w=1.36$，表示实际工资是基准情形的 1.36 倍。将基准情形单位化的原因是，变量的绝对数值难以被单独理解，比较有意义的是同一变量在不同情形中的相对变化。

命题 3.1：在新二元经济视角下，是否存在信贷歧视、产出补贴和隐性担保对实际资本回报率的影响不大。

命题 3.1 实质反映的是不同情形中资本边际回报率递减，这一递减的边界很大程度上取决于中央银行所制定的外生政策利率。就信贷歧视而言，一方面，去除信贷歧视可以引导资本配置到具有更高生产效率的市场部门。另一方面，更多的资本被配置到市场部门必然受到边际回报率递减的约束，这就限制了实际资本回报率的提升。就产出补贴和隐性担保而言，一方面，去除产出补贴和隐性担保确实提高了政策扶持部门的生产成本，这诱使劳动流向市场部门，由于劳动和资本的互补性，市场部门得以扩大资本的使用量。另一方面，去除产出补贴和隐性担保也放宽了政府部门的预算约束，因

————————

① 季度总实际资本回报率约为 1.047，这表明年度（净）实际资本回报率约为 18.8%，该结果接近中国经济实际资本回报率的估计（见图 A-1），也符合 Bai et al.（2006）和白重恩和张琼（2014）的估计。

此对消费品和公共品的需求上升，这又促使政策扶持部门和市场部门扩大生产，从而需要投入更多的资本，而资金成本很大程度由政策利率所决定。

命题 3.2：在新二元经济视角下，单独消除信贷歧视、产出补贴或隐性担保都可以提高政策扶持部门和市场部门的资本使用率。但是，消除信贷歧视带来的资本使用率提高要小于去除产出补贴的情形，或同时去除产出补贴和隐性担保的情形。

尽管实际资本回报率不会因信贷歧视的消除和政策性优惠的退出而发生大幅变化，但是这并不意味着推进市场化改革对金融市场没有意义。从命题 3.2 中可以看到，在不同的政策实验中，无论是在政策扶持部门，还是在市场部门，资本使用率都有一定程度的上升。也就是说，虽然单位资本的回报率没有明显的上升，但是资本所能获得的总收益是上升的。在去除信贷歧视的情形下，资本使用率的上升得益于抵押品约束的放松。在去除产出补贴和隐性担保的情形下，资本使用率的上升得益于政府放松预算约束带来的对最终产品需求的上升和劳动流向市场部门引发的市场部门资本使用的增加。一个有趣的发现是，消除信贷歧视来的资本使用率提高，比不上去除产出补贴，或同时去除产出补贴和隐性担保的情形。背后经济学解释是，不同于去除产出补贴和隐性担保，单独消除信贷歧视并不直接改变政策扶持部门的生产成本，因此也就限制了资源流向高效率的市场部门。此外，消除信贷歧视只是影响要素的供给，去除产出补贴和隐性担保还能通过放松政府部门的约束增加最终产品的需求，为满足对最终产品的需求，政策扶持部门和市场部门需要增加资本的使用。

命题 3.3：在新二元经济视角下，单独消除信贷歧视、产出补贴或隐性担保都可以提高实际工资水平。其中，去除产出补贴对实际工资的提高程度要大于消除信贷歧视的情形，而消除信贷歧视的情形又大于去除隐性担保的情形。

从资本和劳动之间的互补性看，命题 3.3 可以看作是命题 3.2 的自然结果。去除信贷歧视、产出补贴或隐性担保后，资本使用率上升了，这提高了劳动的边际生产率，因而对劳动的需求会上升。但是，劳动的总供给是相对缺乏弹性的，这就会促使实际工资水平的上升。值得注意的是，从表 3.2 可以发现，政策扶持部门的劳动投入相对变少了，而市场部门的劳动投入相对增多了，而市场部门具有更高的全要素生产率。因此，实际工资水平的提高还得益于劳动配置效率的提升。分实验看，去除产出补贴对实际工资的提升幅度要大于消除信贷歧视的情形，这说明了两点：一是政策扶持部门失去政府补贴后生产成本会提高，这促使劳动向高效率的市场部门配置；二是政府部门不必承担补贴的成本，可以有更多的预算用于购买最终产品，因此增加了总需求，也带动了对劳动的需求。两方面都会提高实际工资水平。去除信贷歧视对政策扶持部门的生产成本影响不大，因而效应没有那么显著。去除隐性担保也能提高实际工资水平，但效应比不上去除信贷歧视，说明去除隐性担保虽然起到类似去除产出补贴的效果，但是力度是相对有限的。

命题 3.4：在新二元经济视角下，单独消除信贷歧视、产出补贴或隐性担保都会引起劳动力从低效率的政策扶持部门流向高效率的市场部门。其中，去除产出补贴引起劳动力跨部门流动的程度要大于消除信贷歧视的情形，而消除信贷歧视的情形又大于去除隐性担保的情形。

命题 3.4 实际上从劳动力流动的角度解释了实际工资水平的上升。如果去除信贷歧视，那么市场部门可以借入更多的资本投入生产，这就相应加大了对劳动的需求，从而引发劳动从政策扶持部门流向市场部门。如果去除产出补贴或隐性担保，那么政策扶持部门的生产成本会上升，这使得政策扶持部门减少劳动的投入，也就相应导致劳动力的流出。在不同的政策实验中，去除政府补贴引起的劳动力流动效应更大，其背后的经济学解释类似命题 3.3 的解释，即去除政府补贴具有抬高政策扶持部门成本和提高最终需求两方面的效应，这两方面效应的综合作用使得去除产出补贴能较大程度改善劳动力的配置效率。消除信贷歧视也能改善劳动力的配置，但效应要小于去除产出补贴的情形。然而，消除信贷歧视的效应仍大于去除隐性担保的情形。

命题3.5：在新二元经济视角下，单消除信贷歧视、产出补贴或隐性担保都能提高政策扶持部门产出、市场部门产出和经济体实际GDP。

命题3.5不仅说明信贷歧视、产出补贴和隐性担保的存在会导致经济体的总产出低于潜在产出水平，还说明偏向政策扶持部门的信贷歧视、产出补贴和隐性担保事实上会使政策扶持部门的产出低于其潜在产出水平[①]。也就是说，如果以不存在扭曲时的产出作为衡量标准，政策扶持部门偏向性政策实质上是降低了而不是提高了政策扶持部门的产出。命题3.5背后的经济学解释其实在前面的命题已有体现。消除信贷歧视、产出补贴和隐性担保带来三方面的影响：一是资本使用率会上升，政策扶持部门和市场部门都加大了资本投入；二是劳动流向高效率的市场部门，劳动力配置更有效率；三是政府部门的预算约束放宽，因此增加了对最终产品的需求。这三方面共同提高了经济体的实际GDP。值得注意的是，第三方面指出了政府部门利用一部分预算对政策扶持部门进行产出补贴和隐性担保的机会成本。如果这部分预算不用作补贴和担保，经济体将从中受益。

第四节　本章小结

本章在新二元经济分析视角下，构建了一个能够反映政府与市场关系的动态随机一般均衡模型。本章利用该模型研究了新二元部

---

① 陈小亮和陈伟泽（2017）发现利率市场化改革和国企改革可以提高总产出24.2%，罗德明等（2012）发现去除扭曲可以提高人均产出约115.6%，本节的产出改善介于他们结果之间。产出改善机制上，本节引入了生产型公共品，这意味着改革所释放的活力被更高的公共品供给水平所加强，因此带来更高的总产出改善。

门的技术冲击对经济波动的影响，并通过政策模拟实验探究消除信贷歧视、产出补贴或隐性担保所带来的经济效应，以得出新二元经济视角下的资源配置效应。

本章主要结论可以概括如下：第一，信贷歧视降低了市场部门能获得的信贷支持，使部分资本质量偏低的市场部门企业退出生产。第二，产出补贴和隐性担保扭曲不同部门的生产成本，并且占用政府部门的支出预算，抑制了总需求。第三，信贷歧视、产出补贴和隐性担保可以在一定程度上提高经济体的稳定性。第四，消除信贷歧视、产出补贴和隐性担保后，资本使用率会上升，并且劳动力流向高效率的市场部门，实际工资水平会上升，同时政府部门的预算约束得以放宽，因此总需求会上升，带动总产出的增加。

本章研究表明，在新二元经济视角下，经济体在面对外生冲击时具有相对稳定性，但却在一定程度上牺牲了部分效率，说明应该妥善处理好经济高成长与经济稳定性之间的关系。本章研究还揭示了政府逐步降低补贴和担保的现实意义，除了减少要素价格扭曲、促进市场主体公平竞争外，还可以间接增加政府预算，并刺激总需求，这有利于扩大消费占 GDP 的比重，促进经济体实现转型升级。

第 四 章

垂直市场结构下新二元经济的资源配置效应

　　本章在第三章所构建的模型基础上进一步考虑垂直市场结构，并建立拓展模型以研究新二元经济视角下的资源配置效应。中国经济的重要特征是国有经济控制国民经济命脉，即国有企业主导电力、能源、港口、铁路、矿产等系统性重要行业。国有企业主导的系统性重要行业往往处于产业链上游，而下游行业则通常由民营经济主导。在此基础上，逐渐形成了"上游国企垄断，下游非国企竞争"的垂直市场结构（刘瑞明和石磊，2011；陈小亮和陈伟泽，2017）。随着市场化改革稳步推进，"向内开放"不断深化，一些系统性重要的上游行业（例如新能源行业）也逐渐出现了一些非国有但为政府所引导、扶持的企业。在此背景下，有必要通过新二元经济的分析视角，探讨垂直市场结构下的资源配置效应。

　　垂直市场结构通常是上游政策扶持部门偏向型的，这引发了一系列重要的经济学讨论。刘瑞明和石磊（2011）认为，垂直市场结构不利于改善社会福利水平。陈小亮和陈伟泽（2017）认为，垂直市场结构恶化了资本配置效率。Li et al.（2015）认为，垂直市场结构阻碍了中国经济结构变迁。王永进和施炳展（2014）认为，上游垄断不利于下游竞争企业提高其产品质量。李胜旗和毛其淋（2017）认为，上游垄断降低了下游企业的出口附加值。皮建才和张鹏清（2020a）认为，垂直市场结构给降低环境污染和缓解产能过剩增添了一定程度的复杂性。郭长林（2018）认为，垂直市场结构会导致积极的财政政策更有利于上游国有企业。但是，现有文献并没有在新二元经济视角下分析垂直市场结构，也较少讨论上游部门所能产生的正外部性。随着中国的市场化改革进入深水区，经济转向高质量发展，厘清新二元经济视角下垂直市场结构的资源配置效应，对推进新发展阶段供给侧结构性改革、构建全国统一大市场具有重要现实意义。

值得注意的是，一些宏观经济文献构建的动态随机一般均衡模型也考虑了垂直市场结构（陈小亮和陈伟泽，2017；郭长林，2018）。已有文献无疑为本章在新二元经济分析框架中嵌入垂直市场结构提供了有益借鉴，但是本章所构建的模型与已有文献存在以下几方面的差别：一是已有文献尚未考虑新二元经济部门，也很少在垂直结构中直接体现上下游部门之间的融资约束差异，而政策扶持部门和市场部门之间的融资约束差异是非常重要的特征（Bai et al.，2016；Cong et al.，2019）。本章不仅考虑两个新二元部门的融资约束差异，还通过引入资本质量来判断部门内部的企业是否处于正常生产活动中。二是已有文献往往不考虑上游部门的正外部性，即使分析了公共品也没有将其与政治晋升锦标赛融合。本章构建的模型将 Xiong（2019）对政治晋升锦标赛的刻画方法纳入一般均衡分析当中，即政府部门面临当期在职消费和下期公共品投资之间的权衡取舍，政府部门投资公共品的意愿可以作为官员发展经济能力的信号。三是已有文献通常在动态随机一般均衡模型中考虑单一因素或部分因素，本章将垂直结构、生产率差异、资本质量、融资约束、产出补贴、隐性担保和政治晋升纳入同一分析框架，允许不同因素相互作用，从而在一定程度上避免了分析单一因素或部分因素可能引起的潜在问题。

在垂直市场结构中，上游通常是具有垄断势力的国有企业或政府所鼓励、支持的企业，而下游通常是处于完全竞争态势的民营企业。而在新二元经济分析框架当中，政府偏好的企业往往有着宽松的融资约束，在资本要素的分配中占据相对有利地位，而一般的市场企业往往面临较高的资金成本。因此，在新二元经济视角下考察垂直市场结构，能把产品市场的地位差别与要素市场的地位差别纳入一个统一分析框架。

第一节　模型设定

本章打算以新二元经济分析视角为基础，构建一个体现垂直市场结构的动态随机一般均衡模型。为了便于与本书第三章基础模型的结果进行比较，本章构建的模型与基础模型在很多方面都是相同的，不同之处在于本章模型考虑了政策扶持部门和市场部门之间的垂直市场结构。为体现新二元经济特点，本章保留了政府部门对政策扶持部门的偏好性政策，包括产出补贴和隐性担保。同时，因为只有政策扶持部门的产品可以用来生产公共品，政府部门可以增大对公共品的投资以间接推动政策扶持部门产出的增加。政府部门增加公共品投资可以提高政策扶持部门和市场部门的产出效率，因而刺激经济体总产出的增加。此外，政策扶持部门从商业银行获取贷款面临的抵押率要明显低于市场部门。

本章模型包括六个部门，分别是家庭部门、政府部门、政策扶持部门、市场部门、商业银行部门和公共品部门。其中，家庭部门、政府部门、商业银行部门和公共品部门这四个部门的构造与基础模型一致。家庭部门在预算约束下消费最终消费品获得效用；政府部门在预算约束下既消费最终消费品，又投资下一期公共品；商业银行从家庭部门、政策扶持部门和市场部门吸收存款，并向政策扶持部门和市场部门发放贷款；公共品部门使用政策扶持部门的产品生产公共品，以供政府部门购买。

与基础模型构造不同的是政策扶持部门和市场部门。政策扶持部门和市场部门之间存在垂直市场结构，政策扶持部门处于上游，市场部门处于下游。市场部门需要使用政策扶持部门的产品作为中间投入。因为市场部门已经使用了政策扶持部门的产品，所以，本书第四章构建的模型假设市场部门生产的产品就是最终消费品，而不需要再通过民用品部门进行加总。因此，本书第四章构建的模型不包含民用品部门。

政策扶持部门雇佣资本和劳动进行生产。与基础模型类似，在生产中实际有效资本存量会受到资本质量冲击的影响（Gertler & Karadi，2011；Gertler et al.，2012）。每一期政策扶持部门中的企业决策时序也与基础模型类似，首先，给定上一期资本质量冲击，政策扶持部门的企业决定劳动投入以最大化当期利润，然后在期末观察到资本质量冲击后，政策扶持部门的企业决定下一期资本投入、存款金额和贷款金额以最大化企业的价值（Buera & Moll，2015；Liu et al.，2020）。政策扶持部门的产品既用在公共品部门以生产公共品，也用在市场部门以生产最终消费品。

市场部门使用政策扶持部门的产品作为中间投入，此外，还需要雇佣资本和劳动才能进行生产。与基础模型类似，市场部门实际有效的资本存量也会受到资本质量冲击的影响。在每一期期初，给定上一期资本质量冲击，市场部门的企业决定劳动投入和对政策扶持部门产品的需求，以最大化当期利润。在每一期期末，当资本质量冲击实现后，市场部门的企业决定下一期资本投入、存款金额和贷款金额以最大化企业的价值。市场部门生产的产品为最终消费品，供家庭部门和政府部门消费。

家庭部门、政府部门、商业银行部门和公共品部门这四个部门的构建与第三章基础模型相应的部门相同。

对于政策扶持部门而言，其动态方程可由第三章第一节对新二元部门的刻画给出，只需令其中动态方程中的 i 取 s 即可。但是需要注意的是，对于本章而言，政策扶持部门产出的用途不同于第三章基础模型。在本章，政策扶持部门的产出除了被公共品部门用于生产公共品外，还被市场部门用作中间投入以生产民用品。

一 市场部门

市场部门中的企业使用资本、劳动和政策扶持部门产品生产民用品（最终消费品），其生产函数如下：

$$y_{pt} = A_{pt} (\tilde{y}_{st})^{\alpha_m} \left[G_t (\varepsilon_{pt} k_{pt})^{\alpha} (l_{pt})^{1-\alpha} \right]^{1-\alpha_m} \tag{4.1}$$

其中，y_{pt} 表示第 t 期市场部门企业的产出，为简化符号，此处没有使用额外的字母标注企业本身。A_{pt} 表示第 t 期市场部门的全要素生产率，$\tilde{y}_{st}$ 表示第 t 期市场部门企业使用的政策扶持部门产品，G_t 表示第 t 期公共品供给水平，k_{pt} 表示第 t 期市场部门企业使用的资本，l_{pt} 表示第 t 期市场部门企业所使用的劳动。ε_{pt} 表示第 t 期期初（或第 $t-1$ 期期末）市场部门企业受到的资本质量冲击（Gertler & Karadi，2011；Gertler et al.，2012），因此，市场部门企业第 t 期使用的有效资本为 $\varepsilon_{pt} k_{pt}$。α_m 是政策扶持部门产品占市场部门总成本的比例，α 是经济体的资本收入份额①。

市场部门受到外生技术冲击的影响，其过程与（3.7）式一致，即：

$$\ln(A_{pt}) = (1-\rho_{Ap}) \ln(A_p) + \rho_{Ap} \ln(A_{pt-1}) + \varepsilon_{Apt} \tag{4.2}$$

其中，A_p 表示稳态时市场部门的全要素生产率，ρ_{Ap} 表示市场部门技

---

① 假设 $\tilde{y}_{st} = A_{st} G_t (\varepsilon_{st} k_{st})^{\alpha} (l_{st})^{1-\alpha}$，其中 A_{st} 是第 t 期政策扶持部门的全要素生产率，ε_{st} 是第 t 期政策扶持部门受到的资本质量冲击，k_{st} 是第 t 期政策扶持部门企业使用的资本，l_{st} 是第 t 期政策扶持部门企业使用的劳动。将 $\tilde{y}_{st}$ 的表达式代入（4.1）式可以得到：

$$y_{pt} = A_{pt} (A_{st})^{\alpha_m} G_t \left[(\varepsilon_{st} k_{st})^{\alpha_m} (\varepsilon_{pt} k_{pt})^{1-\alpha_m} \right]^{\alpha} \left[(l_{st})^{\alpha_m} (l_{pt})^{1-\alpha_m} \right]^{1-\alpha}$$

所以 α 衡量了经济体的资本收入份额，$1-\alpha$ 衡量了经济体的劳动收入份额。为避免公共品投资带来的规模报酬递增，导致经济体没有稳态解，在（4.1）式中，G_t 以 $1-\alpha_m$ 次幂进入生产函数，但从上式可以看出，G_t 对最终消费品的生产起到规模报酬不变的作用。

术冲击的持续性，ε_{Apt} 是第 t 期市场部门全要素生产率的随机扰动，且 $\varepsilon_{Apt} \sim \mathcal{N}(0, \sigma_{Ap}^2)$，其中 σ_{Ap} 表示市场部门技术冲击的标准差。

市场部门企业的决策顺序与 Buera & Moll（2015）和 Liu et al.（2020）的设定类似。首先在期初，给定当期资本存量和上一期期末的资本质量冲击，市场部门企业选择劳动投入 l_{it} 和政策扶持部门产品投入 $\widetilde{y}_{st}$ 以最大化利润；然后在当期期末，在资本质量冲击实现后，市场部门企业选择下一期的资本投入、存款金额和贷款金额以最大化企业净值。

在第 t 期期初，市场部门企业的最优化问题为：

$$\pi_{pt} = \max_{l_{pt}, \widetilde{y}_{st}} P_{pt} A_{pt} (\widetilde{y}_{st})^{\alpha_m} \left[G_t (\varepsilon_t k_{pt})^\alpha (l_{pt})^{1-\alpha} \right]^{1-\alpha_m} - w_t l_{pt} - P_{st} \widetilde{y}_{st} \quad (4.3)$$

其中，P_{pt} 是市场部门产品（最终消费品）的实际价格，模型校准时被单位化为 1。w_t 是向劳动者支付的实际工资，P_{st} 是政策扶持部门产品的价格。值得注意的是，市场部门企业没有政府部门提供的产出补贴。

求解期初市场部门企业的利润最大化问题（4.3）式可以得到市场部门企业对劳动和政策扶持部门产品的需求分别为：

$$l_{pt} = \left[\frac{(1-\alpha)(1-\alpha_m)}{w_t} \right]^{\frac{1}{\alpha}} \left(\frac{\alpha_m}{P_{st}} \right)^{\frac{\alpha_m}{\alpha(1-\alpha_m)}} (G_t)^{\frac{1}{\alpha}} (P_{pt} A_{pt})^{\frac{1}{\alpha(1-\alpha_m)}} \varepsilon_t k_{pt} \quad (4.4)$$

$$\widetilde{y}_{st} = \left[\frac{(1-\alpha)(1-\alpha_m)}{w_t} \right]^{\frac{1-\alpha}{\alpha}} \left(\frac{\alpha_m}{P_{st}} \right)^{\frac{\alpha+\alpha_m-\alpha\alpha_m}{\alpha(1-\alpha_m)}} (G_t)^{\frac{1}{\alpha}} (P_{pt} A_{pt})^{\frac{1}{\alpha(1-\alpha_m)}} \varepsilon_t k_{pt} \quad (4.5)$$

相应的市场部门企业利润为：

$$\pi_{pt} = a_{pt} \varepsilon_t r_t^k k_{pt} \quad (4.6)$$

其中，r_t^k 是衡量第 t 期资本回报率的系数，a_{pt} 是衡量第 t 期因技术水平、公共品供给水平和实际价格水平带来的回报系数，它们的表达式分别如下：

$$r_t^k = \alpha \left(\frac{1-\alpha}{w_t} \right)^{\frac{1-\alpha}{\alpha}} \quad (4.7)$$

$$a_{pt} = (1-\alpha_m)^{\frac{1}{\alpha}} \left(\frac{\alpha_m}{P_{st}}\right)^{\frac{\alpha_m}{\alpha(1-\alpha_m)}} (G_t)^{\frac{1}{\alpha}} (P_{pt}A_{pt})^{\frac{1}{\alpha(1-\alpha_m)}} \qquad (4.8)$$

在第 t 期期末，市场部门企业的决策过程与第三章第一节所描述的类似，所以在此仅作简单概述。

第 t 期期末市场部门企业的实际净值 h_{pt} 如下：

$$h_{pt} = \pi_{pt} + (1-\delta)k_{pt} + R_t d_{pt} - R_{pt}b_{pt} \qquad (4.9)$$

其中，δ 为资本折旧率，R_t 为第 t 期经济体的总存款利率，R_{pt} 为第 t 期市场部门的总贷款利率，d_{pt} 为第 t 期市场部门企业的银行存款，b_{it} 为第 t 期市场部门企业的银行借款。

为避免市场部门企业积累无限净值，假设每一期市场部门企业有 θ^e 的概率退出市场（Bernanke et al.，1999；Liu et al.，2020），这发生在市场部门已取得利润之后，进行资本投资、银行借款和银行存款决策之前。因为市场部门的企业数量很多，所以由大数定律可以假设，每一期在市场部门中有 θ^e 比例的企业退出市场。退出市场企业的净值归家庭部门所有。此外，为保持企业数量不变，假设每一期有 θ^e 比例的市场部门新进企业，弥补退出企业的空缺，而家庭部门为新进市场部门企业提供 h_{pt}^0 的初始资金。

第 t 期期末市场部门企业的市场价值 V_{pt} 如下：

$$V_{pt} = E_t \sum_{j=1}^{\infty} (1-\theta^e)^j \beta^j \frac{\lambda_{t+j}}{\lambda_t} h_{pt+j} \qquad (4.10)$$

其中，β 表示家庭部门的主观折现因子，λ_t 表示第 t 期家庭预算约束的拉格朗日乘子，从而 $\beta^j \lambda_{t+j}/\lambda_t$ 就表示第 t 期随机折现因子。E_t 表示第 t 期的期望算子。

在第 t 期期末，市场部门企业受到资本质量冲击 ε_{pt+1}。在受到资本质量冲击后，市场部门企业决定下一期的资本投入 k_{pt+1}，银行存款 d_{pt+1} 和银行贷款 b_{pt+1}，需要满足的预算约束、抵押品约束和存款约束分别如下：

$$k_{pt+1} + d_{pt+1} - b_{pt+1} \leq h_{pt} \qquad (4.11)$$

$$0 \leqslant b_{pt+1} \leqslant \theta^p h_{pt} \qquad (4.12)$$

$$0 \leqslant d_{pt+1} \leqslant h_{pt} \qquad (4.13)$$

其中，θ^p 是市场部门企业的贷款价值比。

求解第 t 期期末市场部门企业的最大化问题可以得到：

$$d_{pt+1} = \begin{cases} h_{pt}, & \varepsilon_{pt+1} \leqslant \underline{\varepsilon}_{t+1}^p \\ 0, & \underline{\varepsilon}_{t+1}^p < \varepsilon_{pt+1} \end{cases} \qquad (4.14)$$

$$b_{pt+1} = \begin{cases} 0, & \varepsilon_{pt+1} < \overline{\varepsilon}_{t+1}^p \\ \theta^p h_{pt}, & \overline{\varepsilon}_{t+1}^p \leqslant \varepsilon_{pt+1} \end{cases} \qquad (4.15)$$

$$k_{pt+1} = \begin{cases} 0, & \varepsilon_{pt+1} \leqslant \underline{\varepsilon}_{t+1}^p \\ h_{pt}, & \underline{\varepsilon}_{t+1}^p < \varepsilon_{pt+1} < \overline{\varepsilon}_{t+1}^p \\ (1+\theta^p) h_{pt}, & \underline{\varepsilon}_{t+1}^p \leqslant \varepsilon_{pt+1} \end{cases} \qquad (4.16)$$

其中，$\underline{\varepsilon}_{t+1}^p$ 和 $\underline{\varepsilon}_{t+1}^p$ 的表达式如下：

$$\underline{\varepsilon}_{t+1}^p = E_t \frac{R_{t+1} - (1-\delta)}{a_{pt+1} r_{t+1}^k}, \quad \overline{\varepsilon}_{t+1}^p = E_t \frac{R_{pt+1} - (1-\delta)}{a_{pt+1} r_{t+1}^k} \qquad (4.17)$$

市场部门的加总过程与第三章第一节的加总过程类似，所以在此仅作简单概述。

假设市场部门企业分布在测度为"1"的连续统上，且资本质量冲击服从均值为 1 的帕累托分布（Chang et al.，2019；Liu et al.，2020），则第 t 期市场部门的有效资本存量由下式给出：

$$\tilde{K}_{pt} = \int_{-\infty}^{+\infty} \varepsilon_{pt} k_{pt} dF_p(\varepsilon_{pt}) \qquad (4.18)$$

其中，k_{pt} 由（4.16）式定义。$F_p(.)$ 表示市场部门资本质量冲击的累积分布函数，其表达式如下：

$$F_p(\varepsilon_{pt}) = 1 - \left(\frac{\Omega_p}{\varepsilon_{pt}}\right)^{\kappa_p} \qquad (4.19)$$

其中，$\Omega_p > 0$，$\kappa_p > 1$，且 $\varepsilon_{pt} \geqslant \Omega_p$。$\Omega_p$ 和 κ_p 刻画了帕累托分布的形状。

对（4.4）式和（4.5）式左右两边积分，可以得到市场部门对劳动和政策扶持部门产品的总需求：

$$L_{pt} = \left[\frac{(1-\alpha)(1-\alpha_m)}{w_t} \right]^{\frac{1}{\alpha}} \left(\frac{\alpha_m}{P_{st}} \right)^{\frac{\alpha_m}{\alpha(1-\alpha_m)}} (G_t)^{\frac{1}{\alpha}} (P_{pt}A_{pt})^{\frac{1}{\alpha(1-\alpha_m)}} \widetilde{K}_{pt} \quad (4.20)$$

$$\widetilde{Y}_{st} = \left[\frac{(1-\alpha)(1-\alpha_m)}{w_t} \right]^{\frac{1-\alpha}{\alpha}} \left(\frac{\alpha_m}{P_{st}} \right)^{\frac{\alpha+\alpha_m-\alpha\alpha_m}{\alpha(1-\alpha_m)}} (G_t)^{\frac{1}{\alpha}} (P_{pt}A_{pt})^{\frac{1}{\alpha(1-\alpha_m)}} \widetilde{K}_{pt} \quad (4.21)$$

根据（4.4）式、（4.5）式、（4.20）式和（4.21）式，市场部门每个企业的劳动与有效资本之比以及劳动与政策扶持部门产品之比都是相同的，与企业水平的变量无关，且等于市场部门加总水平的劳动与有效资本之比和劳动与政策扶持部门产品之比。因此，市场部门的加总生产函数可以表示如下：

$$Y_{pt} = A_{pt} (\widetilde{Y}_{st})^{\alpha_m} \left[G_t (\widetilde{K}_{pt})^{\alpha} (L_{pt})^{1-\alpha} \right]^{1-\alpha_m} \quad (4.22)$$

对（4.16）式、（4.14）式和（4.15）式分别加总可以得到市场部门的总资本存量、总存款和总贷款分别为：

$$K_{pt} = \int_{-\infty}^{+\infty} k_{pt} dF_p(\varepsilon_{pt}), \ D_{pt} = \int_{-\infty}^{+\infty} d_{pt} dF_p(\varepsilon_{pt}), \ B_{pt} = \int_{-\infty}^{+\infty} b_{pt} dF_p(\varepsilon_{pt})$$

$$(4.23)$$

从而，对（4.9）式进行加总可以得到市场部门的净值运动方程如下：

$$H_{pt} = (1-\theta^e) \left[a_{pt} r_t^k \widetilde{K}_{pt} + (1-\delta) K_{pt} + R_t D_{pt} - R_{pt} B_{pt} \right] + \theta^e H_{pt}^0 \quad (4.24)$$

其中 H_{pt} 和 H_{pt}^0 分别是 h_{pt} 和 h_{pt}^0 的加总水平。

二　加总

第 t 期经济体中的实物资本投资、公共品投资、GDP 和劳动市场出清条件分别由第三章第一节（3.36）式至（3.39）式给出。

第 t 期政策扶持部门产品出清意味着：

$$Y_{st} = \widetilde{Y}_{st} + \left[G_{t+1} - (1-\delta_g) G_t \right] \quad (4.25)$$

第 t 期经济体的资源约束可由各部门的预算约束相加得到：

$$C_t + C_{gt} + I_t + I_{gt} = P_{pt}Y_{pt} + P_{st}Y_t - \mathcal{F}(B_{pt+1} + B_{st+1}) \tag{4.26}$$

定义第 t 期经济体的全要素生产率为：

$$\mathrm{TFP}_t = \frac{P_{pt}Y_{pt} + P_{st}Y_t}{G_t(K_{st}+K_{pt})^\alpha L_t^{1-\alpha}} \tag{4.27}$$

最后，定义第 t 期总的资本回报率如下：

$$R_t^C = \frac{(P_{st}Y_{st} + P_{pt}Y_{pt}) - P_{st}\widetilde{Y}_{st} - w_t L}{K_{st}+K_{pt}} + (1-\delta) \tag{4.28}$$

第二节　数值模拟

本节将对第一节所构建的动态随机一般均衡模型进行数值求解。首先，为贴合中国经济的实际情况，本节将根据现有相关文献和中国经济相关数据对第一节构建的模型进行参数校准，然后，本节将研究外生政策扶持部门技术冲击和外生市场部门技术冲击对主要经济变量产生的影响。最后，我们进行政策实验的模拟，以进一步厘清信贷歧视、产出补贴和隐性担保对新二元经济资源配置的影响。

一　参数校准

模型包含五个部分参数需要校准。一是影响家庭部门决策的参数，即家庭部门的折现因子 β。二是影响政府部门决策的参数，包括政府部门的折现因子 β_g，政府官员对政治晋升的重视程度 γ，存量公共品（基础设施）的折旧率 δ_g，政府部门向政策扶持部门提供的补贴率 τ 和政府税收收入占 GDP 的比重 ϑ。三是影响新二元部门决策的参数，包括资本收入份额 α，资本折旧率 δ，每期企业退出市场的概率 θ^e，政策扶持部门产品投入占市场部门总成本的比例 α_m，稳态时政策扶持部门的全要素生产率 A_s，稳态时市场部门的全要素生产率 A_p，政策扶持部门的贷款价值比 θ^s，市场部门的贷款价值比 θ^p 和资本质量冲击累积分布函数的参数 Ω_s、Ω_p、κ_s 和 κ_p。四是影响商

业银行部门决策的参数，包括衡量金融摩擦程度的参数 ξ，衡量政府
为政策扶持部门提供隐性担保程度的参数 ξ_s，对政策扶持部门发放
贷款所要求的存款准备金率 ζ_s 和对市场部门发放贷款所要求的存款
准备金率 ζ_p。五是冲击持续性的参数，包括政策扶持部门技术冲击
持续性的参数 ρ_{As}，政策扶持部门技术冲击的标准差 σ_{As}，市场部门
技术冲击持续性的参数 ρ_{Ap} 和市场部门技术冲击的标准差 σ_{Ap}。

其中，除了政策扶持部门产品投入占市场部门总成本的比例 α_m
是相对第三章基础模型新增的参数，其余参数均已在基础模型中出
现过。为便于比较本章模型结果和基础模型结果，对于已在基础模
型中出现过的参数，此处采用相同的校准策略。新增参数政策扶持
部门产品投入占市场部门总成本的比例 α_m 被校准为 0.3，这意味着
用于非公共品投入的政策扶持部门产值约为最终消费品产值的 30%。
类似的校准方式也为 Chang et al.（2019）和 Liu et al.（2020）所使
用。

二 政策扶持部门技术冲击

图 4.1 展示了正向政策扶持部门技术冲击产生的脉冲响应。本
节考虑了三种不同的情形，分别是基准情形，去除对市场部门抵押
品约束歧视的情形（去除信贷歧视，$\theta^s = \theta^p = 0.504$），去除政府部门
对政策扶持部门产出补贴和隐性担保的情形（去除政府补贴和担保，
$\tau = 0$ 和 $\xi_s = \xi = 1\%$）以及去除信贷歧视、产出补贴和隐性担保的情形
（不存在扭曲，$\theta^s = \theta^p = 0.504$、$\tau = 0$ 和 $\xi_s = \xi = 1\%$）。

（一）基准情形下的资源配置效应

在垂直市场结构背景下，正向政策扶持部门技术冲击不仅能够
提升政策扶持部门的产出和产值，还能在一定程度上提升市场部门
的产出和产值。得益于政策扶持部门生产效率的提高，实际工资和
实际资本回报率在短期内都出现了一定程度的上升。与此同时，政
策扶持部门产出的增加也拉动了公共品供给的增长。由于正向政策
扶持部门技术冲击随着时期的增加而逐渐减弱，经济体的全要素生

产率先在短期内出现一定的上升，然后在中长期逐渐下降。实际 GDP 由于最终消费品供给的增加和公共品供给的增加出现了一定程度的上升。

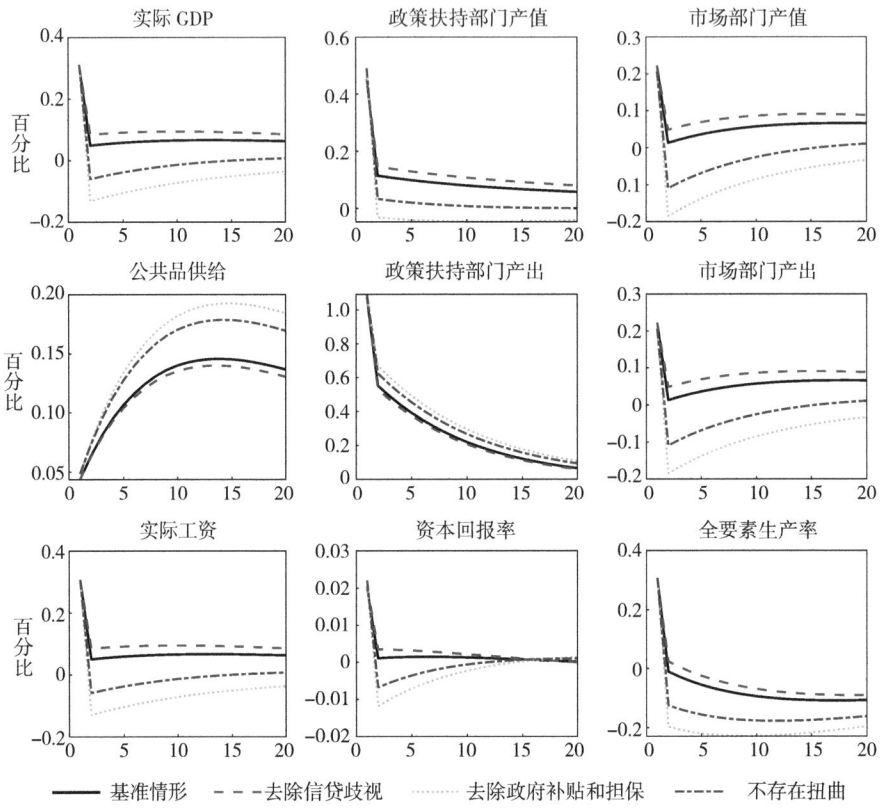

图4.1 垂直市场结构中的政策扶持部门技术冲击脉冲响应

具体而言，在短期内一单位的政策扶持部门技术冲击能够带来约 1.1% 的政策扶持部门产出增加和约 0.5% 的政策扶持部门产值增加。政策扶持部门技术冲击改善了政策扶持部门的生产效率，带来产出的增加，但是政策扶持部门的产值增加幅度要比产出增加幅度小，这是因为政策扶持部门供给的增加降低了政策扶持部门产品的实际价格，从而限制了政策扶持部门产值的增加幅度。此外，一单位政策扶持部门的技术冲击能够带来约 0.2% 的市场部门产出增加和产值增加。市场部门的产出和产值增加幅度相同的原因是市场部门生产的产品是最终消费品，在经济体中作为计价物，即实际价格被单位化为 1。

与基础模型不同的是，在垂直市场结构背景下，政策扶持部门技术冲击对市场部门的产出和产值具有正向影响，而在不考虑垂直市场结构的基础模型中，政策扶持部门技术冲击会降低市场部门的产出和产值。这种差异背后的经济学解释如下，当政策扶持部门作为市场部门的上游部门时，上游部门技术进步降低了上游部门产品的价格，从而使下游部门可以加大中间品的投入，由此促进下游部门产出的增加。换言之，在垂直市场结构背景下，政策扶持部门技术冲击可以降低市场部门的要素投入成本，而在不考虑垂直市场结构的基础模型中，政策扶持部门技术冲击会提高市场部门的要素投入成本。

一单位政策扶持部门技术冲击还带来约 0.3% 的实际工资水平上升和 0.02% 的实际资本回报率上升。一方面，政策扶持部门技术冲击增加该部门对资本和劳动的需求，从而抬高实际工资水平和实际资本回报率，这种效应也发生在不考虑垂直市场结构的基础模型当中。另一方面，不同于不考虑垂直市场结构的基础模型，政策扶持部门技术冲击降低了市场部门使用政策扶持部门产品作为中间投入的成本，从而使市场部门更多使用政策扶持部门产品，这对市场部门使用的资本和劳动起到互补作用，因此能在一定程度上支撑市场部门对资本和劳动的需求。两方面力量共同作用，使政策扶持部门技术冲击在短期内提高了实际工资水平和实际资本回报率。

最后，在短期内一单位的政策扶持部门技术冲击还带来约 0.05% 公共品供给水平的增加，约 0.3% 经济体全要素生产率的改进和约 0.3% 经济体实际 GDP 的增长。因为公共品生产需要政策扶持部门的产品作为投入，而正向政策扶持部门技术冲击降低了政策扶持部门产品的价格，所以公共品的价格也随之下降。因此，在政治晋升锦标赛压力下，政府部门会增加公共品供给水平。因为政策扶持部门技术冲击不仅促进了公共品生产，还通过降低中间品的价格间接促进了市场部门的生产，而在短期内经济体使用的资本是由上一期决定的，所以经济体的最终产出（包括公共品产出和民用品产出）实现了增长，但是实现最终产出使用的经济资源相对不变。因此，经济体的全要素生产率也出现了一定程度改善。实际 GDP 的增长则得益于政策扶持部门技术冲击带来的最终产出（包括公共品产出和民用品产出）的增长。

从中长期的脉冲响应图形来看，在垂直市场结构背景下，正向政策扶持部门技术冲击对主要经济变量的影响不具有较强的持续性，这点与不考虑垂直市场结构的基础模型类似，其背后经济学解释如下。

政策扶持部门和市场部门当期使用的资本数量由上一期决定。在上一期，因为政策扶持部门技术冲击改善了政策扶持部门的全要素生产率，所以政策扶持部门可以在一定程度上加大对资本的投入，而市场部门对下一期资本的投入相对有限。与此同时，那些具有较低资本质量的政策扶持部门企业原来不能参与到正常生产活动当中，现在也可以进行生产决策了。相比市场部门，政策扶持部门具有较低的全要素生产率。政策扶持部门加大资本投入和政策扶持部门中的边际企业加入正常的生产活动，抵消了政策扶持部门技术冲击在中长期的效果，从而使政策扶持部门技术冲击带来的影响不具有持续性。

在中长期，政策扶持部门技术冲击带来的资本变动和边际企业的变动明显抑制了市场部门的产出。一方面，市场部门之前雇佣的部分资本流向政策扶持部门；另一方面，政策扶持部门生产效率相对短期的下降抑制了该部门的产出，减少了向市场部门供应的中间品投入。在这两方面共同作用下，市场部门的产出和产值迅速回落到接近稳态水平。随着政策扶持部门技术冲击逐渐减弱，政策扶持部门释放出一定的资本流向市场部门。此外，因前期实际 GDP 增长放宽了政府部门的预算约束，公共品供给水平维持较长时期的增长。这两方面力量使得即使政策扶持部门的产出在中长期逐渐回归稳态水平，市场部门仍可以增加资本投入以实现一定程度的产出和产值的增长。

在中长期，政策扶持部门技术冲击导致的政策扶持部门的资本变动和边际企业的变动直接拉低了实际工资水平和实际资本回报率，这是因为资本和劳动的配置效率恶化，它们从生产效率较高的市场部门配置到生产效率较低的政策扶持部门。这一事实也反映在经济体的全要素生产率变动上。在中长期，经济体的全要素生产率迅速下降到低于稳态水平，意味着给定资本和劳动，最终产品（包括公共品和民用品）出现了下降。实际 GDP 也在中长期快速回落到稳态水平。

（二）潜在改革下的资源配置效应

当仅去除经济体中的信贷歧视时，从图 4.1 可以发现，政策扶持部门技术冲击对主要经济变量产生的脉冲响应与在基准情形中得到的脉冲响应基本一致。类似的结果也出现在不考虑垂直市场结构的基础模型当中。政策扶持部门的产出波动和市场部门的产出波动都比基准情形的产出波动高一些。这是因为去除信贷歧视后，市场部门的融资能力得到了增强，因此可以购买更多的政策扶持部门产出作为中间投入，以扩大生产，带动经济体实际 GDP 的增长。去除信贷歧视使下游市场部门得以充分利用上游政策扶持部门的技术进步。

当去除政府部门对政策扶持部门的产出补贴和隐性担保后，可以发现经济体的波动性明显加大，且政策扶持部门的技术冲击在中长期使实际 GDP 水平降低。从部门来看，政策扶持部门和市场部门短期的产出、产值增幅都较基准情形低，甚至在中长期产出和产值不升反降。一方面，因为取消了对政策扶持部门的产出补贴和隐性担保，市场部门不再需要尽可能维持较高产出以削弱政策扶持部门通过产出补贴和隐性担保获得的优势，从而也就减少了对政策扶持部门提供的中间品的需求。因此，相对基准情形，政策扶持部门技术冲击虽然在短期内带来更高产出，却在中长期导致产出下降。另一方面，因为政府部门不必承担产出补贴和隐性担保的成本，所以政府部门对公共品的投资需求增加，更多的政策扶持部门产品被用于生产公共品，从而降低了其对市场部门的供给。由于市场部门的全要素生产率高于政策扶持部门，市场部门产出增加幅度的缩小降低了实际工资水平、实际资本回报率和经济体的全要素生产率。

当经济体不存在扭曲后，从图 4.1 可以发现，政策扶持部门技术冲击给主要经济变量带来的波动性介于基准情形和去除政府补贴和隐性担保的情形之间。这说明去除信贷歧视增加了市场部门的借贷能力，从而在一定程度上维持自身的产出水平，避免产出大幅下降。政策扶持部门也得益于市场部门对其所生产中间品的需求，产出同样没有大幅下滑。相比去除政府补贴和隐性担保的情形，进一步去除信贷歧视在一定程度上减少了经济体面对外生技术冲击时的波动。

三 市场部门技术冲击

图 4.2 展示了正向市场部门技术冲击产生的脉冲响应。本节考虑了三种不同的情形，分别是基准情形，去除对市场部门抵押品约束歧视的情形（去除信贷歧视，$\theta^s = \theta^p = 0.504$），去除政府部门对政策扶持部门产出补贴和隐性担保的情形（去除政府补贴和担保，$\tau = 0$ 和 $\xi_s = \xi = 1\%$），和去除信贷歧视、产出补贴和隐性担保的情形（不存在扭曲，$\theta^s = \theta^p = 0.504$、$\tau = 0$ 和 $\xi_s = \xi = 1\%$）。

（一）基准情形下的资源配置效应

在垂直市场结构背景下，正向市场部门技术冲击提高了市场部门的产出和产值。此外，正向市场部门技术冲击虽然降低了政策扶持部门的产出，但是却提高了政策扶持部门的产值。正向市场部门技术冲击还改善了经济体的全要素生产率，带来更高的实际工资水平和实际资本回报率。虽然正向市场部门技术冲击降低了公共品的

供给水平，但是因为市场部门生产的最终消费品大幅上升，实际
GDP 仍然有一定程度的增加。

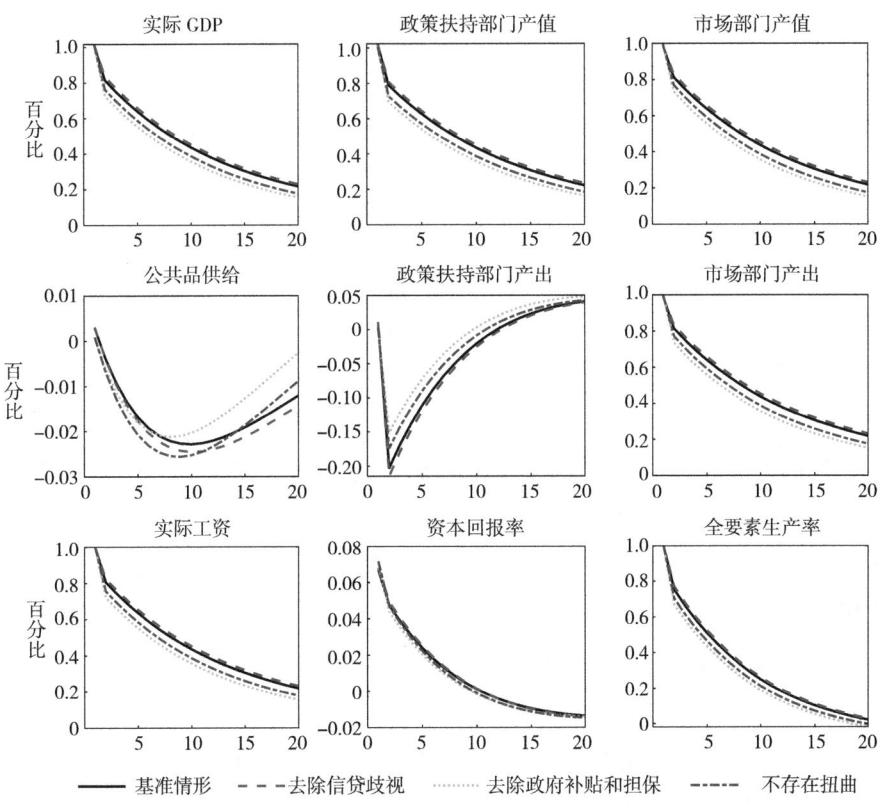

图 4.2　垂直市场结构中的市场部门技术冲击脉冲响应

　　具体而言，在短期，一单位正向市场部门技术冲击使市场部门
的产出和产值增加了约 1%。市场部门产出和产值的增加幅度相同，
这是因为市场部门的产品是最终消费品，在经济体中被作为计价物。
正向市场部门技术冲击改善了市场部门的全要素生产率，使该部门
增加对资本、劳动和中间品的需求，并带来更高的产出和产值。相
对地，正向市场部门技术冲击虽然没有增加政策扶持部门的产出，
但是使政策扶持部门的产值上升了约 1%，这是因为市场部门增加对

中间品的需求抬高了政策扶持部门产品的实际价格。由于政策扶持部门产品价格的上升，即使资本和劳动的成本上升，政策扶持部门仍然可以在短期内维持自身的产出水平。此外，在短期内，一单位正向市场部门技术冲击还带来了约 1% 的实际工资水平的上升和约 0.07% 的实际资本回报率的上升。一方面，这是因为市场部门全要素生产率的改进增加了对资本和劳动的需求，从而推动实际工资和实际资本回报率的上升。另一方面，政策扶持部门产品价格的上升也推动了政策扶持部门支付给资本和劳动更高的报酬。

在短期，一单位正向市场部门技术冲击带来了约 1% 经济体全要素生产率的改善和 1% 实际 GDP 的提高，但没有对公共品供给水平产生太大的影响。政策扶持部门产出基本维持不变确保了公共品产出也不会发生太大改变，而市场部门产出的增加提高了最终消费品的供给水平，这意味着在经济资源相对给定的条件下，最终产品（包括公共品和消费品）的产出增加了，所以经济体的全要素生产率得到了较为明显的改善。同理，由于最终产品产出的增加，经济体的实际 GDP 相应出现了增长。实际 GDP 的提高增加了政府部门通过税收获得的财政收入，因此政府部门才能够在政策扶持部门产品变贵的情况下（从而公共品也变得昂贵）维持经济体的公共品供给水平。

与不考虑垂直市场结构的基础模型相比，可以发现，在正向市场部门技术冲击的影响下，考虑垂直市场结构的情形得到的主要经济变量的变化趋势与第三章基础模型的对应变化趋势很接近。不同之处在于，在短期，政策扶持部门产出在考虑垂直市场结构的模型中基本维持不变，而在不考虑垂直市场结构的基础模型中，政策扶持部门产出出现了下降。在中长期，一方面，政策扶持部门的产值在考虑垂直市场结构的模型中维持在高于稳态的水平，而在不考虑垂直市场结构的基础模型中，该产值会降低到稳态水平之下，再缓缓向上回归至稳态水平。另一方面，公共品供给水平在考虑上下游的模型中出现了下降，然后在长期向稳态水平回归，而在不考虑垂直市场结构的基础模型中，公共品供给水平仍然高于稳态水平，而不会低于稳态水平。这些差异说明垂直市场结构关系会对政策扶持部门和公共品投资的波动特征产生重要影响。

在中长期，相比政策扶持部门技术冲击，市场部门技术冲击对主要经济变量的影响明显更具有持续性，其背后经济学解释如下。

当期使用的资本由上一期决定，企业是否进行实物资本投资以加入到正常生产经营当中也由上一期决定。在短期，市场部门技术冲击提高了市场部门企业的全要素生产率，不仅刺激正常生产的市场部门企业增加资本投资，还使市场部门中具有较低资本质量的边际企业加入到正常生产当中。与政策扶持部门不同的是，市场部门的全要素生产率要高于政策扶持部门。所以，市场部门增加资本投资和更多的企业加入到生产中不会抵消掉大部分技术冲击所带来的效率改进，表现为市场部门技术冲击给主要经济变量带来较为持续的影响。从图 4.2 可以发现，在中长期，市场部门的产值和产出、政策扶持部门的产值、实际工资水平、实际资本回报率、经济体的全要素生产率和经济体的实际 GDP 都随着时期的增加逐渐向稳态水平回归。

值得注意的是，政策扶持部门产出和公共品供给水平的变化。政策扶持部门的产出在中期出现了一定程度的下降，然后在长期逐渐回升到稳态附近。公共品供给水平的变化趋势与政策扶持部门产出的变化趋势类似，但相对较为平滑。背后经济学机制如下。

市场部门技术冲击导致政策扶持部门使用的部分资本和劳动流向市场部门，特别是在中长期资本和企业数量可变动的时候，这种效应更为明显，从而引起政策扶持部门产出的下降。但是，市场部门需要用到政策扶持部门的产品作为中间投入，所以在市场部门扩大生产的同时，对政策扶持部门产品的需求会上升。这就不可避免地抬高了政策扶持部门产品的价格，从而导致较高的公共品价格。相对较高的公共品价格促使政府部门选择降低公共品供给水平，转而增加在职消费。

(二) 潜在改革下的资源配置效应

当仅去除经济体中的信贷歧视时,从图 4.2 可以发现,市场部门技术冲击对主要经济变量产生的脉冲响应与在基准情形中得到的脉冲响应基本一致。将图 4.2 与基础模型的图 3.1 和图 3.2,以及垂直市场结构模型的图 4.1 作对比,可以发现,在垂直市场结构背景下,如果去除信贷歧视,市场部门技术冲击带来的经济波动几乎与存在信贷歧视时的情形重合。这一结果说明,市场部门技术冲击带来的经济波动受抵押品约束的影响较小。与基准情形不同的是,在去除信贷歧视后,市场部门技术冲击对公共品供给水平的负面效应更为明显,但是因为公共品供给变化所在图形的纵坐标单位较小,实际差异并没有图形表现得那么大。

当去除政府补贴和隐性担保后,可以发现,市场部门产值、政策扶持部门产值和实际 GDP 的上升幅度都比基准情形和去除信贷歧视的情形低。这种差异背后反映了政府部门对政策扶持部门的产出补贴和隐性担保起到一种放大作用,即如果不去除政策性优惠,当市场部门扩大生产并把资源从政策扶持部门吸引过来时,也相应减少了政策扶持部门所能获得的政策性优惠,而如果去除政策性优惠,经济资源在政策扶持部门和市场部门之间的配置已然较有效率了,此时市场部门就不能通过扩大生产来削减政策扶持部门的优势。因此,市场部门的产出和产值增加幅度要低于基准情形。由于政策扶持部门产出的一部分作为中间品被市场部门使用,政策扶持部门的增幅也会减小。与此同时,实际 GDP 的增长幅度也要低于基准情形。

当同时去除经济体中的信贷歧视和政府部门向政策扶持部门提供的政策性优惠后,从图 4.2 可以发现,在正向市场部门技术冲击的影响下,主要经济变量的波动介于基准情形和去除政府补贴和担保的情形之间,说明去除政策性优惠后,进一步消除对市场部门的信贷歧视增加了市场部门产出,并拉动了对政策扶持部门产品的需求,使得各经济变量有一定的回升。

第三节　政策模拟

为进一步认识垂直市场结构背景下的资源配置效应，本节拟对构建的模型进行政策模拟实验。在动态随机一般均衡模型中，我们可以很方便地比较不同参数约束下得到的模型结果。循着这一分析思路，本节拟设定与基础模型相同的 5 个政策实验（见表 3.1），以探究信贷歧视、产出补贴和隐性担保在垂直市场结构背景下对新二元经济资源配置起到的作用机制。

表 4.1 展示了在垂直市场结构背景下，消除信贷歧视、产出补贴或隐性担保对新二元经济资源配置的影响，其中，基准情形的结果被标准化为 1，其他情形的结果是相对基准情形结果的倍数。总体而言，去除单个扭曲或去除全部扭曲，经济体的实际工资、政策扶持部门产出、市场部门产出和实际 GDP 一般都能得到一定的提高。比较特殊的情况是去除信贷歧视后，政策扶持部门的产出出现轻微的下降，而实际工资基本维持不变。为了便于归纳和分析，接下来本节将表 4.1 的结果总结成若干经济学的命题。

表 4.1　垂直市场结构中政策模拟实验对新二元经济资源配置的影响

变量	w	R^C	P_s	Y_s	K_s	L_s	Y_p	K_p	L_p	GDP
基准情形	1.00	1.00	1.00	1.00	1.00	1.00	1.00	1.00	1.00	1.00
去除信贷歧视	1.00	1.00	1.02	0.98	1.00	1.00	1.00	0.97	1.00	1.00
去除政府补贴和担保	1.10	1.00	1.05	1.07	1.01	0.97	1.12	1.12	1.02	1.13
去除政府补贴	1.06	1.00	1.03	1.05	1.03	0.97	1.08	1.08	1.02	1.08
去除政府担保	1.04	1.00	1.01	1.02	0.98	1.00	1.04	1.04	1.00	1.04
不存在扭曲	1.10	1.01	1.07	1.05	1.01	0.97	1.12	1.09	1.02	1.12

注：基准情形的结果被标准化为 1，其他情形的结果是相对基准情形的变化。例如，在去除政府补贴和担保的情形中，$w = 1.10$，表示实际工资是基准情形的 1.10 倍。将基准情形单位化的原因是，变量的绝对数值难以被单独理解，比较有意义的是同一变量在不同情形中的相对变化。

命题 4.1：在考虑垂直市场结构的新二元经济视角下，是否存在信贷歧视、产出补贴和隐性担保对实际资本回报率的影响不大。

命题 4.1 的结果几乎与命题 3.1 一样，背后经济学解释也是类似的。简而言之，去除信贷歧视、产出补贴或隐性担保虽然会影响资本使用率，但是资本的使用最终必然会受到边际收益率递减的约束，而这一约束的下限取决于中央银行所制定的外生政策利率。因此，无论是否存在信贷歧视、产出补贴或隐性担保，实际资本回报率都会收敛到几乎相同的水平。

命题 4.2：在考虑垂直市场结构的新二元经济视角下，去除信贷歧视对政策扶持部门的资本投入影响不大，但却会降低市场部门的资本投入；去除政府补贴可以同时提高政策扶持部门和市场部门的资本投入；去除隐性担保会降低政策扶持部门的资本投入，并提高市场部门的资本投入，但市场部门的资本投入增加幅度不及不考虑垂直市场结构的基础模型对应情形。此外，去除信贷歧视、产出补贴或隐性担保都会提高中间品的价格。

命题 4.2 的结果明显不同于命题 3.2，说明是否存在垂直市场结构，对资本的跨部门配置有重要影响。尽管去除信贷歧视、产出补贴或隐性担保都能直接或间接改善市场部门的融资约束或竞争环境，但是这种收益被上升的中间品价格所部分抵消了，因此，资本的使用并不像基础模型那样必然增加。去除信贷歧视放宽了市场部门的融资约束，因此市场部门倾向于扩大生产。但是，市场部门扩大生产需要更多的中间品投入，这就提高了政策扶持部门生产的中间品价格。由于更高的中间品价格，政策扶持部门可以在一定程度上维持自身生产规模，并避免资本和劳动向市场部门流动。结果表明，市场部门由于面临更高的中间品价格削减了资本的使用，而政策扶持部门的资本使用没有太大变动。去除产出补贴后，一方面，政策扶持部门的生产成本上升，这促使资本流向市场部门。然而，市场部门扩大生产又增大了对中间品的需求，这抬高了中间品的价格，也避免政策扶持部门资本的大量流出。另一方面，政府部门不必承担产出补贴，将有更多预算投资公共品和消费最终产品，从而拉动政策扶持部门和市场部门的生产。两方面共同作用，政策扶持部门和市场部门的资本使用量都有所增加。去除隐性担保后，政策扶持部门的生产成本增加效应要大于政府部门的预算约束放宽效应，使得政策扶持部门的资本使用量下降，市场部门的资本使用量上升。

命题4.3：在考虑垂直市场结构的新二元经济视角下，消除信贷歧视对实际工资水平并没有产生明显的影响，而去除产出补贴或隐性担保都可以提高实际工资水平，但是提升的幅度要小于不考虑垂直市场结构的基础模型对应情形。

命题4.3说明单独去除信贷歧视并不能提高实际工资水平，这显然与命题3.3不同，说明如果我们把垂直市场结构考虑进来，单独消除信贷歧视的红利会在一定程度上被上游政策扶持部门吸收，即使实际工资水平得以提升，提升的幅度也小于不考虑垂直市场结构的基础模型对应情形。如果单独去除信贷歧视，虽然市场部门可以融入更多的资金扩大生产，但是市场部门扩大生产需要更多的中间品投入，这就抬高了中间品价格。中间品价格的上升提高了政策扶持部门的利润，一方面阻止政策扶持部门的资本和劳动大规模流向高效率的市场部门；另一方面推动公共品投资成本增加，进而抑制了政府部门的公共品投资，导致劳动没有从资源的重新配置中获得足够利益，且因为公共品供给的下降，劳动的边际生产率也有所降低，所以实际工资水平基本维持不变。如果去除产出补贴，那么政策扶持部门的生产成本会上升，这会促使政策扶持部门的劳动流向市场部门。此外，政府部门的预算约束得以放宽，这同时增加了对消费品和公共品的需求，带动政策扶持部门和市场部门雇佣更多的劳动，并提高劳动的边际生产率，从而推动实际工资水平的上升。去除隐性担保也会起到类似作用，推动实际工资水平上升。

命题4.4：在考虑垂直市场结构的新二元经济视角下，消除信贷歧视或隐性担保不会引起明显的劳动力跨部门流动。但是，去除产出补贴会使劳动力从低效率的政策扶持部门流向高效率的市场部门。

尽管如此，劳动力跨部门流动的程度要小于不考虑垂直市场结构的基础模型对应情形。

命题 4.4 是对命题 4.3 实际工资变化背后劳动力流动的补充说明。在此，垂直市场结构限制了劳动力从政策扶持部门流向市场部门的规模，因为上游政策扶持部门可以通过提高中间品价格来获取部分改革所带来的红利。分情况看，单独去除信贷歧视虽然放宽了市场部门的融资约束，但抬高了政策扶持部门生产的中间品价格，两方面作用在一定程度上相互抵消，因此没有发生较为明显的劳动力跨部门转移。单独去除产出补贴不仅提高了政策扶持部门的生产成本，还可以通过放宽政府部门的预算约束增加经济体对消费品和公共品的需求，从而促使劳动力从政策扶持部门流向市场部门。单独去除隐性担保也能起到类似去除产出补贴的效果，但是劳动力却没有发生明显的跨部门转移，说明政策扶持部门能通过仍存在的产出补贴来维持生产，从而抑制劳动力外流。

命题 4.5：在考虑垂直市场结构的新二元经济视角下，消除信贷歧视会降低政策扶持部门的产出和实际 GDP，而市场部门产出基本维持不变；去除产出补贴或隐性担保都能提高政策扶持部门产出、市场部门产出和经济体实际 GDP。如果同时消除信贷歧视、产出补贴和隐性担保，那么政策扶持部门产出、市场部门产出和实际 GDP 都可以提高，但是提升幅度均小于不考虑垂直市场结构的基础模型对应情况。

命题 4.5 从产出的角度分析在垂直市场结构当中，信贷歧视、产出补贴和隐性担保对新二元经济资源配置的影响。命题 4.5 明显不同于命题 3.5，说明是否存在垂直市场结构对潜在改革措施的效果有重要影响。相比不考虑垂直市场结构的基础模型，在垂直市场结构中，消除信贷歧视、产出补贴或隐性担保所能带来的产出增加幅度较小。背后经济学直觉如下，如果一项政策可以改善下游市场部门的相对竞争环境，那么下游市场部门的扩张会增加对中间品的需求，从而抬高中间品价格，并使上游政策扶持部门受益。然而，中间品价格的提高也抑制了资源从低效率的政策扶持部门配置到高效率的市场部门，因此也就限制了改革措施所能释放的红利。

第四节　本章小结

本章在新二元经济视角下，构建了一个能够反映垂直市场结构的动态随机一般均衡模型。本章利用该模型研究了新二元部门技术冲击对经济波动的影响，并通过政策模拟实验探究消除信贷歧视、产出补贴或隐性担保所带来的经济效应，以得出新二元经济视角下的资源配置效应。

本章主要结论可以总结如下：一是与基础模型相比，考虑垂直市场结构时的潜在产出损失相对较小。二是垂直市场结构一定程度上限制了消除信贷歧视、产出补贴和隐性担保所带来的资源配置效率改善程度，这是因为如果改善下游市场部门的相对竞争环境，那么下游市场部门的扩张会增加对中间品的需求，从而抬高中间品价格，进而提高生产成本。三是由于中间品价格机制的存在，消除信贷歧视对总产出的影响较小。四是消除产出补贴和隐性担保可以提高资源配置效率，并增加总需求，带动产出增长。五是外生技术冲击可以同时提高政策扶持部门和市场部门的产值，这不同于基础模型结果，说明垂直市场结构会使政策扶持部门和市场部门同向波动。

本章在第三章基础上，进一步指出了在新二元经济视角下中间品价格机制对资源配置所起的重要作用。在垂直市场结构背景下，取消对部分企业的偏向型政策可以改善下游市场部门的经营环境，并带来改革红利，但是，中间品价格的提高可能会削减部分红利，因此，最好同步降低上游进入壁垒。本章研究还表明，如果考虑垂直市场结构，那么最好同时推进金融市场改革、减少产出补贴和退出隐性担保。

第 五 章

货币政策非对称传导下新二元
经济的资源配置效应

本章在第三章模型基础上构建一个反映非对称货币政策传导机制的动态随机一般均衡模型，并利用构建的模型研究潜在改革措施下的资源配置效应。在中国，货币政策在政策扶持部门和市场部门的传导是非对称的，具有偏向政策扶持部门的特征。观察中国货币政策实践可以发现，相比一般的企业，国有企业或政府鼓励、支持的企业往往可因宽松货币政策而容易获取低廉信贷（Chen et al.，2019；喻坤等，2014）。在当前中国经济走向高质量发展，金融市场改革进一步深化的背景下，研究货币政策非对称传导如何影响资源配置具有重要理论意义和现实意义。厘清这一机制，有助于我们深刻认识货币因素在新二元经济资源配置效应中所起的作用，也有助于我们更好实施逆周期调节的货币政策，充分激发各市场主体的经济活力。

货币政策非对称传导与政策扶持部门和市场部门之间的融资约束差异密切相关。虽然政府鼓励、支持的企业在平均意义上具有较低的资本使用效率，但是，这并不妨碍它们能够以较低的成本获取信贷资源（Song et al.，2011），这种配置方式也导致了资本错配问题（陈小亮和陈伟泽，2017；罗德明等，2012）。正是因为政府偏好的企业与一般的市场企业在金融市场上有着不同的融资约束，所以当经济体的流动性发生变化时，政府偏好的企业与一般的市场企业会做出不同的反应，这也就导致了货币政策出现非对称传导。尽管现有文献从实证上识别并分析了货币政策非对称传导机制（Chen et al.，2019；喻坤等，2014)，但是，目前尚未看到学术界对此现象构建一个理论分析模型。本章试图在一定程度上弥补现有文献的不足。

事实上，非预期或不合意的宏观调控政策效果一直是学术界关注的焦点，相关学者也对此构建宏观经济学模型进行分析。Chang et al.（2019）认为，中国人民银行提高存款准备金率会诱使商业银行发展表外业务，而那些非政府偏好的企业主要依赖影子银行融资，因此提高存款准备金率反而引起资源流向具有较高效率的民营企业，改善社会福利。Chen et al.（2018）和高然等（2018）则认为影子银行的存在削弱了中国货币政策的预期效果。除金融市场的宏观调控政策外，郭长林（2018）认为，积极的财政政策具有偏向国企的特征，一方面促进国有企业的就业，另一方面却降低了民营企业的就业。与已有文献不同，本章关注的是通过一般均衡模型体现常规货币政策的非预期效果，中国常规货币政策的实施效果具有政策扶持部门偏向性（Chen et al.，2019；喻坤等，2014）。此外，在动态随机一般均衡模型的建模中，学术界往往使用 Taylor 规则（Taylor，1993，1999）作为中国常规货币政策的近似，但是 Taylor 规则本质上是价格型货币政策规则，这与中国的货币政策实践不完全相符。因为在实践当中，央行往往采用的是数量型货币政策，通过调控 M2、社会融资规模等指标来实现预期政策目标（Chen et al.，2018）。为贴合中国货币政策实践，本章把 Chen et al.（2018）所估算的中国数量型货币政策规则纳入到一般均衡模型的构建当中。在新二元经济分析视角中使用符合中国货币政策实践的货币政策规则也是本章的一个贡献。

第一节   模型设定

本章构建的动态随机一般均衡模型包含家庭部门、政府部门、政策扶持部门、市场部门、商业银行部门、公共品部门、民用品部门、零售部门和中央银行部门九个部门。政策扶持部门可以参与生产具有正外部性的公共品，能够享受到来自政府部门的生产补贴、隐性担保和公共品购买，而市场部门无法享受到这些优惠。此外，通过参数校准的方式，模型还体现了政策扶持部门在进行贷款时面临较为宽松的抵押品约束，而市场部门则面临较紧的抵押品约束，但是市场部门的全要素生产率高于政策扶持部门。

模型对政府部门的刻画以 Xiong（2019）的工作为基础，考虑了政治晋升锦标赛对经济的影响。地方政府官员虽然无法直接决定经济的总产出，但是可以通过加大公共品投资促进下一期的经济增长，而这意味着必须减少当期政府部门的在职消费。这一跨期权衡取舍为中央政府甄别地方政府官员的能力提供了一种信号，因此可以通过政府对下一期公共品供给的重视程度刻画政治晋升锦标赛的强度。

模型还采用 Chen et al.（2018）通过实证分析得到的数量型货币政策规则。相比以利率为中间目标的 Taylor 规则，Chen et al.（2018）得到的数量型货币政策规则更好拟合了中国人民银行的货币政策实践。该规则以广义货币供应量作为中间目标，以实现稳定通货膨胀、达到潜在 GDP 增长率的最终目标。

模型各部门构建总结如下：

家庭部门遵循新凯恩斯动态随机一般均衡模型的标准设定，通过决定其当期的消费、劳动投入和下一期的储蓄、货币余额最大化预期效用。此外，家庭部门获得经济体各部门转移的利润，但是需要向政府部门缴纳一次付总形式的税款。

政府部门的构建以 Xiong（2019）对经济增长的研究为基础，通过官员对公共品供给的重视体现晋升锦标赛对中国经济发展的影响。政府部门决定当期在职消费和下一期公共品供给以最大化预期效用。同时，政府部门通过征税获得收入，并将收入用于公共品投资、补贴政策扶持部门的生产和向该部门的银行贷款提供隐性担保。

政策扶持部门和市场部门中的企业决策参考 Buera & Moll（2015）和 Liu et al.（2020）的设定，分为两个阶段。在期初，给定由上期决定的资本质量冲击（Gertler & Karadi，2011；Gertler et al.，2012），企业选择劳动投入以最大化利润。在期末，企业如果没有退出市场，则在观察到资本质量冲击后，选择下一期的资本投入、存款金额和贷款金额。相比市场部门，政策扶持部门能够获得政府部门提供的生产补贴。此外，由于政府部门隐性担保的存在，政策扶持部门面临更低的贷款利率。政策扶持部门还面临比市场部门更为宽松的抵押品约束，意味着政策扶持部门能够从商业银行部门获取更多的信贷。

商业银行吸收家庭和企业的存款，并向企业提供贷款。受到中央银行存款准备金率政策的约束，商业银行向不同部门中的企业提供贷款时面临不同的存款准备金率要求。此外，由于信息不对称导致的金融摩擦，商业银行要求的贷款利率高于存款准备金率隐含的贷款利率。但是，因为政策扶持部门受到政府部门的隐性担保，商业银行可以降低对政策扶持部门要求的利率溢价。

公共品部门向政策扶持部门购买产品以生产公共品。因此，政府部门加大公共品投资将增加对政策扶持部门产品的需求。

民用品部门向政策扶持部门和市场部门购买产品以生产民用品，并出售给零售部门。

零售部门的构建参考了新凯恩斯主义动态随机一般均衡（DSGE）模型的标准设定。零售部门通过打包民用品部门生产的产品进行销售。零售部门存在价格粘性，体现为民用品出厂价格的调整遵循 Calvo（1983）定价过程，每期只有部分企业可以重新设定价格。

中央银行根据 Chen et al.（2018）估计的中国货币政策规则调整实际货币供应量，这一切合中国实际的货币政策规则也被 Chang et al.（2019）使用。

一　家庭部门

代表性家庭的效用函数采取常见的加可分形式：

$$U = E_0 \sum_{t=0}^{\infty} \beta^t \left[\ln(C_t) - \chi \frac{L_t^{1+\eta}}{1+\eta} + \nu \ln\left(\frac{M_{t+1}}{P_t}\right) \right] \qquad (5.1)$$

其中，C_t 表示第 t 期的居民消费，L_t 表示第 t 期的劳动投入，M_{t+1} 表示第 t 期期末（或第 $t+1$ 期期初）持有的货币余额，P_t 表示第 t 期的价格水平。β 是家庭部门的折现因子，χ 衡量劳动所带来的负效用，η 是逆 Frisch 劳动供给弹性，ν 衡量持有货币所带来的效用。

在第 t 期，代表性家庭决定其当期的消费 C_t，当期的劳动投入 L_t，下期期初持有的银行存款 D_{t+1} 和下期期初持有的货币余额 M_{t+1}，以最大化预期效用。代表性家庭的收入包括工资收入、存款收入、当期期初持有的货币余额和来自企业和银行的利润，但是代表性家庭需要向政府缴纳一次付总形式的税收。因此，代表性家庭所面临的预算约束如下：

$$C_t + \frac{D_{t+1}}{P_t} + \frac{M_{t+1}}{P_t} \leq w_t L_t + \frac{R_t D_t}{P_t} + \frac{M_t}{P_t} + \Phi_t - T_t \qquad (5.2)$$

其中，w_t 表示第 t 期的实际工资水平，R_t 表示银行为第 t 期期初到第 t 期期末的存款支付的总利息率，Φ_t 是来自企业和银行的第 t 期的净利润，T_t 表示政府第 t 期征收的一次付总形式的税收。

二　政府部门

遵循 Xiong（2019）的设定，政府部门效用函数如下：

$$U_g = E_0 \sum_{t=0}^{\infty} \beta_g^t \left[\ln(C_{gt}) + \gamma \ln(G_{t+1}) \right] \qquad (5.3)$$

其中，C_{gt} 表示第 t 期的在职消费，G_{t+1} 表示第 $t+1$ 期的公共品供给。

β_g 是政府部门的折现因子，较小的 β_g 表示政府官员更在乎任期内的表现。γ 衡量政府官员对仕途的重视程度。Xiong（2019）认为，中央政府无法直接观测到地方政府官员的个人能力，但是可以通过观测下一期的公共品供给来推断出官员的能力。如果官员发展经济的能力越高，那么他就越能够克制把经济资源用于在职消费的意愿，越愿意为下一期提供公共品以增加产出。从而，γ 就衡量了政府官员对仕途的重视程度。

政府部门在第 t 期选择当期的在职消费 C_{gt} 和下一期的公共品供给 G_{t+1}。政府部门受到的预算约束如下：

$$C_{gt}+P_{gt}G_{t+1} \leqslant (1-\delta_g)P_{gt}G_t-\tau P_{st}Y_{st}-\mathcal{F}_t+T_t \qquad (5.4)$$

其中，P_{gt} 是第 t 期公共品的相对价格，P_{st} 是政策扶持部门产品的相对价格，Y_{st} 是第 t 期政策扶持部门的产出，$\mathcal{F}_t$ 表示政府部门在第 t 期向政策扶持部门提供隐性担保所承担的成本。δ_g 是存量公共品的折旧率，τ 是政府部门向政策扶持部门提供的补贴率。假设政府的税收收入占经济总产出一定比重：

$$T_t = \vartheta \mathrm{GDP}_t \qquad (5.5)$$

其中，ϑ 表示政府收入占 GDP 的比重。

$\mathcal{F}_t$ 和 GDP_t 的具体表达式将由（5.29）式和（5.57）式给出。

三　新二元部门

（一）企业决策

政策扶持部门或市场部门中企业的生产函数如下：

$$y_{it}=A_{it}G_t(\varepsilon_{it}k_{it})^{\alpha}(l_{it})^{1-\alpha} \qquad (5.6)$$

其中，$i \in \{s, p\}$，s 表示政策扶持部门，p 表示市场部门。α 表示资本收入份额，A_{it} 表示第 t 期部门 i 的全要素生产率，G_t 是第 t 期的公共品供给，y_{it} 表示第 t 期企业的产出，k_{it} 表示第 t 期企业使用的资本，l_{it} 表示第 t 期企业使用的劳动，ε_{it} 表示第 t 期期初(或第 $t-1$ 期期末)部门 i 的企业受到的资本质量冲击（Gertler & Karadi，2011；Gertler et al.，2012），在此冲击下，企业第 t 期使用的有效资本为

$\varepsilon_{it}k_{it}$。为简化符号，企业水平的变量y_{it}、k_{it}、l_{it} 和 ε_{it} 没有用额外字母标注。

生产部门的全要素生产率受到技术冲击的影响，全要素生产率A_{it} 的运动方程如下：

$$\ln(A_{it}) = (1-\rho_{Ai})\ln(A_i) + \rho_{Ai}\ln(A_{it-1}) + \varepsilon_{Ait} \tag{5.7}$$

其中，A_i 表示稳态时部门 i 的全要素生产率，ρ_{Ai} 可以理解为部门 i 技术冲击的持续性，ε_{Ait} 可以理解为第 t 期对部门 i 的技术冲击，且 $\varepsilon_{Ait} \sim \mathcal{N}(0, \sigma_{Ai}^2)$，其中 σ_{Ai} 表示部门 i 技术冲击的标准差。

与 Buera & Moll（2015）和 Liu et al.（2020）的设定类似，企业首先选择需要的劳动 l_{it}，然后在期末观察到 ε_{it+1} 后，再决定资本的投入。这样的决策时序能够避免展开对不完全市场的讨论，有利于降低模型的复杂度（Angeletos，2007）。

企业在期初最大化问题的目标函数可以表示为：

$$\pi_{it} = \max_{l_{it}} \left[(1+\tau_i)P_{it}A_{it}G_t(\varepsilon_{it}k_{it})^{\alpha}(l_{it})^{1-\alpha} - w_t l_{it} \right] \tag{5.8}$$

其中，π_{it} 表示第 t 期的企业利润，P_{it} 是部门 i 产出的相对价格，w_t 是企业支付给工人的实际工资。τ_i 是政府部门的补贴率，其中 $\tau_s = \tau$ 和 $\tau_p = 0$。由（5.8）式可以求得企业的劳动需求为：

$$l_{it} = \left[\frac{(1+\tau_i)(1-\alpha)P_{it}A_{it}G_t}{w_t} \right]^{\frac{1}{\alpha}} \varepsilon_{it}k_{it} \tag{5.9}$$

将（5.9）式代入（5.8）式，得到企业第 t 期的利润为：

$$\pi_{it} = \left[(1+\tau_i)P_{it}A_{it}G_t \right]^{\frac{1}{\alpha}} \varepsilon_{it}r_t^k k_{it} \tag{5.10}$$

其中，r_t^k 衡量第 t 期的资本回报率：

$$r_t^k = \alpha\left(\frac{1-\alpha}{w_t}\right)^{\frac{1-\alpha}{\alpha}} \tag{5.11}$$

令企业在第 t 期拥有的存款为 d_{it}，背负的债务为 b_{it}，则第 t 期企业的实际净值可以表示为：

$$h_{it} = \pi_{it} + (1-\delta)k_{it} + \frac{R_t d_{it}}{P_t} - \frac{R_{it}b_{it}}{P_t} \tag{5.12}$$

其中，δ 表示资本的折旧率，R_t 为总利息率（与家庭部门一致），R_{it} 为部门 i 的总贷款利率。

为防止企业积累无限净值，假设企业在完成生产获得利润之后，但在尚未进行资本投资和借贷决策之前，有 θ^e 的概率退出市场（Liu et al.，2020）。如果企业退出市场，家庭部门将获得企业的清算价值。根据大数定律，部门 i 每期有 θ^e 比例的企业退出市场。为保持企业数量不变，假设每期有 θ^e 比例的新企业进入市场，而家庭部门为新进企业提供 h_{it}^0 的初始资金。

在第 t 期期末，企业在观测到资本质量冲击 ε_{it+1} 后选择下一期的资本投入 k_{it+1}，存款 d_{it+1} 和贷款 b_{it+1}。此时，企业最大化问题的目标函数为：

$$V_{it} = E_t \sum_{j=1}^{\infty} (1-\theta^e)^j \beta^j \frac{\lambda_{t+j}}{\lambda_t} h_{it+j} \qquad (5.13)$$

其中，V_{it} 表示第 t 期企业的市场价值，λ_t 是第 t 期家庭预算约束的拉格朗日乘子。企业所选择的资本投入 k_{it+1}，存款 d_{it+1} 和贷款 b_{it+1} 必须受到现金流的约束：

$$k_{it+1} + \frac{d_{it+1}}{P_t} - \frac{b_{it+1}}{P_t} \leqslant h_{it} \qquad (5.14)$$

此外，企业的实际可贷资金受到抵押品约束：

$$\frac{b_{it+1}}{P_t} \leqslant \theta^i h_{it} \qquad (5.15)$$

其中，θ^i 是贷款价值比（loan-to-value ratio）。与此同时，企业的实际存款必须大于等于零，且小于等于企业的实际净值：

$$0 \leqslant \frac{d_{it+1}}{P_t} \leqslant h_{it} \qquad (5.16)$$

从（5.12）式可知，第 t 期期末投资一单位资本带来的期望总回报率是 $a_{it+1} r_{t+1}^k \varepsilon_{it+1} + (1-\delta)$，其中 a_{it+1} 的表达式如下：

$$a_{it+1} = \left[(1+\tau_i) P_{it+1} A_{it+1} G_{t+1} \right]^{\frac{1}{\alpha}} \qquad (5.17)$$

另一方面，一单位存款带来的期望总回报率是 R_{t+1}/Π_{t+1}，一单位贷款的期望成本是 R_{it+1}/Π_{t+1}，其中 $\Pi_{t+1}=P_{t+1}/P_t$。因为企业期末的最优化问题（5.13）是线性的，所以若资本收益率低于存款收益率，则企业将把所有现金存入银行；若资本收益率高于存款收益率，但低于贷款成本，则企业将把所有现金用于资本投资；若资本收益率高于贷款成本，则企业不仅将把所有现金用于资本投资，还从银行尽可能贷入资金以用于资本投资。定义关于 ε_{it+1} 的两个关键阈值：

$$\underline{\varepsilon}_{t+1}^{i}=E_t\frac{R_{t+1}/\Pi_{t+1}-(1-\delta)}{a_{it+1}r_{t+1}^{k}}, \quad \overline{\varepsilon}_{t+1}^{i}=E_t\frac{R_{it+1}/\Pi_{t+1}-(1-\delta)}{a_{it+1}r_{t+1}^{k}} \quad (5.18)$$

由此，在给定 h_{it} 的情况下，企业在第 t 期期末的决策规则如下：

$$d_{it+1}=\begin{cases} P_t h_{it}, & \varepsilon_{it+1}\leqslant\underline{\varepsilon}_{t+1}^{i} \\ 0, & \underline{\varepsilon}_{t+1}^{i}<\varepsilon_{it+1} \end{cases} \quad (5.19)$$

$$b_{it+1}=\begin{cases} 0, & \varepsilon_{it+1}<\overline{\varepsilon}_{t+1}^{i} \\ \theta^i P_t h_{it}, & \overline{\varepsilon}_{t+1}^{i}\leqslant\varepsilon_{it+1} \end{cases} \quad (5.20)$$

$$k_{it+1}=\begin{cases} 0, & \varepsilon_{it+1}\leqslant\underline{\varepsilon}_{t+1}^{i} \\ h_{it}, & \underline{\varepsilon}_{t+1}^{i}<\varepsilon_{it+1}<\overline{\varepsilon}_{t+1}^{i} \\ (1+\theta^i)h_{it}, & \underline{\varepsilon}_{t+1}^{i}\leqslant\varepsilon_{it+1} \end{cases} \quad (5.21)$$

（二）部门加总

假设部门 i 企业分布在测度为"1"的连续统上，则资本质量冲击在部门 i 企业中的分布可以用资本质量冲击的累积分布函数表示。定义第 t 期部门 i 的有效资本存量为 $\widetilde{K}_{it}$，其表达式如下：

$$\widetilde{K}_{it}=\int_{-\infty}^{+\infty}\varepsilon_{it}k_{it}dF_i(\varepsilon_{it}) \quad (5.22)$$

其中，k_{it} 由（5.21）式给出。$F_i(\cdot)$ 表示部门 i 资本质量冲击的累积分布函数，不失一般性，假设其服从均值为 1 的帕累托分布：

$$F_i(\varepsilon_{it})=1-\left(\frac{\Omega_i}{\varepsilon_{it}}\right)^{\kappa_i} \quad (5.23)$$

其中，$\Omega_i > 0$，$\kappa_i > 1$，且 $\varepsilon_{it} \geqslant \Omega_i$。

对（5.9）式左右两边积分，得到部门 i 对劳动的总需求为：

$$L_{it} = \left[\frac{(1+\tau_i)(1-\alpha)P_{it}A_{it}G_t}{w_t} \right]^{\frac{1}{\alpha}} \widetilde{K}_{it} \qquad (5.24)$$

根据（5.9）式和（5.24）式，部门 i 劳动和有效资本的比值是固定的，因此部门 i 的总产出为：

$$Y_{it} = A_{it}G_t(\widetilde{K}_{it})^{\alpha}(L_{it})^{1-\alpha} \qquad (5.25)$$

部门 i 的总资本存量 K_{st}、总存款 D_{it}、总贷款 B_{it} 为：

$$K_{it} = \int_{-\infty}^{+\infty} k_{it} dF_i(\varepsilon_{it}), \ D_{it} = \int_{-\infty}^{+\infty} d_{it} dF_i(\varepsilon_{it}), \ B_{it} = \int_{-\infty}^{+\infty} b_{it} dF_i(\varepsilon_{it})$$
$$(5.26)$$

其中，k_{it}、d_{it} 和 b_{it} 分别由（5.21）式、（5.19）式和（5.20）式给出。

从而，部门 i 的净值运动方程为：

$$H_{it} = (1-\theta^e)\left[a_{it}r_t^k\widetilde{K}_{it} + (1-\delta)K_{it} + \frac{R_tD_{it}}{P_t} - \frac{R_{it}B_{it}}{P_t} \right] + \theta^e H_{it}^0 \qquad (5.27)$$

其中，H_{it} 和 H_{it}^0 分别是 h_{it} 和 h_{it}^0 在企业层面的加总，分别表示第 t 期部门 i 的总净值和家庭为部门 i 新进企业提供的初始资金总额。

四 商业银行

商业银行吸收来自家庭部门、政策扶持部门和市场部门的存款，并向政策扶持部门和市场部门提供信贷。由于金融摩擦的存在，商业银行对发放的贷款要求有一定的风险溢价，以覆盖可能的损失。商业银行第 t 期期末选择向政策扶持部门和市场部门发放的贷款金额 B_{st+1}、B_{pt+1}，以最大化实际利润：

$$\max_{B_{st+1}, B_{pt+1}} \begin{array}{l} E_t \dfrac{(R_{st+1}-1)B_{st+1}}{P_t} + \dfrac{(R_{pt+1}-1)B_{pt+1}}{P_t} \\[4mm] -\dfrac{(R_{t+1}-1)(D_{t+1}+d_{st+1}+D_{pt+1})}{P_t} - \mathcal{F}\left(\dfrac{B_{pt+1}}{P_t} + \dfrac{B_{st+1}}{P_t} \right) + \mathcal{F}_t \end{array} \qquad (5.28)$$

其中，$\mathcal{F}(\,\cdot\,)$ 是由金融摩擦引起的贷款成本，假设 $\mathcal{F}(x)=\xi x$，其中 ξ 衡量金融摩擦的程度。政府部门为政策扶持部门提供的隐性担保可以部分或完全覆盖政策扶持部门向商业银行贷款引起的金融摩擦，据此假设第 t 期政府部门提供隐性担保的成本是：

$$\mathcal{F}_t = (\xi - \xi_s)\frac{B_{st+1}}{P_t} \tag{5.29}$$

其中，$\xi_s \leqslant \xi$ 衡量政府提供隐性担保的程度。ξ_s 越小，商业银行对政策扶持部门所要求的利率溢价越低，从而反映政府部门提供的隐性担保程度越大。

商业银行还受到中央银行存款准备金率的约束。中央银行通常对大型银行设定高于中小型银行的存款准备金率，而市场部门主要从中小型银行获取信贷。为体现这种存款准备金率的差异，商业银行的资金约束可以写为：

$$\frac{B_{st+1}}{1-\zeta_s}+\frac{B_{pt+1}}{1-\zeta_p} \leqslant D_{t+1}+D_{st+1}+D_{pt+1} \tag{5.30}$$

其中，ζ_s 和 ζ_p 分别是对政策扶持部门发放贷款和对市场部门发放贷款要求的存款准备金率。商业银行将每期获得的利润转移给家庭部门。

五 公共品部门

公共品部门使用部分政策扶持部门的产出作为投入以生产公共品（郭长林，2018）。为使模型尽可能简洁，假设一单位政策扶持部门产品的投入可以带来一单位公共品产出。第 t 期公共品部门的产出可以表示为：

$$Y_t = G_{t+1}-(1-\delta_g)G_t \tag{5.31}$$

其中，所消耗的政策扶持部门产出数量为 $G_{t+1}-(1-\delta_g)G_t$。零利润条件表明，公共品价格与政策扶持部门产品价格是相等的。

六 民用品部门

民用品部门使用政策扶持部门余下产出和市场部门全部产出作

为投入以生产民用品。第 t 期可供民用品部门使用的政策扶持部门产出为：

$$\widetilde{Y}_{st} = Y_{st} - [G_{t+1} - (1-\delta_g) G_t] \qquad (5.32)$$

假设民用品部门企业分布在测度为"1"的连续统上，第 z 个企业的生产函数为：

$$Y_t(z) = \left[\phi(\widetilde{Y}_{st}(z))^{\frac{\sigma-1}{\sigma}} + (1-\phi)(Y_{pt}(z))^{\frac{\sigma-1}{\sigma}}\right]^{\frac{\sigma}{\sigma-1}} \qquad (5.33)$$

其中，ϕ 衡量政策扶持部门的产品比例，σ 是政策扶持部门产品和市场部门产品之间的替代弹性。$Y_t(z)$ 是企业 z 的产出，$\widetilde{Y}_{st}(z)$ 是企业 z 使用的政策扶持部门产品，$Y_{pt}(z)$ 是企业 z 使用的市场部门产品。

企业 z 在（5.33）式的约束下最小化成本 $P_{st}\widetilde{Y}_{st}(z) + P_{pt}Y_{pt}(z)$。求解企业的成本最小化问题可以得到：

$$\widetilde{Y}_{st}(z) = \left[\phi^\sigma P_{st}^{1-\sigma} + (1-\phi)^\sigma P_{pt}^{1-\sigma}\right]^{\frac{\sigma}{1-\sigma}} \left(\frac{\phi}{P_{st}}\right)^\sigma Y_t(z) \qquad (5.34)$$

$$Y_{pt}(z) = \left[\phi^\sigma P_{st}^{1-\sigma} + (1-\phi)^\sigma P_{pt}^{1-\sigma}\right]^{\frac{\sigma}{1-\sigma}} \left(\frac{1-\phi}{P_{pt}}\right)^\sigma Y_t(z) \qquad (5.35)$$

以及第 t 期企业的边际成本：

$$MC_t = \left[\phi^\sigma P_{st}^{1-\sigma} + (1-\phi)^\sigma P_{pt}^{1-\sigma}\right]^{\frac{1}{1-\sigma}} \qquad (5.36)$$

注意 MC_t 与 z 无关。

对（5.34）式和（5.35）式左右两边加总可以得到：

$$\widetilde{Y}_{st} = \phi^\sigma \left(\frac{P_{st}}{MC_t}\right)^{-\sigma} Y_t \qquad (5.37)$$

$$Y_{pt} = (1-\phi)^\sigma \left(\frac{P_{pt}}{MC_t}\right)^{-\sigma} Y_t \qquad (5.38)$$

根据（5.34）式、（5.35）式、（5.37）式和（5.38）式，政策扶持部门和市场扶持部门的产品投入之比与 z 无关，因此第 t 期民用品部门的总产出可以表示为：

$$Y_t = \left[\phi(\widetilde{Y}_{st})^{\frac{\sigma-1}{\sigma}} + (1-\phi)(Y_{pt})^{\frac{\sigma-1}{\sigma}}\right]^{\frac{\sigma}{\sigma-1}} \qquad (5.39)$$

七　零售部门

零售部门从民用品部门购买产品，并将民用品部门每个企业生产的产品 z 进行差异化后销售。零售部门的产出由下式给出：

$$\Gamma_t = \left[\int_0^1 Y_t(z)^{\frac{\epsilon-1}{\epsilon}} dz \right]^{\frac{\epsilon}{\epsilon-1}} \tag{5.40}$$

其中， ϵ 为替代弹性，表示不同民用品企业生产产品的差异化程度。

令 P_t 表示零售部门对合成产品 Γ_t 制定的价格，它也代表着一般价格水平。同时，令 $P_t(z)$ 表示民用品部门企业 z 制定的出厂价格。从零售部门的利润最大化问题中可以得到：

$$Y_t(z) = \left(\frac{P_t(z)}{P_t} \right)^{-\epsilon} \Gamma_t \tag{5.41}$$

此外，零售部门的零利润条件意味着如下的价格指数：

$$P_t = \left[\int_0^1 P_t(z)^{1-\epsilon} dz \right]^{\frac{1}{1-\epsilon}} \tag{5.42}$$

民用品部门企业遵循 Calvo（1983）定价方式制定其对零售部门的价格，即每一期民用品生产企业只有 $1-\theta$ 的概率可以重新制定销售价格 $P_t(z)$。相应地，每一期企业有 θ 的概率不能调整价格。因此，企业制定价格的平均持续时间为 $1/(1-\theta)$。

当可以重新制定销售价格时，民用品部门企业 z 最大化其不能调整价格期间的预期利润，即：

$$\max_{P_t(z)} E_t \sum_{j=0}^{\infty} (\beta\theta)^j \frac{\lambda_{t+j}}{\lambda_t} \left(\frac{P_t(z)}{P_{t+j}} - MC_{t+j} \right) Y_{t+j}(z) \tag{5.43}$$

其中， $Y_{t+j}(z)$ 由下式给出：

$$Y_{t+j}(z) = \left(\frac{P_t(z)}{P_{t+j}} \right)^{-\epsilon} \Gamma_{t+j} \tag{5.44}$$

求解（5.43）式可以得到企业 z 制定的价格为：

$$P_t^* = \frac{\epsilon}{\epsilon-1} \frac{E_t \sum_{j=0}^{\infty} (\beta\theta)^j \lambda_{t+j} MC_{t+j} \Gamma_{t+j} P_{t+j}^{\epsilon}}{E_t \sum_{j=0}^{\infty} (\beta\theta)^j \lambda_{t+j} \Gamma_{t+j} P_{t+j}^{\epsilon-1}} \tag{5.45}$$

注意 P_t^* 与 z 无关。

一方面，对（5.45）式进行一阶泰勒展开可以得到标准的新凯恩斯主义菲利普斯曲线。另一方面，（5.45）式也可以通过构造辅助变量 g_t^1 和 g_t^2 写成如下的递归形式，以消去加总符号：

$$g_t^1 = \lambda_t MC_t \Gamma_t + E_t \beta\theta \Pi_{t+1}^{\epsilon} g_{t+1}^1 \tag{5.46}$$

$$g_t^2 = \lambda_t \Pi_t^* \Gamma_t + E_t \beta\theta \left(\frac{\Pi_t^*}{\Pi_{t+1}^*}\right) \Pi_{t+1}^{\epsilon-1} g_{t+1}^2 \tag{5.47}$$

$$\epsilon g_t^1 = (\epsilon-1) g_t^2 \tag{5.48}$$

其中，$\Pi_t^* = P_t^*/P_t$。

考虑 Calvo 定价方式后，（5.42）式可以表示为：

$$1 = \theta\Pi_t^{\epsilon-1} + (1-\theta)(\Pi_t^*)^{1-\epsilon} \tag{5.49}$$

对（5.41）式左右两边进行加总，可以得到零售部门的产出与民用品总产出之间的关系为：

$$\Gamma_t = \frac{Y_t}{v_t} \tag{5.50}$$

其中，v_t 衡量离散价格所带来的效率损失，由下式给出：

$$v_t = \theta\Pi_t^{\epsilon} v_{t-1} + (1-\theta)(\Pi_t^*)^{-\epsilon} \tag{5.51}$$

对 v_t 进行一阶泰勒展开可以发现其值约等于 1。

八　中央银行

根据 Chen et al.（2018）的经验研究，中国人民银行主要是以广义货币供应量作为中间目标，实现价格稳定和潜在 GDP 增长率。因此，相比泰勒规则，货币数量规则更贴近中国人民银行的货币政策实践。与 Chang et al.（2019）类似，本节设定如下的数量型货币政策规则：

$$\ln\left(\frac{\mu_t}{\mu}\right) = \psi_\pi \ln\left(\frac{\Pi_t}{\Pi}\right) + \psi_y \ln\left(\frac{\omega_t}{\omega}\right) + \varepsilon_{mt} \qquad (5.52)$$

其中，μ 是稳态的实际货币供应量增长率，Π 是稳态的通货膨胀率（目标通货膨胀率），ω 是稳态的 GDP 增长率，ψ_π 衡量中央银行对偏离通货膨胀目标做出的货币政策反应，ψ_y 衡量中央银行对偏离 GDP 增长率目标做出的货币政策反应，ε_{mt} 表示货币政策冲击且 $\varepsilon_{mt} \sim \mathcal{N}(0, \sigma_m^2)$，其中 σ_m 表示货币政策冲击的标准差。μ_t 和 ω_t 分别是第 t 期实际货币供应量增长率和 GDP 增长率，它们的表达式如下：

$$\mu_t = \frac{m_t^s}{m_{t-1}^s} \qquad (5.53)$$

$$\omega_t = \frac{\mathrm{GDP}_t}{\mathrm{GDP}_{t-1}} \qquad (5.54)$$

其中，$m_t^s = M_{t+1}^s / P_t$ 是第 t 期期末的实际货币供应量，M_{t+1}^s 是第 t 期期末的名义货币供应量。

此外，中央银行还决定商业银行的存款准备金率。中央银行发行货币获得的铸币税收入归家庭部门所有。

九　加总

经济体中的实物资本投资由下式给出：

$$I_t = K_{st+1} + K_{pt+1} - (1-\delta)(K_{st} + K_{pt}) \qquad (5.55)$$

经济体中的公共品投资由下式给出：

$$I_{gt} = P_{gt}[G_{t+1} - (1-\delta_g)G_t] \qquad (5.56)$$

经济体的 GDP 可以定义为：

$$\mathrm{GDP}_t = C_t + C_{gt} + I_t + I_{gt} \qquad (5.57)$$

劳动市场出清意味着：

$$L_t = L_{st} + L_{pt} \qquad (5.58)$$

货币市场出清意味着：

$$M_t^s = M_t + (D_t + D_{st} + D_{pt}) \qquad (5.59)$$

把各部门的预算约束相加可以得到第 t 期经济体的资源约束：

$$C_t + C_{gt} + I_t + I_{gt} = \Gamma_t + P_{gt} \Upsilon_t - \mathcal{F} \left(\frac{B_{pt+1}}{P_t} + \frac{B_{st+1}}{P_t} \right) \tag{5.60}$$

定义第 t 期经济体的全要素生产率为：

$$\text{TFP}_t = \frac{\Gamma_t + P_{st} \Upsilon_t}{G_t (K_{st} + K_{pt})^\alpha L_t^{1-\alpha}} \tag{5.61}$$

最后，定义第 t 期总的资本回报率如下：

$$R_t^C = \frac{(P_{st} Y_{st} + P_{pt} Y_{pt}) - w_t L_t}{K_{st} + K_{pt}} + (1 - \delta) \tag{5.62}$$

第二节　数值模拟

为贴合中国经济实际运行情况，本节将根据现有相关文献和中国经济相关数据对第一节构建的模型进行数值求解，并研究在新二元经济视角下，不同外生冲击或参数取值带来的影响。然后，我们进行政策实验模拟，进一步厘清信贷歧视、产出补贴和隐性担保对新二元经济资源配置的影响。本节少部分参数的校准值与第三章第二节对应参数校准值相同，为使本章相对完整和独立，本节仍然具体说明各参数的校准方式和结果。

一　参数校准

模型包含八个部分参数需要校准。一是影响家庭部门决策的参数，包括：家庭部门折现因子 β，衡量劳动所带来负效用的参数 χ，逆 Frisch 劳动供给弹性 η 和衡量持有货币所带来效用的参数 ν。二是影响政府部门决策的参数，包括：政府部门折现因子 β_g，政府官员对政治晋升重视程度的稳态值 γ，存量公共品折旧率 δ_g，政府部门向政策扶持部门提供的补贴率 τ 和稳态时政府税收收入占 GDP 的比重 ϑ。三是影响新二元部门决策的参数，包括：资本收入份额 α，资本折旧率 δ，每期企业退出市场的概率 θ^e，稳态时政策扶持部门的全

要素生产率 A_s，稳态时市场部门的全要素生产率 A_p，政策扶持部门的贷款价值比 θ^s，市场部门的贷款价值比 θ^p 和资本质量冲击累积分布函数的参数 Ω_s、Ω_p、κ_s 和 κ_p。四是影响商业银行部门决策的参数，包括：衡量金融摩擦程度的参数 ξ，衡量政府部门为政策扶持部门提供隐性担保程度的参数 ξ_s，对政策扶持部门发放贷款所要求的存款准备金率 ζ_s 和对市场部门发放贷款所要求的存款准备金率 ζ_p。五是影响民用品部门决策的参数，包括：衡量政策扶持部门产品相对比例的参数 ϕ 和政策扶持部门产品和市场部门产品之间的替代弹性 σ。六是零售部门的参数，包括：不同零售商品之间的替代弹性 ϵ 和每一期企业不能调整其销售价格的概率 θ。七是刻画中央银行数量型货币政策规则的参数，包括：衡量中央银行对偏离通货膨胀目标所做出货币政策反应的参数 ψ_π，衡量中央银行对偏离潜在 GDP 增长率所做出货币政策反应的参数 ψ_y，稳态的实际货币供应量增长率 μ，目标通货膨胀率 Π 和潜在 GDP 增长率 ω。八是冲击持续性的参数，包括：政策扶持部门技术冲击持续性的参数 ρ_{As}，政策扶持部门技术冲击的标准差 σ_{As}，市场部门技术冲击持续性的参数 ρ_{Ap}，市场部门技术冲击的标准差 σ_{Ap} 和货币政策冲击的标准差 σ_m。

模型每一期代表一个季度。目标通货膨胀率 Π 被设定为 1.005，这意味着年度目标通货膨胀率为 2%。对于家庭部门参数，为使年度利率约为 4%，家庭部门的折现因子 β 被设定为 0.995。根据已有的实证研究，逆 Frisch 劳动供给弹性 η 被设定为 2，这意味着 Frisch 劳动供给弹性为 0.5，表明工资上升 1%，劳动供给上升 0.5%。劳动禀赋被单位化为 1。为使均衡的劳动时间为劳动禀赋的 1/3，衡量劳动所带来负效用的参数 χ 被校准为 18.94，这与已有文献的取值基本一致。根据中国人民银行公布的货币供应量数据，流通现金约占货币和准货币（即 M2）的 5%，据此本节把衡量持有货币所带来效用的参数 ν 校准为 0.0009，这一方法与 Chang et al.（2019）采用的校准方法相同。

对于政府部门参数，政府部门折现因子 β_g 被设为 0.95，小于家庭部门折现因子 β，意味着在政治晋升锦标赛背景下，官员相对倾向

于关注短期利益。根据 Bai et al.（2016）的测算，在 2014 年和
2015 年，中国地方政府把 22% 通过表外融资获得的资金花在了基础
设施建设上，剩下 78% 的资金花在了本质上属于私人领域的商业项
目上。据此，政府官员对仕途重视程度的稳态值 γ 被校准为 1.37，
从而使得政府官员对公共品的购买量占政策扶持部门产出的 22%。
根据金戈（2012）的研究，中国基础设施的年度折旧率为 9.2%，据
此本节设定存量公共品的季度折旧率 δ_g 为 2.3%。政府部门向政策扶
持部门提供的补贴率 τ 被设定为 5%。根据国家统计局数据，财政收
入占 GDP 的比重约为 20%，据此本节设定稳态时政府税收收入占
GDP 的比重 ϑ 为 20%。

对于新二元部门参数，资本收入份额 α 被设定为 0.5，这与中国
各省份按收入法核算的 GDP 数据基本一致，也符合 Brandt et al.
（2008）和 Zhu（2012）等学者的研究。张军等（2004）以及龚六堂
和谢丹阳（2004）等学者对中国年度物质资本折旧率的估计值为
10% 左右，据此本节设定季度资本折旧率 δ 为 2.5%。每期企业退出
市场的概率 θ^e 被设定为 6%，意味着企业平均存活约 4 年，位于
Chang et al.（2019）设定的国有企业存活年限和私人企业存活年限
之间。稳态时政策扶持部门的全要素生产率 A_s 被标准化为 1。现有
文献虽然没有对政策扶持部门和市场部门之间的全要素生产率差异
进行研究，但是对国有部门和私人部门之间的全要素生产率差异研
究得较为充分，本节使用国有部门和私人部门之间的全要素生产率
差异作为新二元部门全要素生产率差异的近似。Hsieh & Klenow
（2009）发现，国有企业的全要素生产率比民营企业低 30%，据此本
节设定稳态时市场部门的全要素生产率 A_p 为 1.42，这与 Chang et al.
（2019）的设定一致。根据 Liu et al.（2020）的研究，政策扶持部
门的贷款价值比 θ^s 被设定为 0.504，市场部门的贷款价值比 θ^p 被设定
为 0.279，前者约是后者的二倍，意味着当政策扶持部门和市场部门
提供相同价值的抵押物时，政策扶持部门可从银行获取的资金约是市
场部门的三倍，两者之间的差距衡量了中国金融市场信贷歧视的程

度。政策扶持部门的资本质量冲击累积分布函数的参数 κ_s 被设定为 1.8，从而在均值为 1 的假设下，$\Omega_s = (\kappa_s - 1)/\kappa_s = 0.4444$；市场部门的资本质量冲击累积分布函数的参数 κ_p 被设定为 1.7，从而在均值为 1 的假设下，$\Omega_p = (\kappa_p - 1)/\kappa_p = 0.4118$。资本质量冲击累积分布函数的参数设定意味着在稳态处约 82% 的市场部门企业处于正常经营状态，而约 77% 的政策扶持部门企业处于正常经营状态，但是约 42% 正常经营的市场部门企业无法从银行中获得贷款，只能依靠自身盈余积累，而仅约 8% 正常经营的政策扶持部门企业无法从银行中获得贷款①。

对于商业银行部门参数，根据近年中国人民银行对大型银行的存款准备金率和对中小型银行的存款准备金率的要求，本节设定对政策扶持部门发放贷款所要求的存款准备金率 ζ_s 为 13%，设定对市场部门发放贷款所要求的存款准备金率 ζ_p 为 12%。衡量金融摩擦程度的参数 ξ 被设定为 1%，这意味着市场部门从商业银行贷款的年利率约为 8.6%，比 4% 的存款年利率高出 4.6%。假设政府部门为政策扶持部门提供的隐性担保能够完全覆盖金融摩擦所带来的贷款利率溢价，从（5.29）式可知，这意味着 ξ_s 被设定为 0。由此得到政策扶持部门从商业银行贷款的年利率约为 4.6%，比 4% 的存款年利率高出 0.6%。政策扶持部门和市场部门的贷款利率差异与 Liu et al.（2020）的校准结果接近。

对于民用品部门的参数，政策扶持部门产品和市场部门产品之间的替代弹性 σ 被设定为 3，这与 Chang et al.（2016）的实证研究接近，这一取值也为 Chang et al.（2019）所采用。为使政策扶持部门与市场部门的产值之比为 40%，衡量政策扶持部门产品相对比例的参数 ϕ 被校准为 0.44，这与 Chang et al.（2019）取 0.45 的结果接近，而 40% 的产值比例也被 Liu et al.（2020）在校准时使用。

---

① 通过事先设定正常经营企业比例和能够获取贷款企业比例来校准资本质量冲击累积分布函数的参数不太具备可行性，这是因为参数求解受到分布的均值等于 1 的约束，且求解的等式为复杂非线性方程。现有参数设定得到的结果能较好反映市场部门融资困难的现实情况。

对于零售部门参数，本节采用新凯恩斯主义 DSGE 模型常见的参数设定。不同零售商品之间的替代弹性 ϵ 被设定为 10，从而使得零售商品的价格加成率为11%，这符合 Basu & Fernald（1997）的研究结果。每一期企业不能调整其销售价格的概率 θ 被设定为 0.66，从而使得企业不能调整价格的平均期限为三个季度，符合已有文献的研究和设定。

对于中央银行部门参数，根据 Chen et al.（2018）得到的货币政策规则，本节将衡量中央银行对偏离通货膨胀目标所做出的货币政策反应的参数 ψ_π 设定为-0.65，将衡量中央银行对偏离潜在 GDP 增长率所做出的货币政策反应的参数 ψ_y 设定为 0.30。季度目标通货膨胀率 Π 被设定为 1.005，从而使得年度目标通货膨胀率为 1.02。模型不考虑趋势增长，因此把稳态实际货币供应量增长率 μ 和 GDP 增长率目标 ω 均设定为 1。不考虑趋势增长得到的模型结果与给定外生经济体增长率得到的模型结果是一致的。

对于持续性冲击的参数，即政策扶持部门技术冲击持续性的参数 ρ_{As}，市场部门技术冲击持续性的参数 ρ_{Ap}，本节统一设定为 0.9。此外，还有（5.52）式中的货币政策冲击。三种不同冲击的标准差 σ_{As}、σ_{Ap} 和 σ_m 均被设定为 0.01，但合理的标准差取值不会对得到的脉冲响应函数走向产生根本性影响[①]。

二　货币政策冲击

图 5.1 展示了宽松货币政策冲击产生的脉冲响应。本节考虑了三种不同的情形，分别是基准情形，去除对市场部门抵押品约束歧视的情形（去除信贷歧视，$\theta^s = \theta^p = 0.504$），去除政府部门对政策扶持部门产出补贴和隐性担保的情形（去除政府补贴和担保，$\tau = 0$ 和 $\xi_s = \xi = 1\%$），和去除信贷歧视、产出补贴和隐性担保的情形（不存

[①]　Chang et al.（2019）也对冲击的标准差设定为 0.01，对冲击持续性的参数设定为 0.9。

在扭曲，$\theta^s = \theta^p = 0.504$、$\tau = 0$ 和 $\xi_s = \xi = 1\%$）。

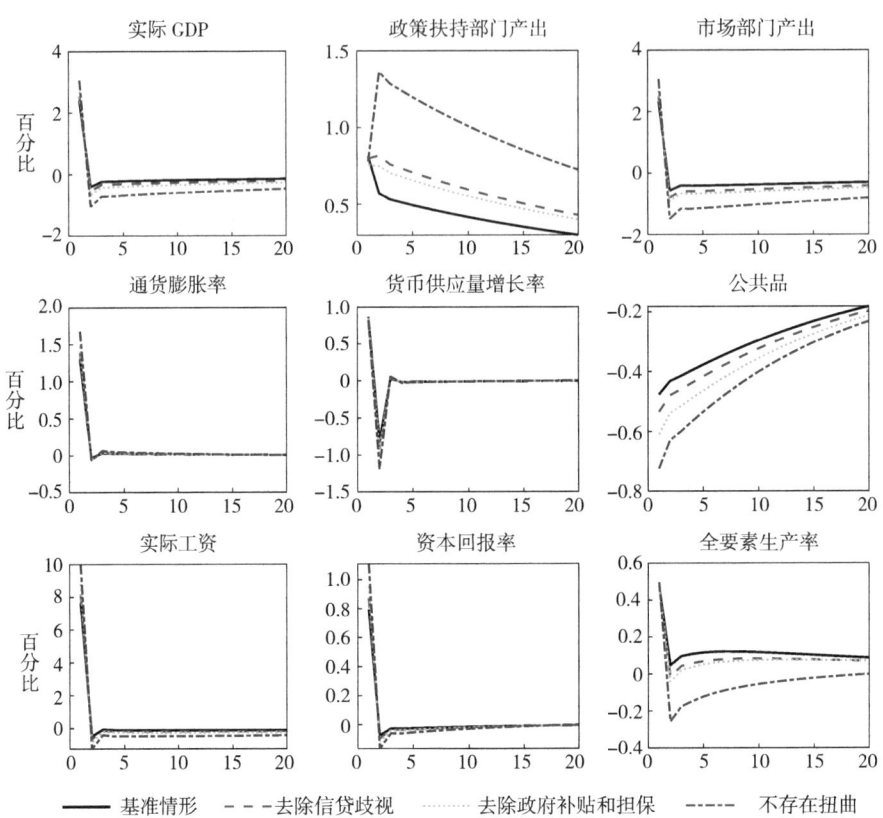

图5.1　货币政策非对称传导中的货币政策冲击脉冲响应

（一）基准情形下的资源配置效应

宽松货币政策冲击产生了非预期的偏向政策扶持部门的效果。虽然宽松货币政策冲击短期内提高了实际 GDP、政策扶持部门产出和市场部门产出，但是长期而言，宽松货币政策冲击会降低实际 GDP 和市场部门产出。然而，宽松货币政策冲击能够带来较长时期的政策扶持部门产出的增加。也就是说，宽松货币政策冲击会系统性偏好政策扶持部门。

具体而言，在短期，宽松货币政策冲击意味着中央银行增加基础货币的投放，使得短期内货币供应量增长率大幅上升，同时也使经济体出现一定程度上的通货膨胀。因为市场中的货币供应量增加，政策扶持部门和市场部门可以从商业银行获得更多的贷款，所以这两个部门会借入更多资金扩大生产规模，导致政策扶持部门和市场部门都出现产出的大幅上升。与此同时，借贷利率的下降使得各部门企业面对资本质量冲击时更有可能选择生产，而非单纯进行储蓄。因为市场部门企业的全要素生产率要比政策扶持部门企业的全要素生产率更高，所以更多市场部门企业选择投入到生产活动中，使得市场部门总产出有较大的增长。与此同时，虽然更多政策扶持部门企业投入到生产活动中也使得政策扶持部门总产出增加，但是因为该部门企业的全要素生产率较低，政策扶持部门总产出增加的幅度并没有市场部门那么大。

给定当期资本存量，更多企业参与生产活动提高了有效资本的使用，带来总产出增加的同时也使得经济体中的全要素生产率得到了提升。政策扶持部门和市场部门扩大产出必然增加对资本和劳动的需求，这反映为短期内实际工资水平和资本回报率出现大幅上升。一方面，因为信贷供给随着货币供应量的增加而增加，而信贷的用途之一便是支撑下一期的实物资本投资，所以资本回报率的上升幅度较实际工资的上升幅度小。另一方面，经济体中总的劳动供给则是给定的，所以对劳动需求的增加使得实际工资水平出现较大幅度的上涨。公共品供给出现了一定程度下降，这是因为市场部门产出的大幅增加带动了相当一部分政策扶持部门产品用于生产民用品，从而减少了用于生产公共品的那部分政策扶持部门产出。此外，一般价格水平的上升也推动了政策扶持部门和市场部门产品相对价格的上升，这使得政府部门在一定程度上减少对公共品的投资。

在中长期，因为通货膨胀率出现了大幅度上升，为防止经济过热，中央银行在数量型货币政策规则的指导下，会选择降低货币供应量。此时，通货膨胀率得以有效降低，并很快回归到目标通货膨胀率。然而，降低货币供应量会导致信贷市场收缩，从而引起市场部门产出出现较大幅度下滑，而政策扶持部门相比稳态产出水平仍有一定上升。背后原因在于市场部门的全要素生产率高于政策扶持部门，且市场部门和政策扶持部门处于正常经营状态的企业比例并不相同。市场部门中处于正常经营状态的企业比例要高于政策扶持部门中的企业比例，相应地，政策扶持部门中仅进行存款而非生产产品的企业比例要高于市场部门中的企业比例。货币政策冲击导致短期出现的信贷扩张同时提高了市场部门和政策扶持部门中正常生产经营的企业比例，但是市场部门正常生产经营的企业比例的提高程度要高于政策扶持部门。

中期出现的信贷收缩抬高了企业借款利率，使得市场部门中有一部分企业无法维持生产状态，转而把企业的现金用于储蓄。对于政策扶持部门而言，因为原本正常生产的企业比例相对较低，且相对较低的全要素生产率限制了该部门在信贷增长时的扩张规模，所以在面临信贷收缩时，政策扶持部门反而受到的影响要小于市场部门。传导到民用品生产部门时，因为市场部门的产出突然出现较大幅度的下滑，所以民用品部门选择增加对政策扶持部门产出的需求以替代部分市场部门产品。这反过来又阻止了政策扶持部门产出出现大幅下滑。同时，政策扶持部门生产的产品得以更多配置到公共品生产部门，从而促进公共品的资本形成，公共品供给下降的趋势得到了缓解。在中长期，政策扶持部门维持一定程度的扩张（产出高于稳态），而市场部门维持一定程度的收缩（产出低于稳态），导致对资本和劳动的总需求基本维持稳定，所以，实际工资水平和资本回报率基本维持在稳态的水平。全要素生产率在中期大幅回落，但在长期仍然稍稍高于稳态水平，这是因为虽然民用品部门的资源配置数量出现一定程度下降，但是更多政策扶持部门产出用于生产公共品可以减少扭曲，而公共品部门不存在 CES 加总带来的效率损失。在中长期，实际 GDP 下降到稍低于稳态的水平，这是因为占经济体产出份额较大的市场部门产出在中长期持续低于稳态水平。

（二）潜在改革下的资源配置效应

当去除信贷歧视，或去除政府补贴和隐性担保，或不存在扭曲时，从图 5.1 可以发现，宽松货币政策冲击对货币供应量增长率、通货膨胀率、实际 GDP、实际工资水平和资本回报率带来的影响与基准情形基本一致，但对政策扶持部门产出和市场部门产出的影响则存在一定差异。

从第一期看，去除信贷歧视，或去除政府补贴和隐性担保，或不存在扭曲时，政策扶持部门和市场部门产出增加的程度与基准情形基本一致。从中长期看，当仅去除信贷歧视时，政策扶持部门产出增加的幅度要稍高于基准情形，而市场部门产出减少的程度也要稍高于基准情形。这是因为当去除信贷歧视时，市场部门和政策扶持部门在向商业银行贷款时面临相同的贷款价值比，因此当宽松货币政策冲击降低了贷款利率时，市场部门有更高比例的企业参与生产活动。与此同时，市场部门能够从商业银行中获得的贷款也更多。而在中期，中央银行为降低经济体中的通货膨胀率而实施紧缩货币政策以减少货币供应量时，金融市场中的贷款利率会升高，这造成了市场部门中正常生产的企业比例较大幅度下降。换而言之，当政策扶持部门仍受到政策性优惠时，市场部门在消除信贷歧视后具有较强的吸引信贷的能力，而在边际上，市场部门中的企业参与正常生产的比例较高，所以当货币政策在较短时期内从宽松转为紧缩时，就容易导致市场部门的产出出现超调现象。

在中长期，因为市场部门的产出下降相对较多，民用品部门转而使用更多政策扶持部门的产品进行民用品生产。需求增加使得政策扶持部门产出的增加幅度要超过基准情形。但是，因为政策扶持部门的产出较多用在了民用品部门，用于生产公共品的部分反而有所下降，使得公共品供给出现一定程度的下降。在中长期，经济体总的全要素生产率下降程度要大于基准情形，原因是具有较高全要素生产率的市场部门产出下降程度要大于基准情形。对于实际 GDP 而言，政策扶持部门产出和市场部门产出一增一减，使实际 GDP 的变化趋势与基准情形基本相同。

在中长期，当去除政府部门对政策扶持部门的产出补贴和隐性担保后，可以发现，政策扶持部门和市场部门的产出接近于基准情形。这说明如果考虑货币因素，那么单纯去除政策性优惠对主要经济变量的影响不会很大。背后原因是政府部门取消对政策扶持部门的隐性担保后，政策扶持部门从商业银行借款将面临更高的贷款利率，这限制了政策扶持部门在宽松货币政策实施期间扩大生产规模的能力。市场部门扩大生产的能力虽然比基准情形强，但是仍然受限于抵押品约束。因此，为防止经济过热，当货币政策在中期从宽松转为紧缩时，政策扶持部门和市场部门的产出都会回落。

在中长期，当同时去除信贷歧视和政策性优惠后，可以发现，货币政策偏向政策扶持部门的特征更为明显。在既无信贷歧视，又无政府对政策扶持部门的补贴和担保时，市场部门扩大生产的能力得到了充分发挥。在这种情况下，当面临宏观货币政策的转向时，更多市场部门的边际企业会退出生产，从而造成市场部门产出的大幅下降。从图 5.1 可以发现，腾出来的资源被政策扶持部门所使用，其产出得到了更大程度的增长。

三 政策扶持部门技术冲击

图 5.2 展示了正向政策扶持部门技术冲击所产生的脉冲响应。本节考虑了三种不同的情形，分别是基准情形，去除对市场部门抵押品约束歧视的情形（去除信贷歧视，$\theta^s = \theta^p = 0.504$），去除政府部门对政策扶持部门产出补贴和隐性担保的情形（去除政府补贴和担保，$\tau = 0$ 和 $\xi_s = \xi = 1\%$），和去除信贷歧视、产出补贴和隐性担保的情形（不存在扭曲，$\theta^s = \theta^p = 0.504$、$\tau = 0$ 和 $\xi_s = \xi = 1\%$）。

（一）基准情形下的资源配置效应

从图 5.2 可以发现，正向政策扶持部门技术冲击可以提高政策扶持部门的全要素生产率，从而增加政策扶持部门产出，但是政策扶持部门产出的增加不具有持续性。受到公共品供给水平提升

的影响，市场部门的生产率得到提高，其产出呈先下降后上升的
趋势。综合而言，正向的政策扶持部门技术冲击使得实际 GDP 略
有上涨。

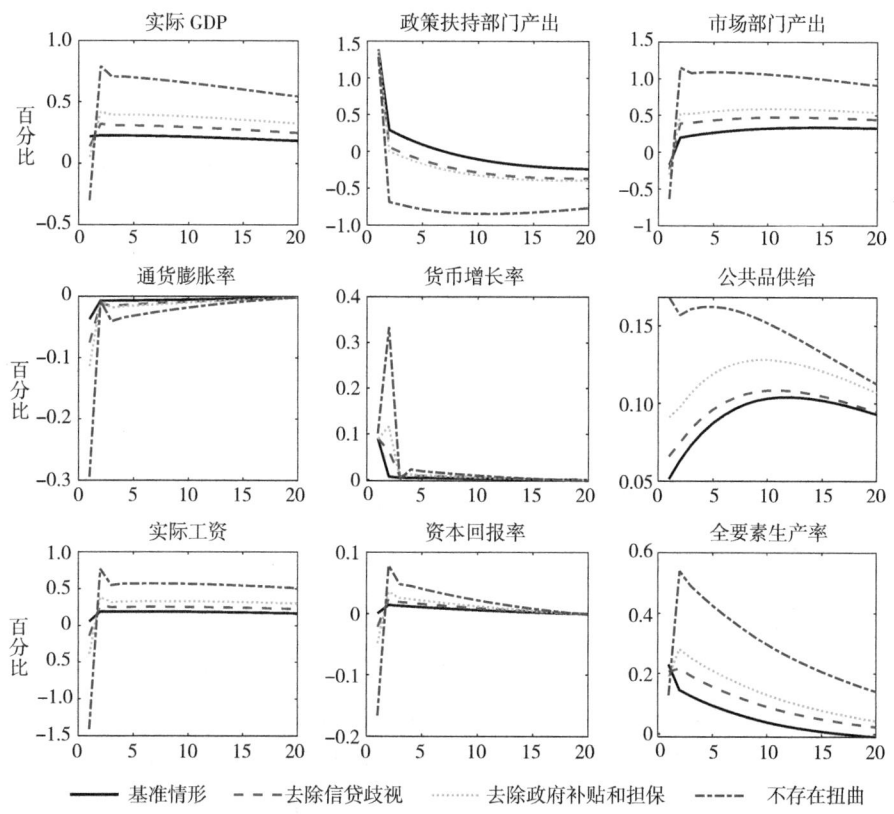

图5.2　货币政策非对称传导中的政策扶持部门技术冲击脉冲响应

　　具体而言，在短期，正向政策扶持部门技术冲击直接提高政策
扶持部门的全要素生产率，这使得政策扶持部门选择雇佣更多的劳
动扩大当期生产，并增加对下一期资本的投资。可以发现，实际工
资水平和资本回报率都出现一定程度上升。相对而言，一部分资本
和劳动从市场部门流向政策扶持部门，这在一定程度上降低了市场
部门产出水平，但是因为市场部门占经济体的产出份额较大，所以

该部门产出下降的程度要小于政策扶持部门产出增加的程度。由于政策扶持部门效率的改善，经济体总的全要素生产率得以提高。与此同时，民用品部门增加了对政策扶持部门产品的使用，并实现了更高的民用品产出水平。最终消费品供给的增加使得一般价格水平出现了一定程度的下降。政策扶持部门产出的增加也使得公共品部门扩大其产出，带动了政府部门增加对公共品的投资，实现更高的公共品供给。因为民用品部门和公共品部门的产出都有所增加，所以实际 GDP 也出现一定程度的上升。对于中央银行而言，因为实际 GDP 的增加和通货紧缩都要求扩大货币供给，所以经济体中的货币供应量会上升。

在中长期，因为政策扶持部门全要素生产率的提高使得政府部门可以投资更多的公共品，进而增加经济体中的公共品供给，所以政策扶持部门和市场部门的生产效率都得到了提高。因为市场部门的全要素生产率仍然比政策扶持部门要高，所以公共品供给的增加将使市场部门在扩大生产的过程中对资本和劳动具有更强的吸纳能力。这使得一部分政策扶持部门中的资本和劳动流向市场部门，从而在一定程度上抑制政策扶持部门产出的增长，并促进市场部门产出的增长。此外，对资本和劳动需求的增加也导致稍高的实际工资水平和更高的资本回报率。要素收入的增加扩大了对最终产品的需求，抬高了一般价格水平，反映为通货膨胀率逐渐回归到稳态水平。随着公共品供给的增加，公共品带来产出效率的提升在生产中扮演越来越重要的角色。根据经济体总的全要素生产率定义［即（5.61）式］，这会使全要素生产率逐渐降低。虽然政策扶持部门技术冲击只出现在第一期，但是因为该技术冲击刺激了公共品的投资，实际 GDP 仍可以在中长期维持一定程度的扩张，并逐渐向稳态水平回落。中央银行因实际 GDP 的回落短暂实施紧缩型货币政策，收回短期投放的货币数量。然而，因为通货膨胀率逐渐回到稳态水平，实际 GDP 也较为平稳地向稳态水平靠拢，前者促进了货币的投放，后者约束了货币的投放，所以此后货币供应量的增长率也基本维持在稳态水平。

在长期，由于公共品供给持续增加，市场部门吸纳资本和劳动的能力强于政策扶持部门，政策扶持部门的产出甚至会逐渐降低至稳态水平之下。这说明政策扶持部门技术冲击虽然短期内较大幅度提高了政策扶持部门的产出，但长期却促使资源配置到更有效率的市场部门，反而降低了政策扶持部门的产出。因此，实际 GDP 仍然可以较长时间维持在稳态水平之上。

（二）潜在改革下的资源配置效应

当去除经济体中的信贷歧视后，短期内同样出现了政策扶持部门产出的增加和市场部门产出的下降。不同之处是短期内的实际工资水平和资本回报率均出现了一定程度的下降。背后原因如下：去除信贷歧视后，政策扶持部门获取信贷的能力相对减弱了，间接降低了政府部门承担的隐性担保成本，因而政府部门可以有更多的预算用于公共品投资，这使得资源倾向于配置到政策扶持部门，从而限制了实际工资和资本回报率的涨幅。与此同时，政策扶持部门技术冲击增强了该部门吸纳资本和劳动力的能力，但该部门的全要素生产率仍然要低于市场部门。两者共同作用使得实际工资水平和资本回报率短时间内出现一定程度的下降。尽管如此，实际 GDP 仍然得到了提高。

在中长期，在去除经济体信贷歧视的情形中，政策扶持部门产出增加的幅度要低于基准情况，而市场部门产出增加的幅度要高于基准情况。这背后仍是因为去除信贷歧视增加了市场部门的融资能力。在政府部门拥有更高的公共品投资额度时，市场部门可以从商业银行中获取更多的信贷资源以充分利用公共品供给增加所带来的生产效率优势，扩大自身产出。这同时也提高了经济体中的实际工资水平和资本回报率。由于资本和劳动被更多雇佣在市场部门，政策扶持部门的产出会逐渐下降，最终也出现了像基准情况那样的产出水平低于稳态水平的结果。由于市场部门产出增加的幅度相对较大，实际 GDP 的增长幅度也要高于基准情况。

当去除政府的补贴和担保后，可以发现，正向政策扶持部门技术冲击对主要经济变量的影响与去除信贷歧视的情况十分接近，而不会像基础模型或考虑垂直市场结构的模型那样有十分明显的差异。此时，虽然因为取消了对政策扶持部门的产出补贴和隐性担保，市场部门不能通过尽可能维持较高产出以削弱政策扶持部门通过产出补贴和隐性担保获得的优势，但是这一效应在引入货币因素后变得微弱，小于放松抵押品约束带来的影响。

当同时去除经济体中的信贷歧视和对政策扶持部门的政策性优惠后，短期内可以发现虽然政策扶持部门的产出增长幅度较大，但是市场部门的产出和实际 GDP 都出现较大幅度的下滑，从而也就拉低了实际工资和实际资本回报率。这是因为此时经济体的资源配置已然较有效率，且没有信贷歧视和政策性优惠，市场部门的产出份额较大，此时正向政策扶持部门技术冲击导致资源从效率较高的市场部门流向政策扶持部门，市场部门产出下降所带来的边际影响非常大，这就导致市场部门的产出出现明显下滑，进而导致实际 GDP 也出现明显下滑。

在中长期，因经济疲软引发了通货紧缩现象，中央银行选择增加货币供应量以使通货膨胀率回归到目标水平。货币政策的刺激使得市场部门借入资金以恢复生产，并引导实际工资、实际资本回报率、全要素生产率大幅上升，并拉动实际 GDP 增长。与此同时，政策扶持部门的产出因资本和劳动流向市场部门而相应下降。在此，正向政策扶持部门技术冲击所引发的货币政策调整没有带来偏向政策扶持部门的特征，一个很重要的原因是正向政策扶持部门技术冲击极大提高了经济体的公共品供给水平，因而能使具有较高生产效率的市场部门从中获取较大收益。

四　市场部门技术冲击

图 5.3 展示了正向市场部门技术冲击所产生的脉冲响应。本节考虑了三种不同的情形，分别是基准情形，去除对市场部门抵押品约

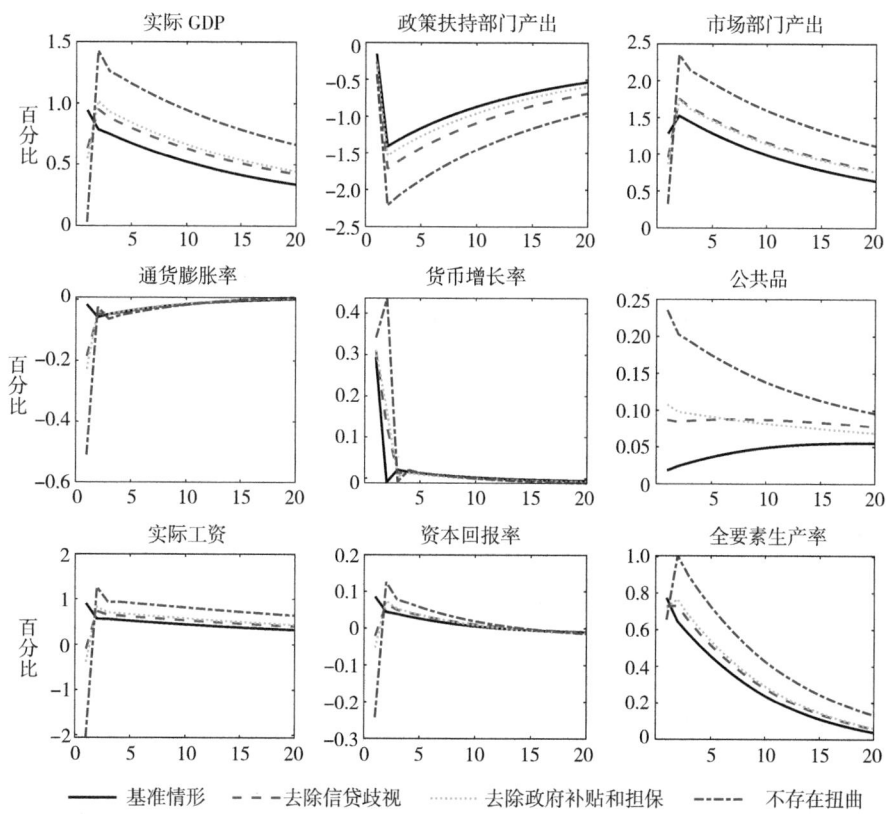

图 5.3　货币政策非对称传导中的市场部门技术冲击脉冲响应

束歧视的情形（去除信贷歧视，$\theta^s = \theta^p = 0.504$），去除政府部门对政策扶持部门产出补贴和隐性担保的情形（去除政府补贴和担保，$\tau = 0$ 和 $\xi_s = \xi = 1\%$），和去除信贷歧视、产出补贴和隐性担保的情形（不存在扭曲，$\theta^s = \theta^p = 0.504$、$\tau = 0$ 和 $\xi_s = \xi = 1\%$）。

（一）基准情形下的资源配置效应

对比图 5.2 和图 5.3 可以看出，在相同标准差的技术冲击下，市场部门技术冲击能比政策扶持部门技术冲击带来更高的实际 GDP，并推动实际工资水平和资本回报率较大幅度上涨。但是，市场部门技术冲击在长期并不能使政策扶持部门实现高于稳态水平的产出，而政策扶持部门技术冲击能增加市场部门的产出。

　　具体而言，在短期，正向市场部门技术冲击提高了市场部门的全要素生产率。因为市场部门占经济体总产出的比重较大，市场部门全要素生产率的增加使得该部门较大程度提高了对资本和劳动的需求，所以实际工资水平和实际资本回报率都出现了一定程度上升。政策扶持部门的资本和劳动一部分流向了市场部门，这会降低政策扶持部门的产出水平，但是由于当期资本已经由上一期决定了，短期内政策扶持部门产出下降的幅度有限。虽然民用品产出有所增加，但是由于要素收入特别是代表性家庭工资收入的增加幅度较大，对最终产品的需求随之上升，从而拉高了一般价格水平，导致一定程度的通货膨胀。相应地，对民用品消费需求的增加一定程度上挤出了公共品投资，降低了公共品供给。因为市场部门占总产出的份额较大，所以市场部门技术冲击使得经济体总的全要素生产率出现较大程度上涨，也推动实际 GDP 达到较高的增长率。虽然通货膨胀率有轻微上升，但是较高的实际 GDP 增长率还是促使中央银行增加货币供应量，以满足经济发展的货币需求。

　　在中长期，因市场部门技术冲击逐渐消失，市场部门的全要素生产率也逐渐回归到稳态水平，在这个过程中，市场部门的产出也逐渐下降。因为在第一期市场部门增加了对下一期资本的投资，这相应挤出了政策扶持部门的投资，导致政策扶持部门第一期对资本的投资下降。在中期，政策扶持部门因资本存量的下降而导致其产出水平有较大幅度的下降。但是，随着市场部门全要素生产率逐渐回落到稳态水平，政策扶持部门吸引资本和劳动的能力逐渐增强，所以在长期，政策扶持部门的产出水平逐渐向稳态水平靠拢。

　　与此同时，实际工资水平和资本回报率也逐渐回落。政策扶持部门产出的逐渐回升也带动了公共品生产，使得政府部门可以增加对公共品的投资，推动公共品供给的增长。由于市场部门产出的下降，民用品部门生产的最终产品也出现了下降。然而，因为要素收入下降程度较大，所以对最终产品的需求也大幅下降，这使得一般价格水平稍低于稳态水平。实际 GDP 在中期的涨幅有较大程度下降，这主要是因为前期公共品投资相对不足，降低了经济体的总产出水平。随着公共品投资逐渐增加，在市场部门全要素生产率逐渐回落的同时，实际 GDP 也能够较为平缓地回落至稳态水平。此外，经济体总的全要素生产率涨幅也逐渐下降。对于中央银行而言，在中期，由于实际 GDP 增长率出现较大程度下降，中央银行选择减少货币供应量，但在长期，随着实际 GDP 逐渐回归稳态，中央银行选择维持货币供应量基本不变。

（二）潜在改革下的资源配置效应

当去除信贷歧视后，市场部门技术冲击在短期内给市场部门带来的产出增加幅度要小于基准情形，但中长期而言，市场部门产出增加的幅度要大于基准情形。政策扶持部门的产出在短期和中长期的下降幅度都大于基准情形。在短期，去除信贷歧视间接降低了政府部门对政策扶持部门的隐性担保成本，政府部门可以有更充足的预算投资于公共品。对公共品的投资需求使得短期内资源不至于大量从政策扶持部门流向市场部门，这限制了市场部门短期产出的增加幅度，并在一定程度上对实际工资水平和资本回报率形成抑制，导致对最终产品的需求出现一定程度下降。此外，政策扶持部门的产出被更多用于生产公共品也在一定程度上抑制了民用品部门产出的增加。两者共同导致一般价格水平出现一定程度下降。虽然实际 GDP 短期内的涨幅有限，但是因为一般价格水平出现下降，中央银行选择增加货币供应量以使通货膨胀率回升到目标值。经济体中的全要素生产率仍然在市场部门技术冲击下得到了一定程度的提高。

在中长期，当去除信贷歧视后，因为市场部门可以从商业银行中获取更多的信贷支持，所以市场部门技术冲击会使市场部门的资本存量相较基准情形更显著上升，这增加了市场部门的产出水平，也导致政策扶持部门因资本投资的不足而出现产出的下降。因为具有较高全要素生产率的市场部门吸纳资本和劳动的能力变强，所以实际工资水平和资本回报率出现上涨，这增加了对最终产品的消费需求，从而使得一般价格水平逐渐回归至稳态水平。政府部门对公共品的投资相对稳定，这是因为政策扶持部门产出的下降和信贷的收缩减少了政府部门产量补贴的支出和隐性担保的成本，从而有更多预算维持公共品投资。由于公共品供给的增加和市场部门产出的增加，实际 GDP 在中期出现较大涨幅。此时通货膨胀率逐渐回归目标值，这使得中央银行不必像基准情形那样降低货币供应量。经济体中的货币供应量增长率从大于零逐渐下降到零附近。此外，经济体的全要素生产率变动与基准情形基本一致。

当去除政府部门所提供的产出补贴和隐性担保后，可以发现，在市场部门技术冲击下，各主要经济变量的变化趋势与基准情形十分接近。这一特征与政策扶持部门技术冲击下的变化特征是类似的。由此再次说明了如果引入货币因素，那么政府提供的政策性优惠对经济波动的影响要小于信贷歧视的影响。

当同时去除经济体中的信贷歧视和对政策扶持部门的政策性优惠后，市场部门技术冲击在短期带来的市场部门产出增加的程度要小于前面的三种情形。相应地，市场部门技术冲击导致的政策扶持部门产出下降的幅度也低于前面三种情形。此外公共品供给的增加程度要高于仅去除信贷歧视的情形，而实际 GDP 则低于仅去除信贷歧视的情形。短期内，通货膨胀率、实际工资水平和资本回报率的下降幅度要高于仅去除信贷歧视的情形，但中长期的变化趋势则没有太大差别。经济体中的全要素生产率则高于基准情形和仅去除信贷歧视的情形。

这些变化背后的经济学直觉如下。在去除信贷歧视和政策性优惠后，经济体中的资源配置已然较有效率，且政府部门因不必承担隐性担保成本和产量补贴而具有更充足的预算用于投资公共品。所以，政府部门对公共品更高的投资需求阻止了政策扶持部门产出的进一步下降，同时在短期内也能引导部分资源配置到政策扶持部门。一方面，这使得市场部门相对不太容易竞争那些已雇佣在政策扶持部门的资本和劳动，从而限制了市场部门产出的增长幅度；另一方面，这也在短期内进一步压低了实际工资水平和资本回报率。在中长期，得益于资源配置效率的提升，相较基准情形而言，同时去除信贷歧视和政策性优惠强化了主要经济变量的变化趋势。

第三节 政策模拟

本节拟对本章构建的模型进行政策模拟实验，以进一步探究新二元经济视角下的资源配置效应，同时与前面章节所得到的一些结论作对比。本节通过修改或者去除参数约束，并比较不同参数下得到的结果，以实施政策模拟实验。本节拟设定与第三章基础模型相同的 5 个政策实验（见表 3.1），探究在货币政策非对称传导背景下，信贷歧视、产出补贴和隐性担保对新二元经济资源配置的作用机制。

表 5.1 展示了在货币政策非对称传导背景下，消除信贷歧视、产出补贴和隐性担保对资源配置的影响。为便于理解和比较，我们把基准情形的结果标准化为 1，其他情形的结果是基准情形对应结果的倍数关系。对比表 3.2，可以发现，表 5.1 结果在变动方向上与表 3.2 类似，去除信贷歧视、产出补贴或隐性担保经济体可以提高实际工资水平、政策扶持部门产出、市场部门产出和实际 GDP。此外，在考虑货币政策传导的模型中，部分变量的提升幅度往往大于不考虑货币政策传导的基础模型的对应结果。为了便于归纳和分析，本节将把表 5.1 的结果总结成若干经济学命题。

表 5.1 货币政策非对称传导中政策模拟实验对新二元经济资源配置的影响

变量	w	R^C	Y_s	K_s	L_s	Y_p	K_p	L_p	GDP
基准情形	1.00	1.00	1.00	1.00	1.00	1.00	1.00	1.00	1.00
去除信贷歧视	1.12	1.00	1.03	1.06	0.94	1.16	1.11	1.02	1.12

续表

变量	w	R^C	Y_s	K_s	L_s	Y_p	K_p	L_p	GDP
去除政府补贴和担保	1.36	1.00	1.18	1.11	0.87	1.45	1.43	1.05	1.38
去除政府补贴	1.24	1.00	1.12	1.11	0.90	1.30	1.29	1.04	1.26
去除政府担保	1.09	1.00	1.05	1.00	0.97	1.11	1.11	1.01	1.10
不存在扭曲	1.54	1.01	1.22	1.18	0.82	1.68	1.59	1.07	1.56

注：基准情形的结果被标准化为1，其他情形的结果是相对基准情形的变化。例如，在去除政府补贴和担保的情形中，$w=1.36$，表示实际工资是基准情形的1.36倍。将基准情形单位化的原因是，变量的绝对数值难以被单独理解，比较有意义的是同一变量在不同情形中的相对变化。

命题5.1：在考虑货币政策非对称传导的新二元经济视角下，是否存在信贷歧视、产出补贴和隐性担保对实际资本回报率的影响不大。

命题5.1与命题3.1和命题4.1几乎是一样，其背后的经济学解释也是类似的。实际资本回报率的下限很大程度上取决于中央银行制定的政策利率，而在不同模型中，稳态时的政策利率是相等的。当改革措施释放经济运行的活力时，尽管资本使用量有可能增加，但是资本的使用也必然受到边际回报率递减的约束。因此，是否存在信贷歧视、产出补贴或隐性担保，实际资本回报率都会收敛到由政策利率决定的水平。

命题5.2：在考虑货币政策非对称传导的新二元经济视角下，单独消除信贷歧视或产出补贴都可以提高政策扶持部门和市场部门的资本使用率。消除隐性担保对政策扶持部门的资本使用率影响不大，但是可以提高市场部门的资本使用率。就资本使用率的提高程度而言，消除信贷歧视所带来的资本使用率提高要小于去除产出补贴的情形，或同时去除产出补贴和隐性担保的情形。

命题5.2指出了不同改革措施对于资本市场的意义。尽管实际资本回报率基本维持不变，但是消除信贷歧视、产出补贴或隐性担保可以带来整个经济体实际资本使用率的提升，因此资本所获得的总报酬是上升的。如果去除信贷歧视，那么市场部门的融资约束将放宽，因此市场部门可以借入更多的资本以扩大生产。市场部门扩大生产带动了民用品产出的增加，因此也带动了政策扶持部门的生产，从而也使得政策扶持部门增加了资本投入。如果去除产出补贴，那么，一方面，政策扶持部门的生产成本会上升，这引发资本流向市场部门；另一方面，政府部门因不必承担补贴支出而有更多的资金用于投资公共品或消费民用品，这同时增加了对政策扶持部门和市场部门产品的需求。两方面都会促使政策扶持部门和市场部门扩大资本投入。如果去除隐性担保，那么虽然会起到类似于去除产出补贴的效果，但是因为隐性担保占政府补贴的预算比例相对较低，所以政府部门放宽预算约束的效应相对有限，刚好能抵消政策扶持部门成本上升导致的资本流出效应。总的结果是政策扶持部门的资本投入基本维持不变，而市场部门的资本投入有所上升。结合不同情形看，因为产出补贴能够较大程度放宽政府部门的预算，所以其带来的资本使用率上升幅度也是相对较大的。

命题 5.3：在考虑货币政策非对称传导的新二元经济视角下，单独消除信贷歧视、产出补贴或隐性担保都可以提高实际工资水平。其中，去除产出补贴对实际工资的提高程度要大于消除信贷歧视的情形，而消除信贷歧视的情形又大于去除隐性担保的情形。

命题 5.3 可以部分看作是命题 5.2 的自然结果。因为资本和劳动之间存在一定的互补性，资本使用率的上升会提高劳动的边际生产率，从而带动实际工资水平的上升。但是，命题 5.3 又不完全反映资本和劳动的互补性，它同时还反映了劳动配置效率的提升，即劳动力从低效率的政策扶持部门流向高效率的市场部门。去除信贷歧视放宽了市场部门的融资约束，因此市场部门可以借入更多的资本扩大生产，这会使劳动力从政策扶持部门流向市场部门。去除产出补贴或隐性担保提高了政策扶持部门的生产成本，同样也会引发劳动力从政策扶持部门流向市场部门。分情形看，去除产出补贴对实际工资的提高程度相对较大，这与命题 5.2 是相对应的，说明资本投入的增加也推动了实际工资水平的上升。

命题5.4：在考虑货币政策非对称传导的新二元经济视角下，单独消除信贷歧视、产出补贴或隐性担保都会促使劳动力从低效率的政策扶持部门流向高效率的市场部门。其中，去除产出补贴引起劳动力跨部门流动的程度要大于消除信贷歧视的情形，而消除信贷歧视的情形又大于去除隐性担保的情形。

命题5.4阐述了命题5.3背后的劳动力跨部门流动情况，且结果与不考虑货币政策非对称传导的命题3.4是类似的。如果去除信贷歧视，那么市场部门的融资约束得以放宽，因此市场部门会扩大生产规模，此时就会引起劳动力从政策扶持部门流向市场部门。如果去除产出补贴或隐性担保，那么政策扶持部门的生产成本会上升，因此政策扶持部门倾向于削减投入，从而也就引起劳动力的流出。综合来看，去除产出补贴所引起的劳动力跨部门流动的规模最大。去除产出补贴具有提高政策扶持部门生产成本和放宽政府部门预算两方面的作用。放宽政府部门预算会增加政府部门对最终产品的需求，而市场部门具有更高的全要素生产率，因此可以从增加的最终产品需求中获利更多，这就进一步引发了劳动力从政策扶持部门流向市场部门。去除隐性担保所能起到的放宽政府部门预算约束的作用相对较小，并且抬高政策扶持部门生产成本的幅度也较为有限，因而限制了劳动力的转移规模。

命题5.5：在考虑货币政策非对称传导的新二元经济视角下，单消除信贷歧视、产出补贴或隐性担保都能提高政策扶持部门产出、市场部门产出和经济体实际GDP。对比基准情形，如果同时消除信贷歧视、产出补贴和隐性担保，那么政策扶持部门产出、市场部门产出和实际GDP都会提高，且三者的提高幅度都大于不考虑货币政策传导的基础模型对应结果。

命题5.5的结果与命题3.5的结果是类似的，说明信贷歧视、产出补贴和隐性担保的存在会使政策扶持部门产出、市场部门产出和经济体实际GDP低于潜在产出水平。值得注意的是，即使信贷歧视、产出补贴和隐性担保都是偏向政策扶持部门的，政策扶持部门的产出也无法高于不存在这些政策的情形,说明政策扶持部门偏向型政策实质上是降低而非提高政策扶持部门的产出。命题 5.5 背后的经济学逻辑与命题 3.5 是类似的,且在前面的命题 5.1 至命题 5.4 中也有体现。消除信贷歧视、产出补贴和隐性担保会带来三方面影响:一是政策扶持部门和市场部门都会增加资本投入;二是更多劳动力配置到高效率的市场部门,劳动力配置效率更高;三是政府部门的预算约束放宽,因此对最终产品的需求会上升。需要指出的是,第三点说明政府部门在实施政策扶持部门偏向型政策时,必须要考虑机会成本问题。事实上,如果用于补贴和担保的预算能被用于消费最终产品和投资公共品,那么政策扶持部门和市场部门均能实现更高的产出,带来更高的实际 GDP。命题 5.5 还指出,在考虑货币政策传导的情况下,政策扶持部门、市场部门,以及经济体的产出增幅都要高于不考虑货币政策传导的基础模型对应结果,这是因为去除信贷歧视、产出补贴和隐性担保可以提高 GDP 增长率,而这要求中央银行增大货币供应量以满足经济体的货币需求,从而降低生产部门的融资成本,进一步推动经济增长。

第四节 本章小结

本章在新二元经济视角下,构建了一个能够反映货币政策非对称传导的动态随机一般均衡模型。本章利用该模型研究了货币政策冲击和新二元部门技术冲击对经济波动的影响,并通过政策模拟实验探究消除信贷歧视、产出补贴或隐性担保带来的经济效应,分析新二元经济视角下的资源配置效应。

本章主要结论可以概括如下:一是货币政策冲击具有政策扶持部门偏向性特征。短期而言,货币政策冲击可以同时提高政策扶持部门和市场部门的产出,但是中长期而言,货币政策冲击只提高政策扶持部门的产出。二是信贷歧视、产出补贴和隐性担保的存在尽管降低了总产出，但是可以在一定程度上提高经济体的稳定性，这是因为市场部门通过维持已有产量可以减少资源流向政策扶持部门，间接限制了政策扶持部门产出的变化。三是在货币政策非对称传导的背景下，去除信贷歧视、产出补贴和隐性担保所能释放的改革红利被货币政策进一步加强，这是因为这些改革措施可以提高 GDP 增长率，而更高的 GDP 增长率反过来要求中央银行提高货币供应量，从而降低融资成本，进一步推动经济增长。

本章研究揭示了货币因素在新二元经济资源配置效应中起到的重要作用。本章研究表明：一方面，货币政策冲击对新二元经济产生了非对称的影响，可以有效刺激政策扶持部门中长期产出的增长，而无法刺激市场部门中长期产出的增长；另一方面，货币因素在供给侧结构性改革中扮演非中性的角色，改革释放的红利可以被货币政策进一步加强，带来更高的经济增长水平。

第 六 章

政治晋升锦标赛下新二元
经济的资源配置效应

本章构建的模型引入了政治晋升锦标赛冲击，探讨政治周期与经济周期之间的关系，并研究政治晋升锦标赛冲击如何影响新二元经济的资源配置效应。政治晋升下的标尺竞争本身具有偏向政策扶持部门的特征。在政治晋升压力下，地方官员往往以重点扶持的企业为切入点，通过制定政策鼓励、支持特定类型企业的发展，实现地方经济发展的目标。

地方政府在中国经济发展过程中起到重要作用，学术界围绕地方政府如何驱动经济发展进行了深入研究。Qian & Weingast（1996）认为，中国的分权化改革使地方政府之间相互竞争，形成了"维护市场的经济联邦制"，从而促进了中国经济的发展[①]。Blanchard & Shle-ifer（2001）则指出，经济分权只是其中一个方面，中国经济奇迹还得益于政治上的集权。Li & Zhou（2005）发现，地区经济绩效与所在地官员是否获得晋升密切相关，认为上级政府利用集中的人事权激励下级官员努力发展经济。周黎安（2004，2007，2008）系统提出并发展了政治晋升锦标赛假说，认为地方政府官员之间为晋升而

[①] 关于该理论的详细介绍及其在中国的适用性，可参考杨其静和聂辉华（2008）。

竞相发展辖区经济是中国经济取得辉煌成就的关键。随后，杨其静和郑楠（2013），Yao & Zhang（2015）和 Li et al.（2019）等进一步检验并扩展了政治晋升锦标赛假说。皮建才（2012）通过构建博弈论模型，为官员政治晋升锦标赛提供了一个总体性分析框架。Xiong（2019）则论证了政治晋升锦标赛的微观基础，并将其纳入经济增长理论当中，分析中国的经济增长模式。张军等（2020）将政治晋升锦标赛引入动态随机一般均衡模型当中。但是，现有文献尚未把政治晋升锦标赛放在两个或多个不同生产部门的一般均衡框架中进行研究。

本章在以新二元经济视角构建的模型中引入政治晋升锦标赛冲击具有一定的现实基础。中国经济的一大显著特征是政治周期与经济周期紧密联系，其背后的重要原因是地方政府官员发展本地经济的积极性往往与政府官员换届的时间节点密切相关（梅冬州等，2014）。地方政府官员往往在任期初始阶段具有推动辖区经济增长的强大动力，而在临近换届或临近退休时，地方政府官员推动经济增长的积极性往往会下降。政治周期也对资源错配、低端产能过剩和土地出让行为等方面产生了重要影响（徐业坤和马光源，2019；余靖雯等，2015；周黎安等，2013）。本章引入的政治晋升锦标赛冲击可以理解为地方政府官员发展辖区经济的积极性在外生因素影响下的增强。这些外生因素可以是在既有制度背景下的政府官员换届，也可以是地方官员治理体系的改革。

本章在新二元经济视角下分析政治晋升锦标赛冲击也具有一定的现实意义。中国经济已从高速发展阶段转向高质量发展阶段，新的发展理念要求建立与之相适的地方官员治理体系，而地方官员治理与政治晋升锦标赛是密不可分的（皮建才，2012）。政治晋升锦标赛无疑推动了过去中国经济的高速增长，但是，"唯 GDP 论"也带来了一系列民生、环境、重复建设和低端产能过剩等问题，不利于经济的高质量发展。因此，中央政府多次强调"不再简单以 GDP 论英雄"。皮建才等（2014）在税收竞争框架下分析了新形势下的地方官员治理效应。张军等（2020）认为，考核机制变动是 GDP 增速结构性下调的一个重要原因。但是，目前尚缺乏对此问题进行多生产部门的动态一般均衡分析，特别是从新二元经济视角对此问题展开分析，而政治晋升锦标赛本身是带有政策扶持部门偏向性的。本章分析能在一定程度上促进对地方官员治理手段改革所带来的潜在宏观经济效应的认识，也能为更好处理政府与市场关系提供有益借鉴。

本章将政治晋升锦标赛冲击以类似的形式引入前三章所构建的模型中，并比较政治晋升锦标赛冲击在三个模型中所引起的经济波动和变化特征，从而剖析政治周期如何作用于经济周期，进一步厘清政治周期下的新二元经济资源配置效应。需要指出的是，虽然前三章通过政府部门的跨期效用函数刻画了政治晋升锦标赛的机制，并把它嵌入到模型当中，但是，政治晋升锦标赛对于中国经济发展而言本身是一个非常重要的问题，所以有必要在本章进一步分析政治晋升锦标赛冲击对中国经济波动的影响。

第一节　晋升锦标赛冲击设定

我们在 Xiong（2019）基础上将政府官员对仕途重视程度的参数引入政治晋升锦标赛冲击。具体而言，我们把政府部门的跨期效用函数设定如下：

$$U_g = E_0 \sum_{t=0}^{\infty} \beta_g^t \big[\ln(C_{gt}) + \gamma_t \ln(G_{t+1}) \big] \qquad (6.1)$$

其中，C_{gt} 表示第 t 期的在职消费，G_{t+1} 表示第 $t+1$ 期的公共品供给。β_g 是政府部门的折现因子，较小的 β_g 表示政府官员更在乎任期内的表现。γ_t 为衡量第 t 期政府官员对仕途的重视程度，受到外生冲击的影响。Xiong（2019）认为，中央政府无法直接观测地方政府官员的个人能力，但是，可以通过观测下一期的产出推断出官员的能力。

官员发展经济的能力越高，就越能够克制把经济资源用于在职消费的意愿，因此也就更愿意提供公共品以增加未来经济产出。从而，γ_t 就衡量了政府官员对仕途的重视程度。等式（6.1）可以看作 Xiong（2019）文章里等式（11）的拓展。γ_t 遵循如下的运动方程：

$$\ln(\gamma_t) = (1-\rho_\gamma)\ln(\gamma) + \rho_\gamma\ln(\gamma_{t-1}) + \varepsilon_{\gamma t} \tag{6.2}$$

其中，γ 表示政府官员对仕途重视程度的稳态值，ρ_γ 衡量冲击的持续性，$\varepsilon_{\gamma t}$ 表示政治晋升锦标赛冲击，且 $\varepsilon_{\gamma t} \sim \mathcal{N}(0, \sigma_\gamma^2)$，其中 σ_γ 表示政治晋升锦标赛冲击的标准差。正向的 $\varepsilon_{\gamma t}$ 冲击使得官员更倾向于投资公共品以增加产出。

第二节　数值模拟

在参数校准方面，我们遵循前三章模型的校准策略，在此基础上求出政治晋升锦标赛冲击在前三章三个模型中引起的脉冲响应，并对不同模型下的结果进行比较。政治晋升锦标赛冲击持续性的参数 ρ_γ 被设定为 0.9，冲击的标准差 σ_γ 被设定为 0.01。

一　基础模型中的晋升锦标赛冲击

图 6.1 展示了在第三章基础模型中引入政治晋升锦标赛冲击所得到的脉冲响应。我们依然考虑了三种不同情形，分别是基准情形，去除对市场部门抵押品约束歧视的情形（去除信贷歧视，$\theta^s = \theta^p = 0.504$），去除政府部门对政策扶持部门产出补贴和隐性担保的情形（去除政府补贴和担保，$\tau = 0$ 和 $\xi_s = \xi = 1\%$），和去除信贷歧视、产出补贴和隐性担保的情形（不存在扭曲，$\theta^s = \theta^p = 0.504$、$\tau = 0$ 和 $\xi_s = \xi = 1\%$）。

（一）基准情形下的资源配置效应

在基准情形中，虽然效应相对较小，但是正向的政治晋升锦标赛

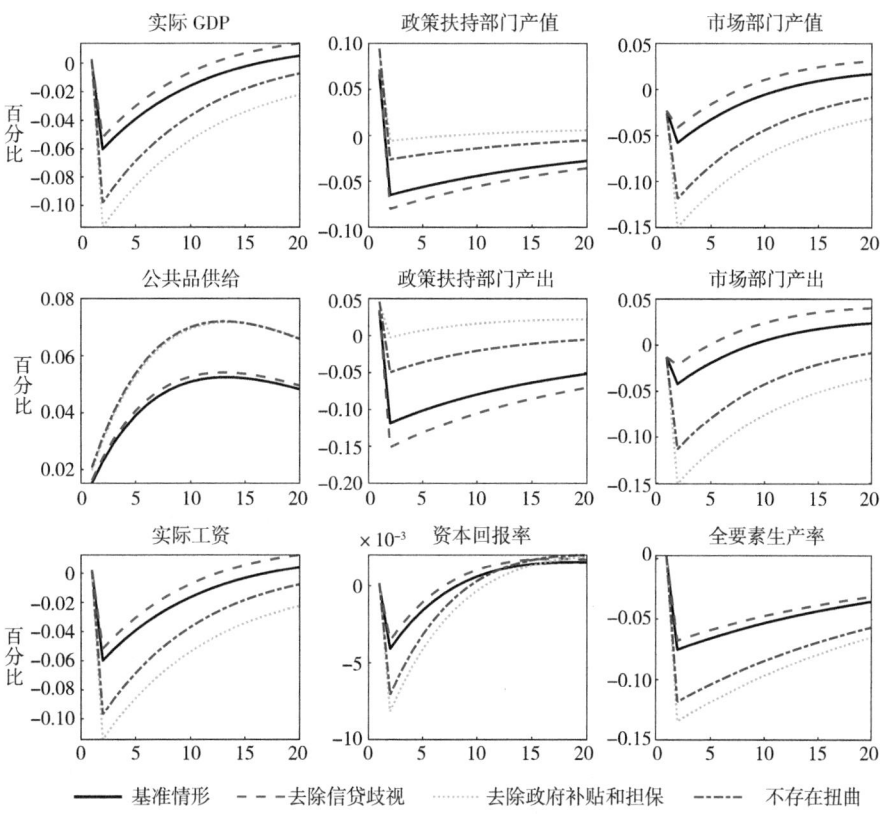

图 6.1　基础模型中的晋升锦标赛冲击脉冲响应

冲击还是按照预期提高了短期实际 GDP 水平[①]。正向政治晋升锦标赛冲击使得政府部门提高了对公共品的需求,并相应降低了对消费品的需求。首先,面对增长的公共品需求,会增加对政策扶持部门产品的购买,因此政策扶持部门会选择增加资本和劳动投入以扩大产出。此外,政策扶持部门扩大产出也会导致经济体中的实际工资水平和资本回报率在短期内出现一定程度上升。其次,面对下降的消费品需求和上升的资本和劳动成本,市场部门会削减该部门的资

[①]　我们在后面第六章第二节将会看到,当把货币因素纳入到新二元经济模型时,政治晋升锦标赛冲击能够比较明显地提高短期实际 GDP 水平。

本和劳动投入，从而减少能用于生产民用品的中间产品。政府部门对公共品和消费品的相对需求变化也反映在政策扶持部门的相对价格变化中。政策扶持部门产品的价格因政府部门对公共品需求的增加而上升，从而使得政策扶持部门产值的增加幅度要大于产量的增加幅度。对于市场部门而言，其产品价格变化不明显，产出和产值的下降幅度相差较小。最后，当期的资本和公共品供给是由上一期决定的，它们相对保持不变，而公共品产出和民用品产出实现了一定程度的增长，这意味着给定资源约束下经济体实现了更高的产出水平，所以在受到政治晋升锦标赛冲击的第一期，经济体的全要素生产率会有一定程度的提高。

在中期，正向政治晋升锦标赛冲击降低了实际 GDP 水平，同时政策扶持部门产出和市场部门产出也相较短期出现了一定的降幅。正向政治晋升锦标赛冲击引导更多的资源用于生产公共品，更高的公共品供给水平无疑有利于长期经济发展，但是，在短期和中期，公共品生产会在一定程度上挤出非公共品生产所需的资本形成。因为资本折旧是无可避免的，资本形成的受限会降低政策扶持部门和市场部门在中期的生产规模，导致政策扶持部门和市场部门的产值都出现一定降幅，从而降低了实际 GDP 水平。在中期，政策扶持部门和市场部门还降低了对劳动和资本的需求，从而也就导致资本回报率和实际工资出现一定程度下降。此外，经济体的全要素生产率在中期也出现了一定程度下降。唯一实现增长的是公共品供给，政治晋升锦标赛冲击持续推动经济体公共品供给水平的上升。

在长期，实际 GDP 水平较中期有较为明显的提升，其主要原因是公共品供给的持续增加最终促进了政策扶持部门和市场部门的生产，并在一定程度上抵消了非公共品资本形成不足所带来的负面影响。政治晋升锦标赛冲击引起的政府部门对公共品需求的提升在较长的时间内推动经济体公共品供给水平不断增加，这使得政策扶持部门和市场部门的生产效率持续提高。但是，市场部门产出增加幅度要大于政策扶持部门，市场部门的产出和产值随着时间变化甚至高出稳态值，而政策扶持部门的产出和产值在样本期内还未恢复到稳态值。考虑到实际 GDP 水平在长期已逐渐恢复甚至略微超出稳态值，我们可以认为市场部门的发展是长期实际 GDP 增长的主要推动力。这与短期不同，短期政治晋升锦标赛冲击推动 GDP 增长是由政策扶持部门产出的上升所推动的。市场部门在长期能从政治晋升锦标赛冲击中获得比政策扶持部门更高程度规模扩张的原因在于市场部门本身具有比政策扶持部门更高的全要素生产率。当公共品供给增加时，相比具有较低全要素生产率的政策扶持部门，市场部门更能发挥其生产率优势，扩大资本和劳动的投入，以实现产出的增加。

结合短期、中期和长期看，正向政治晋升锦标赛冲击使实际 GDP 呈"U"型变化趋势，即在短期和长期，实际 GDP 出现增长，而在中期，实际 GDP 出现下降。值得注意的是，短期和长期的实际 GDP 增长具有不同的驱动因素。在短期，实际 GDP 增长主要依靠政策扶持部门产出的增加，而在长期，实际 GDP 增长主要依靠市场部门产出的增加。

（二）潜在改革下的资源配置效应

当去除经济体中的信贷歧视后，相比存在信贷歧视的情形，市场部门更容易从银行获得贷款。此时，市场部门和政策扶持部门在向银行借贷时，面临的资产抵押比是相同的，市场部门无须提供比政策扶持部门更高价值的抵押物。从图中可以发现，去除信贷歧视后，正向政治晋升锦标赛冲击对主要经济变量的短期影响与基准情形差别不大，但长期而言，去除信贷歧视的情形能带来更高的实际 GDP。背后经济学直觉如下，政治晋升锦标赛冲击在短期带来的实际 GDP 增长主要依靠政策扶持部门扩大产出以满足公共品需求来实现的，而政策扶持部门的融资约束并未发生较大变化，所以是否去除信贷歧视对短期经济波动特征影响不大。如果从短期政策扶持部门和市场部门的产出和产值来看，政治晋升锦标赛虽然提升了政策扶持部门的产出和产值，但提升的幅度要比存在信贷歧视的情形低，这是因为市场部门也能较为容易从银行获得贷款，从而限制了政策扶持部门的扩张。在长期，因为市场部门具有较高的全要素生产率，所以市场部门能从公共品供给的增加中获得更高的生产效率提升，而在去除信贷歧视后，市场部门更容易从银行获得信贷以进行投资，因此能实现比存在信贷歧视时更大幅度的产出增加，从而带动实际GDP在长期实现更高的增长幅度。

去除经济体中的信贷歧视后，其他主要经济变量的变化如下。公共品供给的增幅要高于存在信贷歧视的情形，这是因为市场部门产出的增加提高了政府部门的财政收入，因此能实现更高的公共品供给水平。在长期，实际工资和实际资本回报率的增幅要高于存在信贷歧视的情形，这是因为如果去除对市场部门的信贷歧视，资源可以更多被配置到具有较高生产效率的市场部门，从而提高资本和劳动的报酬。对于经济体的全要素生产率而言，是否去除信贷歧视对其影响不大，说明政策扶持部门和市场部门的生产效率变化存在一定程度的相互抵消。

如果去除政府部门向政策扶持部门提供的产出补贴和隐性担保，可以发现，政治晋升锦标赛虽然在短期内提高了实际GDP水平，但在长期却没有带来实际GDP的提升。分部门看，政策扶持部门的产出和产值短期内提升较大，而中长期的下降幅度并没有基准情形和去除信贷歧视情形那么大。市场部门的产出和产值在短期的变化与基准情形和去除信贷歧视的情形基本一致，但在中长期，其下降幅度要明显大于基准情形和去除信贷歧视情形，甚至在样本期内仍未能恢复到原来的稳态水平。去除政策性优惠后，政府部门无须对政策扶持部门进行产出补贴和隐性担保，这相当于放宽了政府部门的预算约束。正向政治晋升锦标赛冲击使得政府部门把更多的预算用于公共品供给。从图6.1可以发现，得益于更宽松的政府预算约束，公共品供给的增加幅度是最大的。但是，这也意味着大量资源配置到了全要素生产率较低的政策扶持部门，从而对市场部门产生挤出效应，并恶化了经济体的全要素生产率，降低了实际工资水平。理论上，这也会降低实际资本回报率，但是，隐性担保的去除提高了资本市场的配置效率。长期而言，实际资本回报率得以改善。

　　若同时去除经济体中的信贷歧视和政府部门对政策扶持部门的隐性担保和产出补贴，经济体中的扭曲将不复存在。此时，政策扶持部门和市场部门之间的唯一差别在于，政策扶持部门的产品既可以用于公共品供给，也可以用于民用品生产，而市场部门的产品只能用于生产民用品。可以发现，主要经济变量的波动介于基准情形和去除政策性优惠的情形之间。相比去除政策性优惠的情形，进一步去除信贷歧视放宽了市场部门的融资约束，因此市场部门可以更容易扩大自身生产规模，也就降低了政府部门扩大公共品投资对市场部门所产生的挤出效应。

　　总体而言，正向政治晋升锦标赛冲击对实际 GDP 的影响呈"U"形变化，即短期内能提高实际 GDP，中期降低实际 GDP，长期推动实际 GDP 增长。对比基准情形、去除信贷歧视的情形、去除政府补贴和担保的情形和不存在扭曲的情形，可以发现，在不同情形下，尽管政治晋升锦标赛冲击都带来了短期经济增长，但是主要经济变量的长期表现存在一定差异。去除信贷歧视能够强化政治晋升锦标赛冲击带来的长期经济表现，而如果去除政府补贴和隐性担保或者不存在扭曲，长期经济表现会被弱化。这些结果说明，晋升锦标赛所带来的长期经济效应与信贷歧视存在密切关系。随着要素市场化改革不断深化，经济体的扭曲进一步被消除，"唯 GDP 论"的晋升锦标赛将不再适合作为促进长期经济增长的手段。

　　政治晋升锦标赛冲击引起的资源在政策扶持部门和市场部门之间的重新配置是实际 GDP 呈 U 形变化的深层原因。当然，在此我们关注的是政治晋升锦标赛冲击引起的边际变动。存在经济扭曲使政治晋升锦标赛冲击对实际 GDP 变化施加更大影响，但这并不意味着在总量上，存在经济扭曲时的总产出高于不存在扭曲时的总产出。

二　垂直市场结构中的晋升锦标赛冲击

图 6.2 展示了在第四章考虑垂直市场结构的新二元经济模型中引入政治晋升锦标赛冲击得到的脉冲响应图形。我们依然考虑了三种不同的情形，分别是基准情形，去除对市场部门抵押品约束歧视的情形（去除信贷歧视，$\theta^s = \theta^p = 0.504$），去除政府部门对政策扶持部门产出补贴和隐性担保的情形（去除政府补贴和担保，$\tau = 0$ 和 $\xi_s = \xi = 1\%$），和去除信贷歧视、产出补贴和隐性担保的情形（不存在扭曲，$\theta^s = \theta^p = 0.504$、$\tau = 0$ 和 $\xi_s = \xi = 1\%$）。

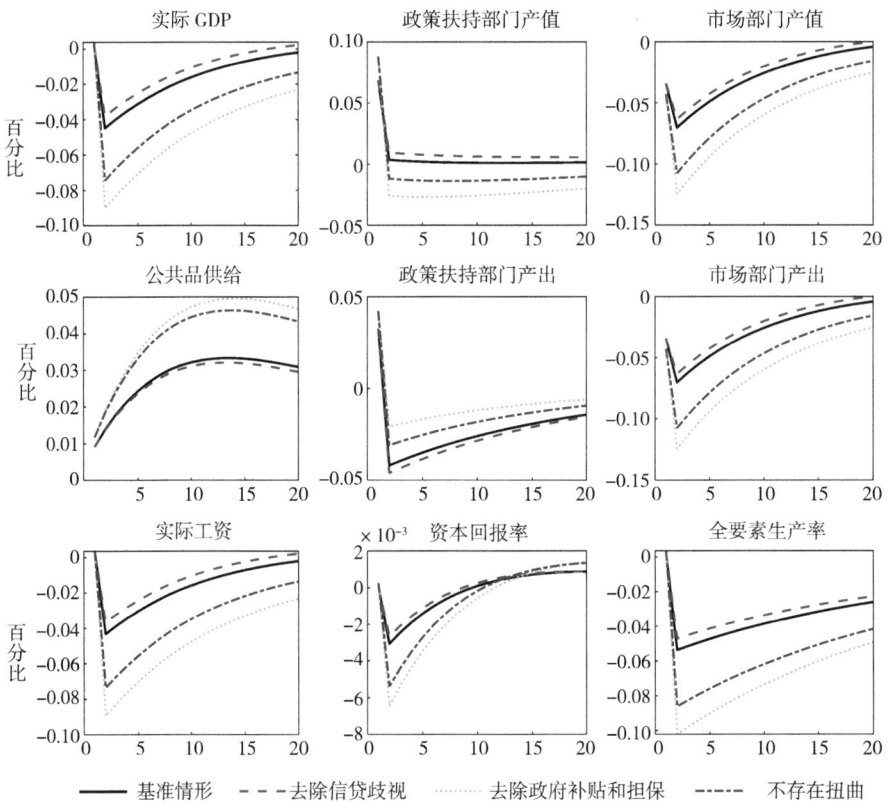

图 6.2　垂直市场结构中的晋升锦标赛冲击脉冲响应

（一）基准情形下的资源配置效应

正向政治晋升锦标赛冲击提高了短期实际 GDP[①]。分部门看，正向政治晋升锦标赛冲击显著提高了短期政策扶持部门产出水平，并降低了市场部门产出水平。短期内，政策扶持部门产值的上升幅度要明显大于产出的上升幅度，说明政策扶持部门产品的相对价格也上升了。市场部门产出和产值的变化趋势是一样的，这是因为在考虑垂直市场结构的新二元经济模型中，市场部门生产的产品作为计价物，其价格为 1。正向政治晋升锦标赛冲击促使政府部门提供更多的公共品，而只有政策扶持部门的产品可被用于生产公共品，因此对政策扶持部门产品的需求会上升，这促使政策扶持部门扩大产出，并导致部分资源从市场部门配置到政策扶持部门，使得市场部门的产出下降。短期内政策扶持部门扩大生产也带动了经济体实际工资和实际资本回报率的上升。此外，因为短期资本存量相对稳定，总产出的增加也带动了经济体的全要素生产率出现一定程度上升。

在中长期，实际 GDP 先下降，然后逐渐向稳态水平回升。值得注意的是，相比基准模型，在垂直市场结构的新二元经济模型中，样本期内实际 GDP 仍未能回到或超过稳态的实际 GDP 水平，说明如果我们把垂直市场结构考虑进来，那么政治晋升锦标赛会更为明显地表现为短期利益，而很难带来长期实际 GDP 增长。分部门看，政策扶持部门和市场部门的产出在中期均出现大幅度下滑，此后虽然产出逐渐提高，但是在样本期内也未能回到原来的稳态水平。然而，政策扶持部门和市场部门的产值变化在中长期呈现不同的波动特征。政策扶持部门的产值在中长期迅速回落到稳态水平，而市场部门的产值在中长期仍呈先下降后上升的趋势，且在样本期内未能回到稳态水平。产出和产值各自的变化说明政策扶持部门产品的相

---

　　①　此处短期实际 GDP 增幅相对较小，但是在后面第六章第二节将会看到，当把货币因素纳入到新二元经济模型中时，政治晋升锦标赛冲击能够比较明显提高短期实际 GDP 水平。

对价格处于高位，可以抵消产出下降带来的影响。经济体中的实际工资、实际资本回报率和全要素生产率也呈先下降后上升的趋势。不同之处在于，在样本期内，实际资本回报率能回升到稳态水平以上，而实际工资和经济体全要素生产率均没能回到稳态水平。

在考虑垂直市场结构的情况下，政治晋升锦标赛冲击更多体现为短期利益，其背后的原因在于政府部门对公共品需求的增加抬高了中间品价格，从而增加了市场部门生产成本，导致具有更高全要素生产率的最终品生产部门（市场部门）的生产规模受到压缩，最终拉低了经济体的实际 GDP。在基础模型中，政府部门对公共品需求的增加使得政策扶持部门雇佣更多的劳动和资本，以扩大生产，这抬高了实际工资和实际资本回报率，也会增加市场部门的生产成本。但是，在考虑垂直市场结构的情形中，市场部门除了会面临资本和劳动成本的上升外，还面临中间品价格的上升。正是中间品价格上升起到的关键作用，限制了市场部门的生产规模，从而导致长期较低的实际 GDP 水平。

在考虑垂直市场结构的情况下，政治晋升锦标赛冲击还体现为资本偏向型特征。尽管在政治晋升锦标赛冲击下，实际工资和实际资本回报率都呈 U 形变化，但是，资本回报率很快就超出了原来的稳态水平，而实际工资仍长期在稳态水平之下，说明政治晋升锦标赛冲击有利于提高长期实际资本回报率。

（二）潜在改革下的资源配置效应

如果去除经济体中的信贷歧视，那么市场部门在向银行获取贷款时，无需提供更高价值的抵押品，市场部门和政策扶持部门面临相同的贷款抵押比。当市场部门相对更容易从银行获取信贷时，从图 6.2 中可以发现，政治晋升锦标赛冲击对主要经济变量的影响与基准情形很相似，但也有一些值得注意的差别。相比基准情形，去除信贷歧视后，政治晋升锦标赛冲击带来了相对更高的实际 GDP、更高的全要素生产率、更低的政策扶持部门产出和更高的市场部门产出。这一结果符合经济学直觉，如果没有信贷歧视，那么市场部门就更容易从银行获取资金以扩大其生产规模。相对而言，政策扶持部门获得的贷款就少了。因此，市场部门的产出相对扩大，政策扶持部门的产出相对减少。因为更多的资源被配置到具有较高全要素生产率的市场部门，经济体的全要素生产率得以提高，实际 GDP 也达到相对较高的水平。就产值的变化而言，因为市场部门扩大生产增加了对中间品的需求，所以政策扶持部门的产值反而比基准情形高，而在基准情形中，市场部门是缩小生产的，所以政策扶持部门的产值相对较小。因为市场部门的产品被视为计价物，所以市场部门的产出和产值的变化趋势是相同的。其他主要变量方面，去除信贷歧视时的经济体公共品供给水平和实际资本回报率与基准情形差别不大，而实际工资则要稍高于基准情形，说明市场部门扩大生产规模可在一定程度上支撑较高的实际工资。

　　如果去除政府部门向政策扶持部门提供的政策性优惠（产出补贴和隐性担保），那么可以发现，正向政治晋升锦标赛冲击只会在短期提高实际 GDP。在中长期，政治晋升锦标赛冲击不利于实际 GDP，其下降幅度要明显大于基准情形和去除信贷歧视的情形。如果不存在扭曲，那么政府部门就不需要承担对政策扶持部门的补贴成本，相当于放宽了政府部门的预算约束，从而导致政府部门在晋升锦标赛冲击下进行更多的公共品投资。从图 6.2 中可以看到，公共品供给的增幅在不存在扭曲的情形中是最大的。更高的公共品供给需求诱发政策扶持部门在更大程度上扩大其自身产出，且引起政策扶持部门产品价格的上涨，从而使得政策扶持部门的产值也出现显著上升。政策扶持部门的产出和产值要大于基准情形和去除信贷歧视的情形。然而，政策扶持部门的扩张压缩了市场部门，导致市场部门产出和产值低于基准情形和去除信贷歧视的情形。资源被更多配置到具有较低效率的政策扶持部门也拉低了经济体的全要素生产率和实际工资，两者的下降幅度都比基准情形和去除信贷歧视的情形大。实际资本回报率在中期大幅下降，但长期的增幅却高于基准情形和去除信贷歧视的情形，说明在垂直市场结构的背景下，去除扭曲后仍体现了晋升锦标赛的资本偏向型特征。

当同时去除经济体的信贷歧视和政策性优惠后，可以认为经济体中不存在扭曲。政策扶持部门和市场部门之间的差别在于政策扶持部门是市场部门的上游部门，且政策扶持部门的产品可用于提供公共品。此外，政策扶持部门的全要素生产率要低于市场部门。可以发现，政治晋升锦标赛冲击给主要经济变量带来的波动介于基准情形和去除政府补贴和担保的情形之间，但是仍然体现晋升锦标赛的资本偏向型特征。不存在扭曲的情形可以认为是在不存在政策性优惠的基础上进一步消除信贷歧视，从而也就放宽了市场部门的融资约束。此时，市场部门较为容易扩大生产或维持生产规模，因此部分抵消了政府部门扩大公共品投资所带来的挤出效应。

总体而言，正向政治晋升锦标赛冲击对实际 GDP 的影响呈 U 形变化，这与第二节基础模型的结果相同。但是，与基础模型结果不同的是，在考虑垂直市场结构的背景下，政治晋升锦标赛冲击带来的更多是短期实际 GDP 增长，难以带来长期经济增长。此外，政治晋升锦标赛冲击还具有资本偏向型特征，长期有利于提高实际资本回报率，但不利于提高实际工资。与基础模型类似，对比基准情形、去除信贷歧视的情形、去除政府补贴和担保的情形和不存在扭曲的情形，可以发现，扭曲的存在能使政治晋升锦标赛冲击发挥更大作用，减少中长期实际 GDP 的下降幅度。

三 货币政策非对称传导中的晋升锦标赛冲击

图 6.3 展示了在第五章考虑货币政策非对称传导的新二元经济模型中引入政治晋升锦标赛冲击得到的脉冲响应图形。本节考虑了三种不同的情形，分别是基准情形，去除对市场部门抵押品约束歧视的情形（去除信贷歧视，$\theta^s = \theta^p = 0.504$），去除政府部门对政策扶持部门产出补贴和隐性担保的情形（去除政府补贴和担保，$\tau = 0$ 和 $\xi_s = \xi = 1\%$），和去除信贷歧视、产出补贴和隐性担保的情形（不存在扭曲，$\theta^s = \theta^p = 0.504$、$\tau = 0$ 和 $\xi_s = \xi = 1\%$）。

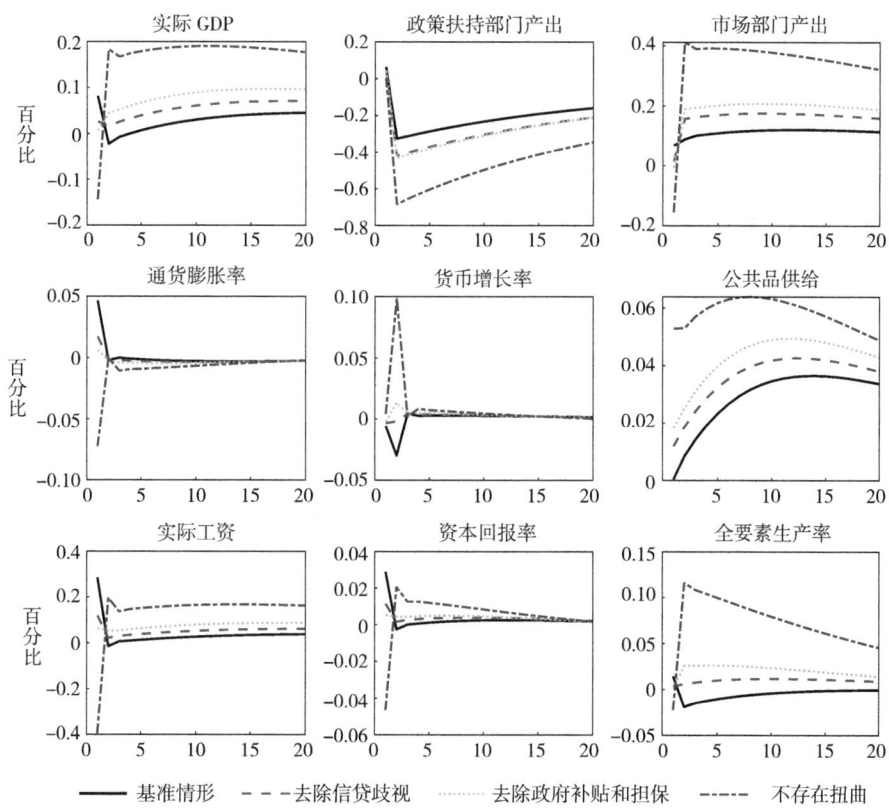

图 6.3　货币政策非对称传导中的晋升锦标赛冲击脉冲响应

（一）基准情形下的资源配置效应

正向晋升锦标赛冲击会促使政府部门增加对下一期公共品的投资，这会增加当期对政策扶持部门产品的需求，因此可以短期提升政策扶持部门的产出。因为政策扶持部门的产出更多被用于生产公共品，相应减少了被用于生产民用品的部分。民用品生产部门需要增加对市场部门产品的需求，以应对政策扶持部门供给的下降。这使得市场部门的产出也相应增加。因为政策扶持部门和市场部门都需要在短期内扩大自身的产出，所以对劳动和资本的需求会上升，这导致了实际工资和实际资本回报率短期上升。与此同时，实际GDP 也在短期内上升。然而，对产品需求的增加使得一般价格水平也随之上升。中央银行在面对经济上行时会选择实施宽松货币政策，增加基础货币的投放以满足对货币的需求，但是在通货膨胀率上升时，中央银行会选择实施紧缩货币政策，减少基础货币的投放。由于经验研究表明中国人民银行对通货膨胀做出的反应更强烈，正向晋升锦标赛冲击使得短期内中央银行减少基础货币的供给。全要素生产率短期得以提升的原因在于，公共品投资需求的增加促使公共品相对价格上升，这增加了以最终消费品作为计价物的产出水平。在当期公共品供给、资本存量和劳动供给相对不变的情况下，经济体的全要素生产率得以上升。

在中期，正向晋升锦标赛冲击会降低实际 GDP 水平和政策扶持部门产出水平，但仍然会提高市场部门产出水平。这主要是因为前一期对公共品投资的增加挤压了生产部门对实物资本的投资，阻碍了固定资本形成，导致实际 GDP 出现短暂下滑。市场部门产出增加的原因有两方面：一方面，公共品供给的增加可以提高该部门的产出水平；另一方面，市场部门的全要素生产率比政策扶持部门的全要素生产率高，因而具有更强的吸纳劳动和资本的能力。政策扶持部门产出下降的原因是公共品供给的增加虽然可以提高该部门的生产率，但是由于该部门的全要素生产率较低，所以该部门的资本和劳动会流出至市场部门，从而降低产出水平。然而，因为正向晋升锦标赛冲击提高了政府部门对公共品投资的需求，所以政策扶持部门向民用品部门供给的产品会下降。这导致民用品部门更多使用市场部门的产品生产民用品，从而引起民用品生产效率的较大程度下降，进而降低了实际 GDP 水平。

在长期，正向晋升锦标赛冲击可以提高实际 GDP 水平、市场部门产出水平、资本回报率和实际工资水平，并降低通货膨胀率。这主要是因为正向晋升锦标赛冲击使得一定时期内政府部门加大对公共品的投资，从而使得公共品供给随之上升。因为公共品供给的增加可以提高政策扶持部门和市场部门的生产率，所以政策扶持部门和市场部门对劳动和资本的需求会上升，带动了资本回报率和实际工资水平的上升。此外，政策扶持部门和市场部门的产出也随之增加。政策扶持部门产出增加使得民用品部门可以更多使用政策扶持部门的产品，减少使用市场部门的产品作为替代，所以民用品的资源配置效率得以提升，这改善了全要素生产率。同时，民用品产出的增加降低了一般价格水平。

（二）潜在改革下的资源配置效应

当去除经济体中的信贷歧视时，政策扶持部门和市场部门面临相同的贷款价值比，意味着市场部门更容易从银行部门获取贷款。相比基准模型的脉冲响应，去除信贷歧视之后，正向晋升锦标赛冲击所带来的短期实际 GDP 增长效应有所下降，但是中长期的实际 GDP 增长效应会增加。背后经济学直觉如下，如果经济体不存在信贷歧视，那么由于市场部门的全要素生产率高于政策扶持部门，资本将会更多配置到市场部门。一方面，虽然正向晋升锦标赛冲击增加了政府部门对公共品的需求，但是政策扶持部门在获取信贷数量上并不占优势，这限制了政策扶持部门的扩张程度。另一方面，因为政策扶持部门向民用品部门供给产品的下降程度有限，民用品转向使用市场部门产品作为替代的程度也相对有限。这两方面结果导致正向晋升锦标赛冲击推动实际 GDP 短期增长的程度有限。此外，对劳动和资本需求的增加也相对有限，所以资本回报率和实际工资水平的上升幅度较小。因此，劳动和资本收入的上升幅度较小，这限制了对零售商品的最终需求，从而导致一般价格水平的上升幅度有限。

在中长期，与基准情形不同的是正向晋升锦标赛冲击所带来市场部门的产出增加具有更强的持续性。中长期公共品供给会上升，从而提高生产部门的生产率。市场部门相比政策扶持部门有较高的全要素生产率，因此当不存在信贷歧视时，市场部门相对容易通过信贷扩张的方式增加生产规模。此时，虽然政策扶持部门的产出下降程度较大，但是实际 GDP 却比基准情形上升得更多。当经济体不存在信贷歧视时，正向晋升锦标赛冲击对全要素生产率的影响相对有限，这是因为虽然政策扶持部门减少了向民用品部门供给的产品，从而对全要素生产率产生负面影响，但是市场部门向民用品部门供给量的激增一定程度抵消了这种不利影响。在正向晋升锦标赛冲击下，实际 GDP 的涨幅较大，所以政府部门的税收收入也较高，这使得政府部门有足够的预算加大对公共品的投资。因此，相比基准情形，政府部门增加公共品投资的幅度更大，带来更高的公共品供给水平。

当去除政府部门向政策扶持部门提供的产出补贴和隐性担保后，可以发现，晋升锦标赛冲击对主要经济变量波动的影响介于基准情形和去除信贷歧视的情形之间。这一结果与第五章对货币政策冲击和技术冲击的分析是类似的，即政府部门提供的政策性优惠对经济波动所起到的作用要弱于信贷歧视所起到的作用。因为政府不需要承担产出补贴和隐性担保的成本，所以在晋升锦标赛冲击的影响下，政府部门可以有更宽松的预算投资公共品，从而促进市场部门中长期产出的增长。尽管这一效应比不上放松市场部门抵押品约束的限制，但是晋升锦标赛冲击仍然带来了短期和长期的实际 GDP 增长。

然而，当同时去除经济体中的信贷歧视和政府部门对政策扶持部门的隐性担保和产出补贴后，正向晋升锦标赛冲击无法在短期带来实际 GDP 增长，这一结果显然不同于前面基础模型和考虑垂直市场结构的模型得到的结果。背后原因在于，如果不存在扭曲，那么经济体各部门的生产本身是有效率的。一方面，晋升锦标赛冲击使更多的政策扶持部门边际企业进入生产，而这些企业具有较低的资本质量。另一方面，晋升锦标赛冲击所引发的资源从市场部门流向政策扶持部门抑制了具有较高资本质量的市场部门边际企业的生产。由此导致的结果是，虽然政策扶持部门产出在短期有所增长，但是高效率的市场部门产出大幅下降，从而使短期实际 GDP 出现下降。中央银行此时通过增发货币以避免经济陷入衰退。不过，因为政府部门不必承担补贴政策扶持部门的成本，所以政府部门可以大幅增加对公共品的投资。在货币增发和公共品供给增加的双重拉动下，市场部门的产出在中长期得以大幅增长，政策扶持部门的产出则因其自身生产效率较低而出现下降。总体而言，晋升锦标赛冲击虽然无法带来短期实际 GDP 增长，但却能较大程度推动长期实际 GDP 增长。

通过对比基准情形、去除信贷歧视的情形、去除政府补贴和担保的情形和不存在扭曲的情形，可以发现，正是因为信贷歧视和政策性优惠的存在，所以政府部门增加公共品投资可以在短期内刺激实际 GDP 增长，推动工资水平和资本回报率提高。如果没有信贷歧视和政策性优惠，晋升锦标赛冲击虽然会对政策扶持部门和市场部门的产出水平有较大影响，但却难以推动短期实际 GDP 增长。这说明信贷歧视和政策性优惠的存在是政府部门能在短期内对经济增长施加较大影响的基础。

第三节　本章小结

本章将政治晋升锦标赛冲击引入前面三章所构建的模型当中，并研究政治晋升锦标赛冲击对新二元经济资源配置的影响，从而为经济高质量发展背景下的地方官员治理和更好处理政府与市场关系提供一定的理论借鉴。

本章主要结论可以归纳为三方面：一是政治晋升锦标赛冲击使实际 GDP 呈 U 形变化趋势，即短期上升，中期下降，长期增长。背后原因在于政治晋升锦标赛冲击推动了公共品投资，从而带动短期实际 GDP 上升，但是公共品投资在一定程度上挤出了实物资本投资，造成中期实际 GDP 下降。随着实物资本的积累，长期实际 GDP 得以上升。二是在考虑垂直市场结构的情况下，政治晋升锦标赛冲击体现为资本偏向型特征，即有利于提高实际资本回报率。三是信贷歧视、产出补贴和隐性担保的存在可以在一定程度上放大晋升锦标赛冲击所带来的实际 GDP 增长效应，而如果消除信贷歧视、产出补贴和隐性担保，那么实际 GDP 增长效应会有所削弱。

本章通过政治晋升锦标赛冲击厘清了公共品投资与实物资本投资之间的关系，从而深化对新二元经济资源配置效应的认识。本章发现，在垂直市场结构的背景下，政治晋升锦标赛具有资本偏向型特征，这一结论为认识中国经济中存在的劳动收入份额下降现象提供了新的潜在解释。本章还发现，去除扭曲后，晋升锦标赛推动经济增长的效果会减弱。因此，弱化 GDP 增速考核也是经济高质量发展的内在要求。

第 七 章

财政压力下新二元经济的
资源配置效应

在新二元经济分析视角中，政策扶持部门能享受到的各类优惠性政策离不开政府部门的财政收入作为支撑。然而，随着中国房地产市场转入下行，"土地财政"所能创造的预算外财政收入大幅下滑。与此同时，地方政府还面临着较高的债务风险。中央经济工作会议多次强调要增强财政可持续性，确保债务可控性。财政压力客观上制约着政府部门向政策扶持部门提供产出补贴、隐性担保和公共品购买的力度。那么，当政策性优惠赖以运行的财政基础发生改变时，新二元经济的资源配置将会发生什么变化？本章试图基于动态随机一般均衡模型研究财政压力下的新二元经济资源配置效应。

理论上，政府部门降低对政策扶持部门的政策性优惠可以促进公平竞争，有利于资源配置到具有更高生产率的市场部门，但也可能会导致公共品供给不足，从而削弱经济体的产出，总效应是不确定的。为进一步分析财政压力下的资源配置效应，本章试图在动态随机一般均衡模型中，通过引入财政压力冲击的方式，对财政压力进行刻画。财政压力冲击可以有两种理解，一种理解是财政收入非预期下滑，另一种理解则是财政支出非预期扩大，两者分别从财政供给端和财政需求端体现财政压力。本章分别将财政压力冲击引入

第三章基础模型、第四章考虑垂直市场结构的模型、第五章考虑货币政策非对称传导的模型，以比较在不同的政策扶持部门偏向性特征下，财政压力所引致的资源配置效应，从而在财政层面，促进对政府与市场关系的理解。

第一节　财政压力的刻画

我们将财政压力刻画为负向财政政策冲击，即财政支出或财政收入占 GDP 比重受非预期因素影响的外生下降。例如，由于2023 年下半年房地产市场转为下行，高土地财政依赖地区的卖地收入大幅下滑，对于地方政府而言，这是一种由非预期因素所引起的供给端财政压力。2023 年底，国务院办公厅发文要求 12 个省、市、自治区（天津、内蒙古、辽宁、吉林、黑龙江、广西、重庆、贵州、云南、甘肃、青海、宁夏）不得新增非基本民生类政府工程项目，以进一步降低地方债务风险，对于地方政府而言，这是一种由非预期因素所引起的需求端财政压力。在本书的新二元经济模型当中，政府部门始终保持预算平衡，财政收入等于财政支出。因此，财政收入外生下降与财政支出外生下降是等价的。具体而言，财政收入的刻画如下：

$$T_t = \vartheta_t \mathrm{GDP}_t \qquad (7.1)$$

其中，T_t 是第 t 期政府部门的财政收入，GDP_t 是经济体总产出，ϑ_t 是财政收入占经济体总产出的比重。财政压力则通过 ϑ_t 的负向变动体现，即：

$$\ln(\vartheta_t) = (1-\rho_\vartheta)\ln(\vartheta) + \rho_\vartheta \ln(\vartheta_{t-1}) - \varepsilon_{\vartheta t} \qquad (7.2)$$

其中，ϑ 表示财政收入占经济体总产出比重的稳态值，ρ_ϑ 衡量财政压力冲击的持续性，$\varepsilon_{\vartheta t}$ 表示财政压力冲击，且 $\varepsilon_{\vartheta t} \sim \mathcal{N}(0, \sigma_\vartheta^2)$，其中 σ_ϑ 表示财政压力冲击的标准差。负向的 $\varepsilon_{\gamma t}$ 冲击使得财政收入非预期下降，在保持预算平衡的同时，财政支出也出现非预期下降，由此反映财政压力对政府部门预算约束的影响，进而可以分析财政压力所引致的资源配置效应。

第二节　数值模拟

我们遵循第三章至第五章的校准策略，在此基础上求出财政压力冲击在不同政策扶持部门偏向性特征下（基础模型、考虑垂直市场结构的模型、考虑货币政策非对称传导的模型）所引起的脉冲响应，并对不同模型下得到的结果进行比较。财政压力冲击持续性参数 ρ_ϑ 被设定为 0.9，冲击标准差 σ_ϑ 被设定为 0.01。

一　基础模型中的财政压力冲击

图 7.1 展示了在第三章基础模型中引入财政压力冲击所得到的脉冲响应。我们依然考虑了三种不同情形，分别是基准情形，去除对市场部门抵押品约束歧视的情形（去除信贷歧视，$\theta^s = \theta^p = 0.504$），去除政府部门对政策扶持部门产出补贴和隐性担保的情形（去除政府补贴和担保，$\tau = 0$ 和 $\xi_s = \xi = 1\%$），和去除信贷歧视、产出补贴和隐性担保的情形（不存在扭曲，$\theta^s = \theta^p = 0.504$、$\tau = 0$ 和 $\xi_s = \xi = 1\%$）。

（一）基准情形下的资源配置效应

财政压力冲击对短期实际 GDP 几乎没有影响，但是分部门看，财政压力冲击降低了政策扶持部门产出，提高了市场部门产出。相比市场部门，政策扶持部门可以获得由政府部门提供的产出补贴、隐性担保和公共品购买，但是这些优惠性政策需要政府部门相应的财政支出作为支撑。财政压力冲击降低了政府部门的财政收入，也就压缩了政府部门向政策扶持部门提供这些优惠性政策的空间。政府部门既减少了用于产出补贴和隐性担保的财政支出，也减少了基础设施建设的投资力度，因此从供给端和需求端抑制了政策扶持部门的

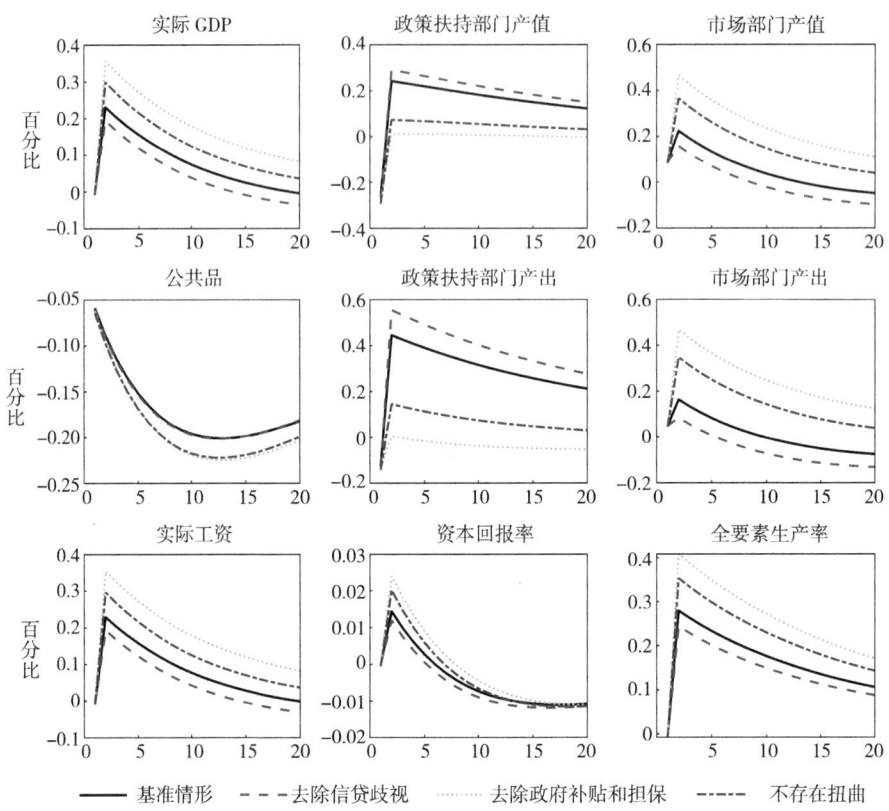

图7.1　基础模型中的财政压力冲击脉冲响应

生产活动。然而,因为市场部门的全要素生产率高于政策扶持部门,所以政策扶持部门产出下降有利于市场部门雇佣更多的劳动并增加资本投资,从而扩大市场部门产出。我们还可以观察到政策扶持部门产值下降幅度要大于产出下降幅度,这意味着政策扶持部门产品价格出现了下降。该结果反映政府部门削减公共品投资,从而降低了对政策扶持部门产品的需求。市场部门的产出和产值变化则基本相同,这是因为财政收入占 GDP 比重下降的另一面是居民收入占 GDP 比重上升,因此家庭部门对民用品的需求相对上升,但是由于市场部门产出增加降低了民用品生产成本,有利于民用品部门生产更多产品,这又部分抵消了家庭部门对民用品需求上升所导致的价格上涨，从而使得民用品部门对市场部门产品的需求基本保持不变，因此市场部门产品价格基本保持不变。在短期，实际工资、实际资本回报率和全要素生产率也基本维持不变。

在中期，财政压力冲击提高了经济体实际 GDP 水平，而且这是在公共品供给下降的背景下实现的。财政压力冲击在提高市场部门产出的同时，还提高了政策扶持部门产出。背后的资源配置机制如下，政府部门削减公共品投资可以使更多资源被用于政策扶持部门和市场部门的实物资本形成，这有利于政策扶持部门和市场部门在中期增加产出，并扩大民用品部门的生产。与此同时，财政收入占GDP 比重下降意味着家庭部门的收入相对增加，有利于家庭部门增加对民用品的需求，民用品市场得以在出清的同时扩大其自身规模。尽管公共品投资需求下降导致政策扶持部门产品价格出现下降，但是得益于民用品部门对政策扶持部门产品的需求，政策扶持部门产值仍然实现了增长。正是因为政府部门不得不减少对政策扶持部门的扶持力度，更多资本和劳动得以配置到具有更高全要素生产率的市场部门，有利于提高整个经济体的全要素生产率。实际工资水平和实际资本回报率也随着全要素生产率的提高而有所上升，但是实际工资水平的提升幅度要明显大于实际资本回报率的提升幅度。

在长期，实际 GDP 逐渐下降至稳态水平附近。一方面，实物资本积累有利于增加政策扶持部门和市场部门产出，但是财政压力冲击减少了公共品供给水平，导致政策扶持部门和市场部门的生产效率下降。长期而言，后者占主导地位，因此可以观察到政策扶持部门和市场部门的产出都出现了下降，由此导致实际 GDP 也逐渐回归至稳态水平。另一方面，财政压力冲击随时间推移逐渐减弱，财政收入占 GDP 比重也逐渐向稳态水平回归，因此政府部门可以相应增大对政策扶持部门的产出补贴，承担更多隐性担保，并增加对公共品的投资力度。因此，尽管实际 GDP 逐渐下降至稳态水平，但是政策扶持部门和市场部门产出下降的速度并不一样，市场部门产出下降的速度要快于政策扶持部门，甚至出现市场部门产出低于稳态水平，而政策扶持部门产出高于稳态水平的情况。政策扶持部门和市场部门产出下降速度的不一致说明资本错配加剧，实际资本回报率下降至低于稳态水平。与此同时，实际工资水平则基本维持在稳态水平。得益于财政压力冲击减弱所带来公共品供给增加的对冲效应，全要素生产率略高于稳态水平。

结合短期、中期和长期看，财政压力冲击使实际 GDP 呈倒"U"形变化。在短期和长期，实际 GDP 基本维持在稳态水平，但是在中期，实际 GDP 出现了一定增长。倒"U"形变化背后主要是两方面因素共同作用的结果，一方面，财政压力冲击降低了资源错配，劳动和资本得以更多配置到具有高生产效率的市场部门，因此有利于产出增加和资本形成；另一方面，财政压力冲击会逐渐降低公共品供给水平，而较低的公共品供给水平对政策扶持部门和市场部门的生产效率都产生了负面影响。从短期到中期，产出增加和资本形成占主导地位，因此实际 GDP 出现增长，但是从中期到长期，生产效率的下降占主导地位，因此实际 GDP 逐渐下降至稳态水平。

（二）潜在改革下的资源配置效应

当去除经济体中的信贷歧视后，政策扶持部门和市场部门在向银行借贷时具有相同抵押率，不同之处在于政策扶持部门仍然可以享受由政府部门提供的隐性担保。从图 7.1 可以发现，此时实际 GDP 的增幅要低于基准情形。分部门看，政策扶持部门产出和产值均高于基准情形，而市场部门产出和产值则均低于基准情形。此外，公共品供给水平的变动与基准情形基本一致，而实际工资水平、实际资本回报率和全要素生产率均低于基准情形。这些结果似乎是反直觉的，因为财政压力冲击降低了政府部门向政策扶持部门的扶持力度，这应该有利于资源配置到更高效率的市场部门，而去除信贷歧视应该进一步强化资源流向市场部门，然而图 7.1 却表明去除信贷歧视后，政策扶持部门产出相对上升，市场部门产出相对下降。这种反常资源配置效应出现的原因如下，财政压力冲击提高产出的重要机制是通过降低扭曲的方式提高资源配置效率，但是去除信贷歧视意味着初始资源配置效率已达到较高水平，因此市场部门通过该效应增加的产出相对较小。不过，对于政策扶持部门而言，单独去除信贷歧视仍可以使得政策扶持部门通过扩大生产的方式从政府部门获得一定的产出补贴和隐性担保，这放大了政策扶持部门产出的增长幅度。叠加公共品供给水平下降的影响，可以发现，市场部门所实现的产出水平很快就降低至稳态水平之下，而政策扶持部门的产出仍然在较长时期保持高于稳态的水平。

因此，单独去除信贷歧视会导致财政压力冲击在中长期产生非对称的影响。政府部门对政策扶持部门的产出补贴和隐性担保支撑了政策扶持部门中长期产出的增长，但是市场部门却因公共品供给水平下降而导致产出的下滑，造成"国进民退"现象。从这个角度而言，如果仍然保持对政策扶持部门的产出补贴和隐性担保，那么商业银行对市场部门的信贷歧视可能是一种"次优"安排。此外，第五章研究了货币政策具有政策扶持部门偏向性，本章则进一步指出，如果不存在信贷歧视，那么财政压力冲击也将表现为政策扶持部门偏向性。

当去除政府部门向政策扶持部门提供的产出补贴和隐性担保后，政府部门只通过公共品投资向政策扶持部门提供一定扶持。从图7.1可以发现，财政压力冲击下的实际 GDP 变化仍然呈倒"U"形，且倒"U"形曲线在四种情形中的位置最高。分部门看，财政压力冲击在短期降低了政策扶持部门产出和产值，在中长期则降低政策扶持部门产出，但是对政策扶持部门产值影响较小。对于市场部门而言，财政压力冲击极大提高了该部门的产出和产值。背后经济学直觉如下，去除产出补贴和隐性担保后，政府部门主要通过公共品投资与政策扶持部门联系在一起。财政压力冲击降低了公共品投资需求，因而降低了政策扶持部门产出，劳动和资本会从该部门转移至较高生产率的市场部门。与去除信贷歧视情形不同的是，资源配置效率改善的效应并不会受到产出补贴和隐性担保的抑制。因此，资源会更多配置在市场部门，由此压缩了政策扶持部门所使用的劳动和资本。这一经济学直觉可以从图 7.1 更高的实际工资水平、实际资本回报率和全要素生产率得到佐证。

如果同时去除经济体中的信贷歧视、产出补贴和隐性担保，那么经济体将不存在扭曲。此时，政策扶持部门和市场部门的区别只有两个：一是政策扶持部门产品可以被用于生产公共品，而市场部门产品只能被用于生产民用品；二是政策扶持部门生产效率低于市场部门。从图 7.1 可以发现，财政压力冲击所引起的实际 GDP 脉冲响应介于基准情形和去除产出补贴和隐性担保的情形。分部门看，政策扶持部门产出和产值也介于基准情形和去除产出补贴和隐性担保的情形。其他主要经济变量也有类似结论。当经济体不存在扭曲时，资源配置效率已然较高，此时资源配置效率改善所带来的产出增长效应要小于仅去除产出补贴和隐性担保的情形。与此同时，政府部门无法扭曲政策扶持部门的产品价格和资本价格，因此不会阻碍资源流向市场部门，所以资源配置效率改善所带来的产出增长效应大于基准情形。

在不同情形中，财政压力冲击都会导致实际 GDP 呈倒"U"形变化，但是潜在改革措施的资源配置效应具有异质性。信贷歧视限制了市场部门的资本形成，因此去除信贷歧视能极大提高资源配置效率，但这也就意味着财政压力冲击所带来的资源配置效率边际改善相对较小。相较而言，政策扶持部门仍能够享受一定的偏向性政策支持，从而使得在去除信贷歧视的情况下，财政压力冲击表现为政策扶持部门偏向性。事实上，如果在去除信贷歧视的同时，进一步去除产出补贴和隐性担保，那么财政压力冲击将不再表现为政策扶持部门偏向性。如果保留信贷歧视，但去除产出补贴和隐性担保，那么财政压力所带来的资源配置效率边际改善相对会增大，从而表现为更高的两部门产出和更高的实际 GDP。

因此，潜在改革既可能提高现有资源配置效率，从而削弱财政压力冲击所带来的边际效率改善，也可能降低政策扶持部门偏向性政策所带来的扭出，从而强化财政压力冲击所带来的边际效率改善。

叠加财政压力冲击对公共品供给的影响，实际 GDP 呈现不同程度的倒"U"形变动。

二　垂直市场结构中的财政压力冲击

图 7.2 展示了在第四章考虑垂直市场结构的新二元经济模型中引入财政压力冲击所得到的脉冲响应图形。我们依然考虑了三种不同情形，分别是基准情形，去除对市场部门抵押品约束歧视的情形（去除信贷歧视，$\theta^s = \theta^p = 0.504$），去除政府部门对政策扶持部门产出补贴和隐性担保的情形（去除政府补贴和担保，$\tau = 0$ 和 $\xi_s = \xi = 1\%$），和去除信贷歧视、产出补贴和隐性担保的情形（不存在扭曲，$\theta^s = \theta^p = 0.504$、$\tau = 0$ 和 $\xi_s = \xi = 1\%$）。

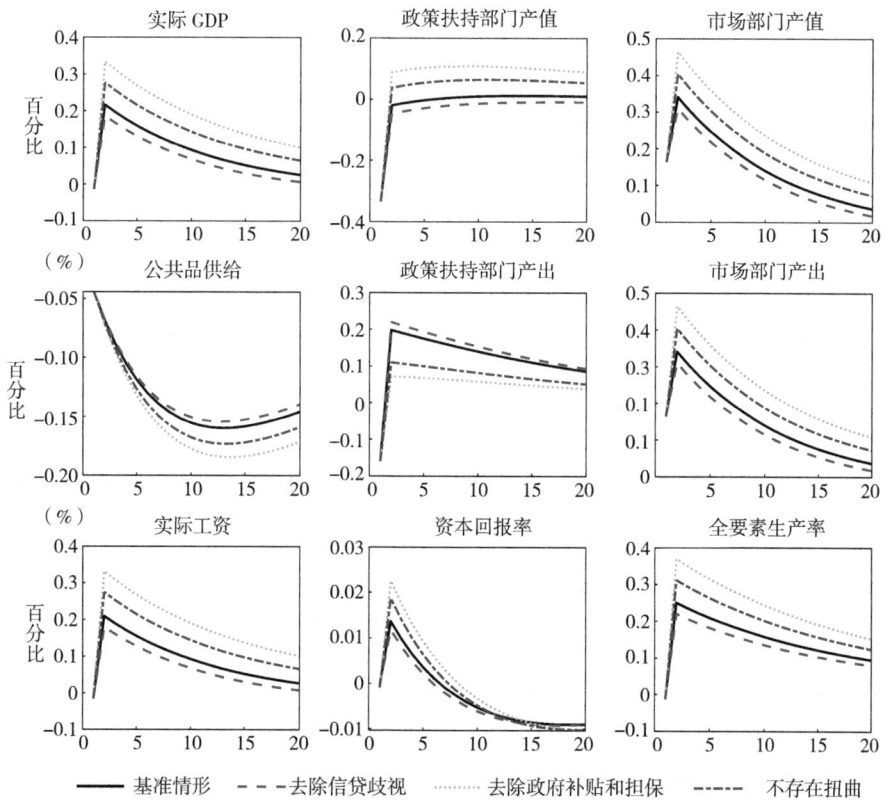

图 7.2　垂直市场结构中的财政压力冲击脉冲响应

（一）基准情形下的资源配置效应

比较图 7.2 和图 7.1 可以发现，在考虑垂直市场结构的模型中，财政政策压力冲击对主要经济变量所引起的脉冲响应与基础模型十分接近。比如，财政压力冲击会使得实际 GDP 呈倒"U"形变化。然而，相比基础模型，在考虑垂直市场结构的模型中，我们可以发现政策扶持部门中长期产出和产值的增幅相对有限，而且往往低于市场部门。

在垂直市场结构模型当中，政策扶持部门产品既可以作为生产公共品的中间品，也可以作为生产民用品的中间品。财政压力冲击降低了政府部门的公共品投资需求，因此作为生产公共品的中间品的政策扶持部门产品需求会下降，从而不利于政策扶持部门产出的增加。因为公共品供给本身能对政策扶持部门生产效率产生正外部性，所以公共品供给减少会进一步降低政策扶持部门产出。与此同时，财政压力冲击降低了税收收入占 GDP 比重，这就意味着家庭部门收入份额的增加，因此民用品需求会上升，而民用品是由市场部门生产的。然而，生产民用品的市场部门既可以通过增加政策扶持部门产品的中间投入扩大民用品生产，也可以通过增加劳动和资本的投入扩大民用品生产。因此，作为生产民用品的中间品的政策扶持部门产品需求会上升，但是上升幅度受制于中间品与劳动和资本的替代弹性。图 7.2 表明，虽然政策扶持部门产出有一定增长，但是政策扶持部门产值增长幅度相对有限，甚至是负增长，说明公共品投资需求下降对政策扶持部门产品价格的影响更大，而民用品需求增加所带来的影响相对较小。

在垂直市场结构当中，扭曲来源于政策扶持部门和市场部门分散决策所形成的上下游结构可能偏离了将两个部门视为一个整体所得到的最优上下游结构。财政压力冲击则限制了政府部门向政策扶持部门提供政策性优惠的能力，有利于降低要素市场和产品市场的扭曲程度。结果是，在上下游结构当中，政策扶持部门产出占比相对下降，从而使得实际上下游结构趋向于最优上下游结构。因此，财政压力冲击所带来的上下游结构调整也意味着政策扶持部门产出和产值的增幅小于市场部门，实际 GDP 则会因更优的上下游结构而增加。

具体而言，在短期，财政压力冲击会降低实际 GDP，但下降幅度非常接近于零。分部门看，财政压力冲击降低了政策扶持部门产出和产值，但是提高了市场部门产出和产值。政策扶持部门产值下降幅度要大于产出下降幅度，反映为政策扶持部门产品价格的下降。不过，市场部门产出和产值变化是完全一致的，原因是市场部门产品在考虑垂直市场结构的模型中作为计价物。在短期，公共品供给、实际工资水平、实际资本回报率和全要素生产率都有一定程度下降，但是下降幅度非常有限。财政压力冲击所带来的这些短期影响主要是因为资本调整并非一蹴而就。财政压力冲击压减了政府部门的财政支出，导致政策扶持部门所得到的产出补贴和隐性担保减少，有利于上下游结构向最优上下游结构调整。但是，当期资本存量是由上一期决定的，其调整存在时滞。然而，财政压力冲击意味着家庭部门收入份额上升，由此导致的最终需求结构调整不存在时滞。因此，实际 GDP 出现小幅下降。

在中期，财政压力冲击明显提高了实际 GDP，说明公共品供给下降效应可以被上下游结构调整效应所抵消。尽管政策扶持部门产出有所增长，但是产值基本维持不变，而市场部门产出和产值都出现明显增长，说明最终需求结构调整降低了政策扶持部门产品的价格。但是，市场部门需要生产更多的民用品以满足消费需求，这会增加对政策扶持部门产品的需求，从而在一定程度提高政策扶持部门产出。此外，得益于财政压力冲击增强了短期实物资本投资，中期资本存量得以提高，劳动配置也得到进一步优化。此时，尽管更低的公共品供给水平减少了政策扶持部门和市场部门的生产效率，但是上下游结构的改善仍带来了明显的产出增长效应，表现为实际工资水平、实际资本回报率和全要素生产率都有一定程度提高。不过，实际资本回报率提升幅度相对有限，不到实际工资水平提升幅度的十分之一。

长期而言,随着公共品供给水平下降和财政压力冲击消退,实际 GDP 逐渐回落至稳态水平。不过相对而言,公共品供给水平仍然较大幅度偏离稳态水平。一方面,公共品供给水平下降本身会降低生产效率,从而降低实际 GDP。另一方面,财政压力冲击消退意味着政府部门有更充足预算向政策扶持部门提供各种偏向性政策,这会使部分资源从市场部门配置到政策扶持部门,从而导致上下游结构进一步偏离最优上下游结构,因此也会降低实际 GDP。在这个过程中,我们发现政策扶持部门产值会更快趋向于稳态水平,而市场部门相对更慢。原因在于政府部门拥有的公共品会产生一种类似"抵押品"的效应,公共品价格下跌会降低政府部门公共品资产的价格,从而削弱政府部门向政策扶持部门提供偏向性优惠政策的力度,并进一步对政策扶持部门产生抑制效应。值得注意的是,在长期实际资本回报率甚至下降至低于稳态水平,说明财政压力冲击消退加剧了资本错配。

(二) 潜在改革下的资源配置效应

当去除经济体中的信贷歧视后,政策扶持部门和市场部门具有相同的贷款抵押比。比较图 7.1 和图 7.2 可以发现,在基础模型中,去除信贷歧视后,财政压力冲击表现为政策扶持部门偏向性,但是在考虑垂直市场结构的模型中,去除信贷歧视后,尽管政策扶持部门产出会增加,但是政策扶持部门产值会减少。与此同时,在基础模型和考虑垂直市场结构的模型中,去除信贷歧视都会降低财政压力冲击所引起的实际 GDP 增加。去除信贷歧视后,经济体资源配置效率已经达到较高水平,所以财政压力冲击所带来的上下游结构改善相对有限。与此同时,政府部门提供的产出补贴和隐性担保仍然对产品市场和要素市场造成一定扭曲,因此实际 GDP 会下降。政策扶持部门产值下降的原因是政策扶持部门产品被用于生产民用品时,市场部门可以使用劳动和资本对政策扶持部门产品进行一定的替代,由此进一步抑制了对政策扶持部门产品的需求,使得其价格下降幅度较大。最后，与基础模型一致的是，财政压力冲击降低了实际工资水平、实际资本回报率和全要素生产率的增加幅度。

当去除政府部门向政策扶持部门提供的产出补贴和隐性担保后，比较图 7.1 和图 7.2 可以发现，在基础模型和考虑垂直市场结构的模型中，财政压力冲击对主要经济变量所产生的脉冲响应几乎是一致的。不同之处在于，在考虑垂直市场结构的模型中，去除政策性优惠可以提高政策扶持部门产值，但是在基础模型中，去除政策性优惠可以降低政策扶持部门产值。去除政府部门向政策扶持部门所提供的产出补贴和隐性担保可以强化上下游结构优化效应，因此可以观察到实际 GDP 的上升，这意味着市场部门提高了产出水平，从而增加了对政策扶持部门产品的需求，进而较大程度提高了政策扶持部门产品的价格。因此，尽管去除产出补贴和隐性担保降低了政策扶持部门产出，但是其产值是上升的。由于去除政策性优惠强化了上下游结构优化效应，实际工资水平、实际资本回报率和全要素生产率都出现一定程度上升。

当同时去除经济体中的信贷歧视、产出补贴和隐性担保后，经济体已不存在扭曲。比较图 7.1 和图 7.2 可以发现，此时财政压力冲击对主要经济变量所产生的脉冲响应均介于基准情形和去除产出补贴和隐性担保的情形。如果经济体不存在任何扭曲，那么政策扶持部门和市场部门的产出结构已然接近最优上下游结构。政府部门对具有正外部性的公共品进行投资使得不存在扭曲时的上下游结构不等于最优上下游结构。一方面，财政压力冲击削减了政府支出，带来的上下游结构优化效应要小于仅去除产出补贴和隐性担保的情形。另一方面，由于政府部门无法通过产出补贴和隐性担保扭曲产品市场和要素市场，相比基准情形，这强化了上下游结构优化效应。因此，财政压力冲击引起的脉冲响应介于两种情形之间。

总体而言，在考虑垂直市场结构的模型当中，财政压力冲击使实际 GDP 呈倒 "U" 形变化，而倒 "U" 形变化背后是上下游结构优化效应和公共品供给减少效应的综合结果，前者有利于增加产出，后者减少产出。由于政策扶持部门产品用作市场部门生产民用品的中间品，市场部门可以使用劳动和资本对其进行替代，因此，在考虑垂直市场结构的模型当中，政策扶持部门相对较少受益于上下游结构优化效应。最后，信贷歧视提高了资源配置效率，从而一定程度弱化了财政压力冲击带来的上下游结构优化效应，但是去除产出补贴和隐性担保可以强化该效应。

三　货币政策非对称传导中的财政压力冲击

图7.3展示了在第五章考虑货币政策非对称传导的新二元经济模型中引入财政压力冲击得到的脉冲响应图形。本节考虑了三种不同

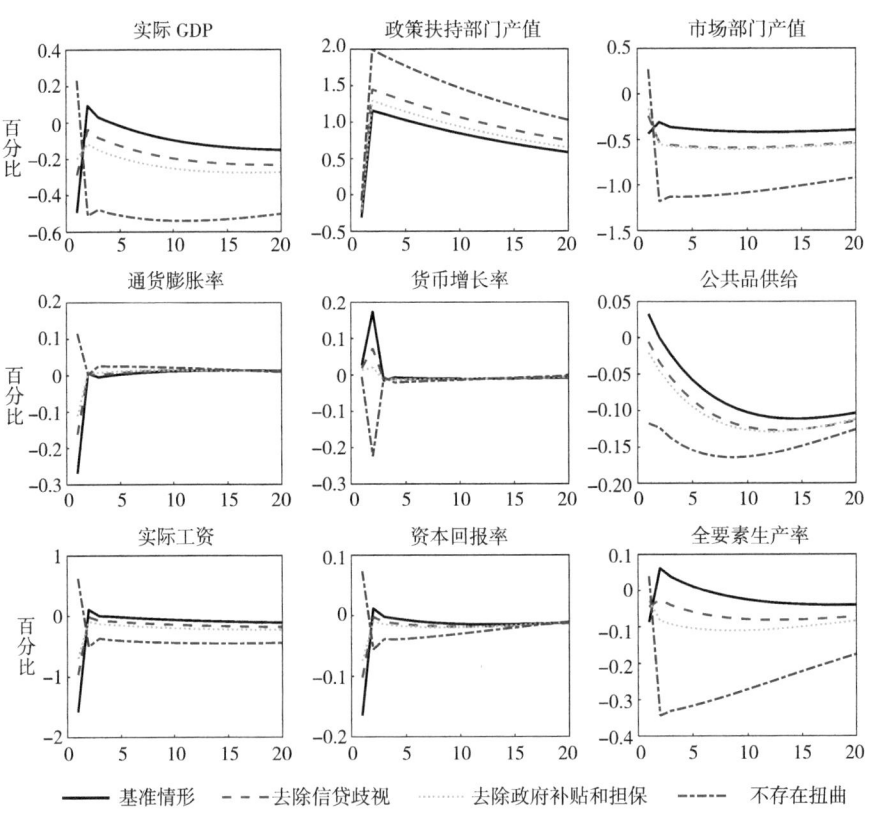

图7.3　货币政策非对称传导中的财政压力冲击脉冲响应

情形，分别是基准情形，去除对市场部门抵押品约束歧视的情形（去除信贷歧视，$\theta^s = \theta^p = 0.504$），去除政府部门对政策扶持部门产出补贴和隐性担保的情形（去除政府补贴和担保，$\tau = 0$ 和 $\xi_s = \xi = 1\%$），和去除信贷歧视、产出补贴和隐性担保的情形（不存在扭曲，$\theta^s = \theta^p = 0.504$、$\tau = 0$ 和 $\xi_s = \xi = 1\%$）。

（一）基准情形下的资源配置效应

比较图7.3、图7.1和图7.2可以发现，在考虑货币政策非对称传导的模型中，财政压力冲击所引起的脉冲响应迥异于基础模型和考虑垂直市场结构的模型结果。尽管在基准情形、去除信贷歧视的情形、去除产出补贴和隐性担保的情形中，财政压力冲击都使得实际 GDP 呈倒"U"形变化趋势，但是图7.3的倒"U"形变化趋势是非典型的，实际 GDP 可能仅表现为降幅的先缩小后扩大。也就是说，在这三种情形当中，如果考虑货币政策非对称传导，财政压力冲击不太可能提高实际 GDP。如果完全去除经济体中的扭曲，那么财政压力冲击虽然可以在短期提高实际 GDP，但是在中长期则会降低实际 GDP。此外，实际 GDP 在样本期内仍未能恢复至稳态水平，说明财政压力冲击会给经济体带来较为长期的负面影响。这些结果表明，一旦我们考虑货币政策与财政支出的互动，那么在新二元经济结构背景下，政府部门削减对政策扶持部门的政策性优惠可能会对经济增长产生一定的负面影响。

理论上，财政压力冲击对货币政策的影响方向是不确定的。根据数量型货币政策规则，货币政策到底是宽松还是紧缩，取决于两个因素：一是通货膨胀率与目标通胀率之间的差距；二是经济增长率与目标增长率之间的差距。财政压力冲击会降低政府部门的公共品投资，这会使得更大比例的政策扶持部门产品被用于生产民用品。民用品生产成本得以降低。为防止通货紧缩，中央银行应该采取扩张性货币政策。然而，因为公共品供给水平下降减少了政策扶持部门和市场部门的生产效率，所以政府部门降低公共品投资也可能意味着总产出的下降，从而降低对货币的需求，这又会促使中央银行采取紧缩性货币政策。财政压力冲击还降低了政府部门所能向政策扶持部门提供的产出补贴和隐性担保，从而降低产品市场和要素市场的扭曲程度，有利于生产效率的提升，此时，中央银行应该执行宽松货币政策以满足产出增长对货币的需求。最后，财政压力冲击提高了家庭部门的收入份额，由此增加对零售商品的需求，导致零售商品价格上升，从而提高通货膨胀率，并促使中央银行采取紧缩性货币政策。无论是哪方面因素占主导地位，货币供应量都会尽可能使经济体的物价水平和产出水平快速趋于稳定。

不过，在晋升锦标赛背景下，一旦出现实际 GDP 下降，那么政府部门便有动机增加公共品投资，以使产出回到稳态水平。政府部门对实际 GDP 的托举会减缓公共品供给水平的下降。在这个过程中，作为公共品生产过程中的中间品的政策扶持部门产品，其需求会上升，这会在一定程度上提高政策扶持部门产出。

短期而言，根据基准情形下财政压力冲击脉冲响应图，可以发现财政压力冲击同时降低了政策扶持部门产出和市场部门产出，由此导致实际 GDP 也随之下调。政策扶持部门产出下降符合理论预期，因为政府部门减少了产出补贴、隐性担保和公共品投资。市场部门产出下降在一定程度上是反直觉的，不过可以作出如下解释。经济体对零售商品的需求变化取决于收入效应和价格效应。财政压力冲击使更多资源配置到市场部门，提高了经济体的生产效率，但是家庭部门劳动收入份额的提高（收入效应）却可能降低劳动供给，减少工资收入，而这会降低市场部门产出。此时，由于资源配置效率倾向改善，实际 GDP 下降幅度并未超过家庭部门收入下降的幅度。因此，经济体呈现通货紧缩的状态。为应对通缩，中央银行增加货币供应量。政府部门为应对经济下行，甚至在短期内加强了公共品投资。

从中长期结果来看，实际 GDP 下降的同时，通货膨胀率略有上升，而此时货币供应量基本保持不变，全要素生产率则降低至稳态水平。比照理论上的可能性，这些结果意味着财政压力冲击所导致家庭部门收入份额的提高成为一个重要因素。此时，更多的货币追逐更少的零售商品提高了通货膨胀率。中央银行在稳通胀的要求下牺牲了经济增长率，并在略高的通货膨胀率和略低的实际 GDP 增长率之间达到新的货币政策均衡。结果是，用于商品交易的货币比例增加，而用于信贷供给的货币比例下降，这抑制了零售商品的生产。从政府部门角度看，在晋升锦标赛压力下，实际 GDP 下降会促使政府部门增加公共品投资以托举经济。导致的结果是，尽管实际 GDP 在下降，但是，公共品供给水平的下降幅度并未相比图 7.1 和图 7.2 有所加剧（在基础模型和考虑垂直市场结构的模型中，民用品价格始终单位化为 1）。与此同时，政策扶持部门产出会上升，以满足政府部门通过保持公共品投资以稳定经济的需求。全要素生产率也由于政策扶持部门产出扩大而下降。

从图 7.3 还可以发现，财政压力冲击系统性偏好政策扶持部门。在不同情形中，尽管政策扶持部门产出在短期有一定下降，但是其中长期产出水平一直高于稳态水平。对于市场部门而言，除了在不存在扭曲的情形中，其短期产出有所增长外，在其他情形中，市场部门产出均低于稳态水平。在考虑货币政策非对称传导的模型中，财政压力冲击所引致的部门产出变化完全不同于基础模型和考虑垂直市场结构的模型，因为在后面两个模型当中，财政压力冲击更偏向于市场部门。如果不考虑货币政策传导，财政压力冲击所引起的两个主要效应是资源配置改善效应（或上下游结构优化效应）和公共品供给效应，前者提高产出，后者降低产出。然而，当我们考虑货币政策传导时，财政压力冲击所引起的家庭部门收入份额增加非常重要，它导致物价上涨，而中央银行在略高的通货膨胀率和略低的经济增长率处达到了新的货币政策均衡。同时，在晋升锦标赛背景下，实际 GDP 增速下降会使政府部门相对增加对公共品投资，减少在职消费。因此，政策扶持部门产品和市场部门产品的需求结构发生了变化，即政策扶持部门产品需求相对上升，由此导致财政压力冲击系统性偏好政策扶持部门。

就实际工资水平和实际资本回报率而言，由于具有较低全要素生产率的政策扶持部门产出占比上升，在中长期它们均略微有所下降。

（二）潜在改革下的资源配置效应

如果去除经济体中的信贷歧视，那么财政压力冲击将进一步降低实际GDP。分部门看，政策扶持部门产出反而上升，市场部门产出则会下降。去除信贷歧视后，更多市场部门企业将会处于正常生产经营状态。此时，资源配置效率已然较高，所以财政压力冲击所带来的资源配置边际改善效应较小。在政府预算下降和货币政策调整的综合作用下，实际GDP出现下滑，且下滑程度因资源配置效率边际改善较小而加剧。在晋升锦标赛背景下，政府部门会相对增加公共品投资以稳定经济，这就导致了政策扶持部门产出上升、市场部门产出下降的反常经济现象。

当去除政府部门向政策扶持部门提供的产出补贴和隐性担保后，相比去除信贷歧视的情形，财政压力冲击会进一步降低经济体的实际GDP。与此同时，政策扶持部门产出也低于去除信贷歧视的情形。这些结论明显不同于图7.1和图7.2所示的基础模型和考虑垂直市场结构的模型的结论，原因是，在这些模型中，实际GDP都会因资源配置效率的提高而上升，因此政府部门不必增加公共品投资以托举经济。理论上，去除产出补贴和隐性担保可以降低产品市场和要素市场扭曲，因此有利于提高产出。但是，在考虑货币政策传导的模型中，财政压力冲击叠加货币政策稳定通胀和产出的作用，会导致实际GDP下降。此时，政府部门会相对增加公共品投资以阻止经济进一步下滑。因为政策扶持部门无法得到政府部门的产出补贴和隐性担保，政策扶持部门产出增加幅度相对较小。

如果同时去除经济体中的信贷歧视、产出补贴和隐性担保，那么金融市场、产品市场和要素市场均不存在扭曲。从图7.3可以发现，财政压力冲击会提高短期实际GDP，但却在中长期降低实际GDP。分部门看，在短期，政策扶持部门产出下降，市场部门产出增加，但是中长期却出现政策扶持部门产出上升，而市场部门产出下降。与此同时，实际工资水平、实际资本回报率和全要素生产率都在短期内有所上升，但是中长期却低于稳态水平。通货膨胀率在短期上升，而中长期则降低至略高于稳态水平，与之对应的是，中央银行在短期内降低货币供应量，长期则基本维持不变的货币供应量增长率。当经济体不存在扭曲时，资源配置效率已然处于较高水平。财政压力冲击促使资源更多配置到生产率较高的市场部门，因此有利于提高经济体总产出。当不存在扭曲时，财政压力冲击所能带来的资源配置效率边际改善也相对有限，但是家庭部门收入份额会上升，随之经济体通货膨胀率也会上升。相比其他情形，当不存在扭曲时，财政压力冲击会大幅降低公共品供给水平，而更低的公共品供给水平会降低生产效率，由此导致中长期实际 GDP 下降。在晋升锦标赛背景下，政府部门为托举经济，相应增加了公共品投资的支出比重。尽管由于预算收入下滑，公共品供给出现下降，但是政府部门增加了对政策扶持部门产品的相对需求，由此导致政策扶持部门中长期产出上升，而市场部门中长期产出相对下降。

总体而言，在考虑货币政策传导的模型中，财政压力冲击对主要经济变量的影响很大程度上异于基础模型和考虑垂直市场结构的模型。这种差异来源于财政压力冲击与货币政策之间的互动。从收入分配的角度而言，财政压力冲击提高了家庭部门收入份额，降低了政府部门收入份额，由此改变了需求结构。中央银行在略高的通货膨胀率和略低的经济增长率处形成了新的货币政策均衡，然而，在政治晋升锦标赛背景下，政府部门会相应增加公共品投资以托举经济，防止经济增速大幅下滑。这一做法尽管未能提高公共品供给水平，但却促进了政策扶持部门产出增加，与之相对应的则是市场部门产出下滑。

第三节　本章小结

　　财政收入是政府部门向政策扶持部门提供各类鼓励、支持政策的重要抓手。在财政收入增速下滑的背景下，本章分别将财政压力冲击引入基础模型、考虑垂直市场结构的模型、考虑货币政策非对称传导的模型，以研究在不同政策扶持部门偏向性特征下，财政压力所引致的资源配置效应。

　　本章主要结论可以概括如下：一是如果不考虑货币政策传导，那么财政压力冲击将使实际 GDP 呈先上升后下降的倒"U"形变化趋势。该变化趋势的背后是资源配置效率改善效应（或上下游结构优化效应）和公共品供给下降效应综合作用的结果，前者随时间推移而减弱，后者随时间推移而增强，从而使得实际 GDP 先上升后下降。二是就不同的潜在改革措施而言，去除信贷歧视会弱化资源配置效率改善效应，而去除产出补贴和隐性担保则会强化该效应。在不同情形中，如果不考虑货币政策传导，那么财政压力冲击一般表现为市场部门偏向型。三是如果考虑货币政策传导，那么财政压力冲击将不太可能提高实际 GDP。在政治晋升锦标赛背景下，GDP 增速下降会促使政府部门改变支出结构，相对增加公共品投资，以确保公共品供给不至于过度下降，由此形成对经济的托举。但是，这也导致财政压力冲击表现为政策扶持部门偏向型。

　　本章通过探究支撑新二元经济结构背后的财政基础，分析了财政收入增速下滑可能带来的资源配置效应。在财政压力下，叠加政治晋升锦标赛背景，以稳定通胀和经济增长为目标的货币政策可能会导致政策扶持部门产出增长，而市场部门产出下降的非对称影响。如果因财政压力导致经济下行，那么通过改变政府支出结构的方式刺激总需求，就难以避免出现政府支出系统性偏向政策扶持部门的情况。本章的政策启示是：当政府部门面临财政压力时，应进一步推动资源流向具有较高效率的市场部门。政府部门可以通过推动要素市场化改革涵养税基，以实现更高的经济产出和可持续的财政收支结构。

第 八 章

结论与政策建议

第一节　主要结论

中国经济"有效市场+有为政府"的发展模式不同于西方国家"小政府+大市场"的发展模式。政府的"有形之手"无疑对中国经济的运行机制产生非常重要的影响，处理好政府与市场的关系是发展社会主义市场经济的关键所在。为理解中国经济独特的运行机制，学术界往往采用两部门乃至多部门分析作为切入的角度。与现有文献不同的是，本书把政府与市场的关系具象化到新二元经济分析视角当中，通过构建动态随机一般均衡模型，探究新二元经济视角下的资源配置效应，探索潜在要素市场化改革措施的经济影响。本书在一定程度上丰富了强调政府在中国经济发展中起到重要作用的研究，并为推进要素市场化改革，实现经济高质量发展提供一定的政策建议。

本书研究新二元经济视角下的资源配置效应。本书逻辑框架可以概括如下：第三章以新二元经济分析视角为基础，构建了一个刻画中国经济的基础模型。然后基于该模型，第四章至第七章分别关注四个与中国经济相关的重要特征，即垂直市场结构、货币政策传导、政治晋升锦标赛和财政收支变动。本书关注这四方面特征的原因在于它们都对资源配置产生重要影响，前两者具有政策扶持部门偏向型特征，而后两者则是关于新二元经济的制度性因素。

具体而言，在第三章构建了一个反映中国新二元经济的基础模型，发现信贷歧视、产出补贴和隐性担保的存在虽然会降低资源配置效率，但是可以一定程度上提高经济体的稳定性。如果消除信贷歧视、产出补贴和隐性担保，那么将带来三方面影响：一是资本投入会增加；二是劳动力会流向高效率的市场部门，实际工资水平上升，从而改善收入分配；三是政府部门的预算约束得以放宽，总需求会上升，带动总产出的增加。

第三章初步厘清了新二元经济的资源配置效应，同时还表明新二元经济在面对外生冲击时具有相对稳定性。此外，第三章还在一定程度上揭示了政府推进要素市场化改革的意义，除了减少要素价格扭曲、促进市场主体公平竞争外，还可以刺激总需求，有利于扩大消费占 GDP 比重。

第四章在垂直市场结构的背景下，对基础模型进行拓展，发现如果一项改革措施可以改善下游市场部门的相对竞争环境，那么下游市场部门的扩张会增加对中间品的需求，导致中间品价格上涨，抬高生产成本。第四章还发现，在垂直市场结构的背景下，由于中间品价格机制的存在，要实现产出增长，除了去除信贷歧视外，最好进一步减少产出补贴和隐性担保。

第四章在第三章的基础上，进一步指出了中间品价格机制在资源配置中所起到的重要作用。第四章的研究还表明，在垂直市场结构的背景下，最好同步推进金融市场改革和要素市场化改革。

第五章构建了一个反映货币政策传导的模型，发现货币政策冲击具有一定的政策扶持部门偏向性。在货币政策非对称传导的背景下，货币政策的存在可以加强去除信贷歧视、产出补贴和隐性担保所能释放的改革红利。背后的经济学机制如下，改革可以提高实际 GDP 增长率，而更高的 GDP 增长率反过来要求中央银行提高货币供应量，从而降低了融资成本，进一步推动经济增长。

第五章揭示了货币因素在新二元经济资源配置中所起到的重要作用。第五章表明，在货币政策的制定过程中，需要考虑政策本身是否具有部门偏向性，防止出现非预期的货币政策效果。第五章还表明，在供给侧结构性改革的过程中，货币因素扮演非中性的角色，可以强化改革所释放的红利。

第六章将政治晋升锦标赛冲击引入第三章、第四章和第五章所构建的模型当中，发现政治晋升锦标赛冲击使实际 GDP 呈"U"形变化趋势，即短期上升，中期下降，长期增长。政治晋升锦标赛冲击还在考虑垂直市场结构的情形中体现为资本偏向型特征，即有利于提高实际资本回报率。如果消除信贷歧视、产出补贴和隐性担保，那么政治晋升锦标赛所带来的 GDP 增长效应会有所削弱。

第六章揭示了新二元经济视角下，政治晋升锦标赛如何驱动经济的增长，并厘清了公共品投资与实物资本投资之间的关系，从而深化了对新二元经济资源配置效应的认识。在垂直市场结构的背景下，政治晋升锦标赛具有资本偏向型特征，这一结论为认识劳动收入份额下降的现象提供了新的潜在解释。是否存在扭曲会影响晋升锦标赛推动经济增长的效果，因此，在淡化 GDP 考核的背景下，深化要素市场化改革需要建立与经济高质量发展相适的地方官员治理手段。

第七章将财政压力冲击引入第三章、第四章和第五章所构建的模型当中，发现如果不考虑货币政策传导，那么财政压力冲击将使实际 GDP 呈倒"U"形变化，并表现为市场部门偏向型；而如果考虑货币政策传导，那么财政压力冲击将表现为政策扶持部门偏向型。

第七章揭示了财政收入增速下滑可能带来的资源配置效应，该效应取决于货币政策与财政收支之间的互动，以及政府部门托举经济的意愿。财税收入增速下滑既可能降低扭曲，促进市场部门发展，从而表现为市场部门偏向型，也可能因政府部门过度托举经济而抑制了市场部门发展，从而表现为政策扶持部门偏向型。实现可持续财政收支结构的关键在于推动要素市场化改革、促进资源优化配置，以涵养税基、增加产出。

总体而言，本书将政府与市场的关系具象化到新二元经济分析视角当中，通过构建动态随机一般均衡模型研究了新二元经济视角下的资源配置效应，并对潜在要素市场化改革措施进行了模拟分析，发现：一是消除扭曲性因素可以提高经济体的资源配置效率，改善劳动收入分配，并刺激总需求。二是在垂直市场结构背景下，最好同步推进金融市场改革和要素市场化改革，以充分释放改革红利。三是在货币政策传导背景下，货币因素扮演非中性的角色，可以强化改革所释放的红利。四是在淡化 GDP 考核的背景下，深化要素市场化改革需要建立与经济高质量发展相适应的地方官员治理手段。五是在财政压力背景下，推动要素市场化改革有助于实现可持续财政收支结构。

第二节 政策建议

本书的研究结论可以为推动供给侧结构性改革，实现经济高质量发展提供一定的政策建议。

第一，实施补贴政策应当对潜在的机会成本予以关注和考量。本书研究表明，政府补贴和隐性担保的机会成本可以概括为两方面：一方面扭曲要素价格，另一方面挤压政府预算，间接抑制总需求。最好是当政策扶持部门所产生的正外部性（社会收益）大于扶持政策的机会成本时，才考虑向特定类型的企业提供鼓励、支持政策。

第二，经济高效率与经济稳定性存在一定程度的权衡取舍，在推进供给侧结构性改革的过程中，最好在消除体制性扭曲和维持经济健康稳定发展中找到平衡。本书研究表明，从新二元经济视角看，经济体在面对外生冲击时具有相对稳定性。然而，这一结果并不代表我们不应该去除扭曲。去除扭曲可以释放经济活力，进一步增加产出。最好在去除扭曲的过程中，注意把握节奏，科学研判，有效治理，确保经济平稳健康发展。

第三，经济体制深化改革要求建立与之相适应的地方官员治理体系，需要重新看待晋升激励对经济发展的效果。政治晋升锦标赛无疑推动了过去中国经济的高速增长，但是也带来了一系列发展问题。本书研究表明，随着扭曲的去除，政治晋升锦标赛所能带来的经济增长效应会减弱。因此，不仅仅是一系列亟须解决的发展问题，还有晋升锦标赛经济增长效应的内生减弱，要求我们最好对地方官员治理体系进行适当革新，降低 GDP 增速的考核权重，以匹配经济高质量发展的目标。

第四，在推进供给侧结构性改革，实现经济高质量发展的过程中，最好对中国经济的垂直市场结构予以必要关注。本书研究表明，在垂直市场结构明显的领域，虽然一些改革措施能够释放下游企业的活力，但是在不打破上游行业进入壁垒的情况下，下游企业对上游中间品的需求上升会强化上游的议价能力，从而损害了下游企业的利润，不利于改革红利的充分释放。为实现经济高质量发展，在推动要素市场化改革的同时，应当注重打破上游行业的进入壁垒。

第五，在制定货币政策时，最好重视货币政策在中长期可能产生的分配效应。宽松货币政策可以带来短期的经济增长，然而宽松货币政策往往推高资产价格，长期造成财富不平等问题。本书研究还发现，宽松货币政策还可能具有偏向政策扶持部门的特征。为缩小贫富差距，推进市场主体公平竞争，制定货币政策需要适当考虑其潜在的分配效应，既守住人民的钱袋子，又普惠不同类型的企业。

第六，在财政压力下，最好通过进一步促进供给侧结构性改革的方法涵养税基。本书研究表明，通过改变政府支出结构的方式刺激总需求，可能会导致政府支出系统性偏向政策扶持部门的情况。当面临财政压力时，相比于强化政府对市场的干预，最好进一步通过要素市场化改革，推动资源流向具有较高效率的部门。

第三节　研究展望

本书一定程度上增强了对新二元经济视角下的资源配置效应认识，但目前仍存在一些不足之处，这些不足之处可能是围绕新二元经济分析视角展开进一步研究的潜在方向。

例如，本书没有内生化新二元经济结构，而是通过校准得到政策扶持部门和市场部门的一些参数。因此，本书的建模没有考虑到企业的微观动机。一方面，如果政府部门支持、鼓励发展特定类型的企业，那么部分企业可能会改变自身经营模式，从而获得优惠政策的支持。此外，如果上游行业的进入壁垒被打破，那么处于市场部门中的企业可能会主动进入上游行业，成为受政策支持的上游企业。另一方面，政府部门支持、鼓励发展的特定企业类型可能会发生改变，这可能会导致原本属于政策扶持部门的企业不再享受政府部门提供的优惠政策，因而成为市场部门中的企业。引入内生部门筛选机制可能会导致市场部门的分化，刻画新二元经济的内生部门筛选机制将成为未来的研究方向之一。

新二元经济分析视角能帮助理解政府与市场的关系，但是本书尚未以新二元经济分析视角为基础，进行计量分析。值得注意的是，部分实证文献分析了政府推出的一些政策（比如共建"一带一路"倡议、"撤县设区"等）会使特定类型的企业明显受益。也就是说，一些企业成为政策扶持部门中的企业。在未来的实证研究当中，我们可以通过新二元经济视角，把鼓励、支持特定类型企业的政策所产生的非对称经济影响纳入一个统一分析框架。

本书构建的一般均衡模型尚未考虑负外部性问题，也没有考虑信息不对称和国际竞争的影响。政府部门出台的一些偏向性政策，很有可能是因为市场本身的不完善。比如，虽然产业政策会导致资源偏向某些类型的企业，但是在特定经济发展阶段和特定外部环境制约下，产业政策可能是必要的，长期有利于打破国际巨头的垄断，攻克"卡脖子"技术，谋得长远国家利益。未来的研究可以在博弈论等框架下探讨非市场因素的影响。

参考文献

安同良等：《R&D 补贴对中国企业自主创新的激励效应》，《经济研究》2009 年第 10 期。

白重恩：《对新二元经济的思考》，《经济研究参考》2016 年第 13 期。

白重恩：《对一些经济反常现象应理性分析》，《理论导报》2016 年第 2 期。

白重恩、张琼：《中国的资本回报率及其影响因素分析》，《世界经济》2014 年第 10 期。

卜永祥、靳炎：《中国实际经济周期：一个基本解释和理论扩展》，《世界经济》2002 年第 7 期。

曹清峰：《房价上涨与中国城市"新二元结构"的加剧》，《经济理论与经济管理》2019 年第 6 期。

陈昆亭等：《什么造成了经济增长的波动，供给还是需求：中国经济的 RBC 分析》，《世界经济》2004 年第 4 期。

陈梦根、侯园园：《中国经济增长动力结构变迁：2000—2019》，《经济研究》2024 年第 1 期。

陈诗一、王祥：《融资成本、房地产价格波动与货币政策传导》，《金融研究》2016 年第 3 期。

陈小亮、陈伟泽：《垂直生产结构、利率管制和资本错配》，《经济研究》2017 年第 10 期。

陈晓光、张宇麟：《信贷约束、政府消费与中国实际经济周期》，

《经济研究》2010 年第 12 期。

陈彦斌等：《利率管制与总需求结构失衡》，《经济研究》2014 年第 2 期。

陈彦斌等：《人工智能、老龄化与经济增长》，《经济研究》2019 年第 7 期。

辰昕等：《对数据时代"新二元经济结构"及其发展演变的分析和思考》，《产业经济评论》2022 年第 3 期。

杜清源、龚六堂：《带"金融加速器"的 RBC 模型》，《金融研究》2005 年第 4 期。

高然等：《信贷约束、影子银行与货币政策传导》，《经济研究》2018 年第 12 期。

高然、龚六堂：《土地财政、房地产需求冲击与经济波动》，《金融研究》2017 年第 4 期。

葛扬、岑树田：《中国基础设施超常规发展的土地支持研究》，《经济研究》2017 年第 2 期。

耿强等：《政策性补贴、产能过剩与中国的经济波动——引入产能利用率 RBC 模型的实证检验》，《中国工业经济》2011 年第 5 期。

龚六堂、谢丹阳：《我国省份之间的要素流动和边际生产率的差异分析》，《经济研究》2004 年第 1 期。

顾海英等：《现阶段"新二元结构"问题缓解的制度与政策——基于上海外来农民工的调研》，《管理世界》2011 年第 11 期。

郭庆旺、贾俊雪：《地方政府行为、投资冲动与宏观经济稳定》，《管理世界》2006 年第 5 期。

郭长林：《财政政策扩张、异质性企业与中国城镇就业》，《经济研究》2018 年第 5 期。

何青等：《房地产驱动了中国经济周期吗?》，《经济研究》2015 年第 12 期。

侯潇怡：《观当下，溯过往：广东民企信贷一线调研》，《21 世纪经济报道》2019 年 8 月 3 日。

胡永刚、刘方：《劳动调整成本、流动性约束与中国经济波动》，《经济研究》2007 年第 10 期。

黄赜琳：《中国经济周期特征与财政政策效应——一个基于三部门 RBC 模型的实证分析》，《经济研究》2005 年第 6 期。

简泽等：《中国跨企业的资本配置扭曲：金融摩擦还是信贷配置的制度偏向》，《中国工业经济》2018 年第 11 期。

江静：《融资约束与中国企业储蓄率：基于微观数据的考察》，《管理世界》2014 年第 8 期。

金戈：《中国基础设施资本存量估算》，《经济研究》2012 年第 4 期。

康立等：《金融摩擦、银行净资产与经济波动的行业间传导》，《金融研究》2013 年第 5 期。

李猛、沈坤荣：《地方政府行为对中国经济波动的影响》，《经济研究》2010 年第 12 期。

李胜旗、毛其淋：《制造业上游垄断与企业出口国内附加值——来自中国的经验证据》，《中国工业经济》2017 年第 3 期。

林滨等：《企业效率异质性、金融摩擦的资源再分配机制与经济波动》，《金融研究》2018 年第 8 期。

林琳等：《中国式影子银行下的金融系统脆弱性》，《经济学（季刊）》2016 年第 3 期。

林毅夫、李永军：《中小金融机构发展与中小企业融资》，《经济研究》2001 年第 1 期。

林毅夫、李志赟：《中国的国有企业与金融体制改革》，《经济学（季刊）》2005 年第 3 期。

刘斌：《我国 DSGE 模型的开发及在货币政策分析中的应用》，《金融研究》2008 年第 10 期。

刘凤良、陈彦龙：《环境政策组合、信贷歧视与全要素生产率——基于企业治污投入的视角》，《金融研究》2024 年第 2 期。

刘平：《新二元社会与中国社会转型研究》，《中国社会科学》

2007 年第 1 期。

　　刘瑞明、石磊：《上游垄断、非对称竞争与社会福利——兼论大中型国有企业利润的性质》，《经济研究》2011 年第 12 期。

　　刘小玄、周晓艳：《金融资源与实体经济之间配置关系的检验——兼论经济结构失衡的原因》，《金融研究》2011 年第 2 期。

　　刘修岩等：《城市空间结构与地区经济效率——兼论中国城镇化发展道路的模式选择》，《管理世界》2017 年第 1 期。

　　卢盛峰、陈思霞：《政府偏袒缓解了企业融资约束吗？——来自中国的准自然实验》，《管理世界》2017 年第 5 期。

　　罗德明等：《要素市场扭曲、资源错置与生产率》，《经济研究》2012 年第 3 期。

　　梅冬州等：《房价变动、土地财政与中国经济波动》，《经济研究》2018 年第 1 期。

　　梅冬州等：《党代会召开、监察力度变化与中国经济波动》，《经济研究》2014 年第 3 期。

　　梅冬州、温兴春：《外部冲击、土地财政与宏观政策困境》，《经济研究》2020 年第 5 期。

　　梅冬州、赵晓军：《资产互持与经济周期跨国传递》，《经济研究》2015 年第 4 期。

　　聂辉华、贾瑞雪：《中国制造业企业生产率与资源误置》，《世界经济》2011 年第 7 期。

　　皮建才：《中国地方政府间竞争下的区域市场整合》，《经济研究》2008 年第 3 期。

　　皮建才：《中国式分权下的地方官员治理研究》，《经济研究》2012 年第 10 期。

　　皮建才等：《新形势下中国地方官员的治理效应研究》，《经济研究》2014 年第 10 期。

　　皮建才、张鹏清：《外资进入背景下地方政府补贴与体制性产能过剩》，《国际经贸探索》2019 年第 12 期。

皮建才、张鹏清：《中国式双层补贴下的产能过剩：一个分析框架》，《社会科学战线》2019 年第 4 期。

皮建才、张鹏清：《垂直结构、环境规制与产能过剩》，《社会科学战线》2020 年第 8 期。

皮建才、张鹏清：《需求冲击下的产能过剩：一个分析框架》，《中南财经政法大学学报》2020 年第 4 期。

皮建才、张鹏清：《中国式发展道路的福利效应》，《中国经济问题》2024 年第 1 期。

皮建才、赵润之：《上游国有企业混合所有制改革与下游民营企业产能过剩》，《学术研究》2018 年第 4 期。

皮建才、赵润之：《国有企业混合所有制改革与民营企业过度进入——一个基于中国式上下游关系的分析框架》，《中国经济问题》2019 年第 2 期。

裘翔、周强龙：《影子银行与货币政策传导》，《经济研究》2014 年第 5 期。

史晋川：《供给侧结构性改革要破除新二元经济结构》，《浙江经济》2016 年第 5 期。

汪伟等：《融资约束、劳动收入份额下降与中国低消费》，《经济研究》2013 年第 11 期。

王碧珺等：《融资约束是否抑制了中国民营企业对外直接投资》，《世界经济》2015 年第 12 期。

王立勇等：《不同粘性条件下金融加速器效应的经验研究》，《经济研究》2012 年第 10 期。

王永进、施炳展：《上游垄断与中国企业产品质量升级》，《经济研究》2014 年第 4 期。

王宇、刘志彪：《补贴方式与均衡发展：战略性新兴产业成长与传统产业调整》，《中国工业经济》2013 年第 8 期。

魏守华等：《城市等级、人口增长差异与城镇体系演变》，《中国工业经济》2020 年第 7 期。

文东伟：《资源错配、全要素生产率与中国制造业的增长潜力》，《经济学（季刊）》2019 年第 2 期。

文东伟、冼国明：《企业异质性、融资约束与中国制造业企业的出口》，《金融研究》2014 年第 4 期。

吴福象、刘志彪：《城市化群落驱动经济增长的机制研究——来自长三角 16 个城市的经验证据》，《经济研究》2008 年第 11 期。

徐思等：《"一带一路"倡议与中国企业融资约束》，《中国工业经济》2019 年第 7 期。

徐业坤、马光源：《地方官员变更与企业产能过剩》，《经济研究》2019 年第 5 期。

许伟、陈斌开：《银行信贷与中国经济波动：1993–2005》，《经济学（季刊）》2009 年第 3 期。

许月丽、纪晓丹：《数字普惠金融对县域城乡资本要素一体化的影响——基于新二元转型视角》，《数量经济技术经济研究》2024 年第 2 期。

鄢莉莉、王一鸣：《金融发展、金融市场冲击与经济波动——基于动态随机一般均衡模型的分析》，《金融研究》2012 年第 12 期。

严成樑：《老年照料、人口出生率与社会福利》，《经济研究》2018 年第 4 期。

严善平：《城市劳动力市场中的人员流动及其决定机制——兼析大城市的新二元结构》，《管理世界》2006 年第 8 期。

阳佳余、徐敏：《融资多样性与中国企业出口持续模式的选择》，《世界经济》2015 年第 4 期。

杨其静、聂辉华：《保护市场的联邦主义及其批判》，《经济研究》2008 年第 3 期。

杨其静、郑楠：《地方领导晋升竞争是标尺赛、锦标赛还是资格赛》，《世界经济》2013 年第 12 期。

杨汝岱：《中国制造业企业全要素生产率研究》，《经济研究》2015 年第 2 期。

杨兴全等:《谁更趋多元化经营:产业政策扶持企业抑或非扶持企业?》,《经济研究》2018 年第 9 期。

余靖雯等:《政治周期与地方政府土地出让行为》,《经济研究》2015 年第 2 期。

喻坤等:《企业投资效率之谜:融资约束假说与货币政策冲击》,《经济研究》2014 年第 5 期。

袁申国等:《汇率制度、金融加速器和经济波动》,《经济研究》2011 年第 1 期。

张杰:《民营经济的金融困境与融资次序》,《经济研究》2000 年第 4 期。

张杰:《金融抑制、融资约束与出口产品质量》,《金融研究》2015 年第 6 期。

张杰等:《中国创新补贴政策的绩效评估:理论与证据》,《经济研究》2015 年第 10 期。

张杰等:《融资约束、融资渠道与企业 R&D 投入》,《世界经济》2012 年第 10 期。

张军等:《GDP 增速的结构性下调:官员考核机制的视角》,《经济研究》2020 年第 5 期。

张军等:《中国省际物质资本存量估算:1952-2000》,《经济研究》2004 年第 10 期。

张军、詹宇波:《金融歧视、"腐败"与中国私人企业的增长:基于转轨的理论分析和经验观察》,《世界经济文汇》2006 年第 2 期。

张开、龚六堂:《开放经济下的财政支出乘数研究——基于包含投入产出结构 DSGE 模型的分析》,《管理世界》2018 年第 6 期。

张璇等:《信贷寻租、融资约束与企业创新》,《经济研究》2017 年第 5 期。

张勇等:《利率双轨制、金融改革与最优货币政策》,《经济研究》2014 年第 10 期。

赵扶扬等：《土地财政与中国经济波动》，《经济研究》2017 年第 12 期。

周春生、汪祉良：《新二元经济：新经济繁荣与传统经济再造》，中信出版社 2022 年版。

周黎安：《晋升博弈中政府官员的激励与合作——兼论我国地方保护主义和重复建设问题长期存在的原因》，《经济研究》2004 年第 6 期。

周黎安：《中国地方官员的晋升锦标赛模式研究》，《经济研究》2007 年第 7 期。

周黎安：《转型中的地方政府：官员激励与治理》，格致出版社和上海人民出版社 2008 年版。

周黎安等：《资源错配与政治周期》，《金融研究》2013 年第 3 期。

朱宁：《刚性泡沫：中国经济为何进退两难?》，中信出版社 2016 年版。

朱英明等：《资源短缺、环境损害及其产业集聚效果研究——基于 21 世纪我国省级工业集聚的实证分析》，《管理世界》2012 年第 11 期。

Akerlof G. A. , and J. L. Yellen, "A Near-Rational Model of the Business Cycle, with Wage and Price Inertia", *Quarterly Journal of Economics*, Vol. 100, lssue Supplement, 1985.

Allen F. , et al. , "Law, Finance, and Economic Growth in China", *Journal of Financial Economics*, Vol. 77, No. 1, 2005.

Angeletos G. -M. , "Uninsured Idiosyncratic Investment Riskand Aggregate Saving", *Review of Economic Dynamics*, Vol. 10, No. 1, 2007.

Bai C. -E. , et al. , "The Return to Capital in China", *Brookings Papers on Economic Activity*, Vol. 37, No. 2, 2006.

Bai C. -E. , et al. , "The Long Shadow of China's Fiscal Expansion", *Brookings Papers on Economic Activity*, Vol. 47, No. 2, 2016.

Bai C. -E. , et al. , "Special Deals with Chinese Characteristics", *NBER Macroeconomics Annual*, Vol. 34, 2019.

Bai C. -E. , et al. , "The Rise of State-Connected Private Owners in China", NBER Working Paper, 2020.

Ball L. , and D. Romer, "Real Rigidities and the Non-Neutrality of Money", *Review of Economic Studies*, Vol. 57, No. 2, 1990.

Basu S. , and J. G. Fernald, "Returnsto Scale in U. S. Production: Estimates and Implications", *Journal of Political Economy*, Vol. 105, No. 2, 1997.

Bernanke B. S. , et al. , "The Financial Acceleratorin a Quantitative Business Cycle Framework", in Taylor J. , and Woodford M. , eds. , *Handbook of Macroeconomics*, New York: Elsevier, 1999.

Blanchard O. , and N. Kiyotaki, "Monopolistic Competition and the Effects of Aggregate Demand", *American Economic Review*, Vol. 77, No. 4, 1987.

Blanchard O. , and A. Shleifer, "Federalism with and without Political Centralization: China versus Russia", *IMF Staff Papers*, Vol. 48, No. 1, 2001.

Brandt L. , et al. , "Growth and Structural Transformation in China", in Brandt L. , and T. G. Rawski, eds. , *China's Great Economic Transformation*, Cambridge: Cambridge University Press, 2008.

Brandt, L. , et al. , "Recent Productivity Trends in China: Evidence From Macro- and Firm-Level Data", *China: An International Journal*, Vol. 20, No. 1, 2022.

Brandt L. , et al. , "Creative Accountingor Creative Destruction? Firm-Level Productivity Growth in Chinese Manufacturing", *Journal of Development Economics*, Vol. 97, No. 2, 2012.

Brandt L. , and X. Zhu, "Accounting for China's Growth", *Journal of Comparative Economics*, Vol. 31, 2010.

Brunnermeier M. K. , et al. , "China's Gradualistic Economic Approach and Financial Markets", *American Economic Review*, Vol. 107, No. 5, 2017.

Buera F. J. , and B. Moll, "Aggregate Implications of a Credit Crunch: The Importance of Heterogeneity", *American Economic Journal: Macroeconomics*, Vol. 7, No. 3, 2015.

Calvo G. A. , "Staggered Prices in a Utility – Maximizing Framework", *Journal of Monetary Economics*, Vol. 12, No. 3, 1983.

Chang C. , et al. , "Trends and Cycles in China's Macroeconomy", *NBER Macroeconomics Annual*, Vol. 30, 2016.

Chang C. , et al. , "Capital Controls and Optimal Chinese Monetary Policy", *Journal of Monetary Economics*, Vol. 74, 2015.

Chang C. , et al. , "Reserve Requirements and Optimal Chinese Stabilization Policy", *Journal of Monetary Economics*, Vol. 103, 2019.

Chen H. , et al. , "Pushing on a String: State – Owned Enterprises and Monetary Policy Transmission in China", *China Economic Review*, Vol. 54, 2019.

Chen K. , et al. , "The Nexus of Monetary Policy and Shadow Banking in China", *American Economic Review*, Vol. 108, No. 12, 2018.

Chen K. , and Y. Wen, "The Great Housing Boom of China", *American Economic Journal: Macroeconomics*, Vol. 9, No. 2, 2017.

Christiano L. J. , et al. , "Nominal Rigidities and the Dynamic Effects of a Shock to Monetary Policy", *Journal of Political Economy*, Vol. 113, No. 1, 2005.

Christiano L. J. , et al. , "Risk Shocks", *American Economic Review*, Vol. 104, No. 1, 2014.

Christiano L. J. , et al. , "Introducing Financial Frictions and Unemployment into a Small Open Economy Model", *Journal of Economic Dynamics and Control*, Vol. 35, No. 12, 2011.

Cong L. W. , et al. , "Credit Allocation under Economic Stimulus: Evidence from China", *Review of Financial Studies*, Vol. 32, No. 9, 2019.

Dixit A. K. , and J. E. Stiglitz, "Monopolistic Competition and Optimum Product Diversity", *American Economic Review*, Vol. 67, No. 3, 1977.

Dobson W. , and A. K. Kashyap, "The Contradiction in China's Gradualist Banking Reforms", *Brookings Papers on Economic Activity*, Vol. 2, 2006.

Fernández–Villaverde J. , "The Econometrics of DSGE Models", *SERIEs*, Vol. 1, No. 1, 2010.

Friedman M. , and A. J. Schwartz, *A Monetary History of the United States, 1867–1960*, Princeton: Princeton University Press, 1971.

Galí J. , *Monetary Policy, Inflation, and the Business Cycle: An Introduction to the New Keynesian Framework*, Princeton: Princeton University Press, 2008.

Galí J. , and T. Monacelli, "Monetary Policy and Exchange Rate Volatility in a Small Open Economy", *Review of Economic Studies*, Vol. 72, No. 3, 2005.

Gertler M. , and P. Karadi, "A Model of Unconventional Monetary Policy", *Journal of Monetary Economics*, Vol. 58, No. 1, 2011.

Gertler M. , and N. Kiyotaki, "Financial Intermediation and Credit Policy in Business Cycle Analysis", in Friedman B. M. , and M. Woodford, eds. , *Handbook of Monetary Economics*, Amsterdam: Elsevier, 2010.

Gertler M. , et al. , "Wholesale Banking and Bank Runs in Macroeconomic Modeling of Financial Crises", in Taylor J. B. , and H. Uhlig, eds. , *Handbook of Macroeconomics*, Amsterdam: Elsevier, 2016.

Gertler M. , et al. , "Financial Crises, Bank Risk Exposure and Government Financial Policy", *Journal of Monetary Economics*, Vol. 59, 2012.

Guo S. , Z. Jiang, and H. Shi, "The Business Cycle Implications of Bank Discrimination in China", *Economic Modelling*, Vol. 73, 2018.

Hsieh C. -T. , and P. J. Klenow, "Misallocation and Manufacturing TFP in China and India", *Quarterly Journal of Economics*, Vol. 124, No. 4, 2009.

Hsieh C. -T. , and Z. M. Song, "Grasp the Large, Let Go of the Small: The Transformation of the State Sector in China", *Brookings Papers on Economic Activity*, Vol. 3, 2015.

Iacoviello M. , "House Prices, Borrowing Constraints, and Monetary Policy in the Business Cycle", *American Economic Review*, Vol. 95, No. 3, 2005.

Kimball M. , "The Quantitative Analytics of the Basic Neomonetarist Model", *Journal of Money, Credit and Banking*, Vol. 27, No. 4, 1995.

Kiyotaki N. , and J. Moore, "Credit Cycles", *Journal of Political Economy*, Vol. 105, No. 2, 1997.

Kydland F. E. , and E. C. Prescott, "Time to Build and Aggregate Fluctuations", *Econometrica*, Vol. 50, No. 6, 1982.

Lewis W. A. , "Economic Development with Unlimited Supplies of Labour", *Manchester School*, Vol. 22, No. 2, 1954.

Li B. , and Q. Liu, "On the Choice of Monetary Policy Rules for China: A Bayesian DSGE Approach", *China Economic Review*, Vol. 44, 2017.

Li X. , et al. , "Target Setting in Tournaments: Theory and Evidence from China", *Economic Journal*, Vol. 129, No. 623, 2019.

Li H. , et al. , "Political Connections, Financing and Firm Performance: Evidence from Chinese Private Firms", *Journal of Development Economics*, Vol. 87, No. 2, 2008.

Li H. , and L. -A. Zhou, "Political Turnover and Economic Performance: The Incentive Role of Personnel Control in China", *Journal of*

Public Economics, Vol. 89, No. 9, 2005.

Li X. , et al. , "A Model of China's State Capitalism", Working Paper, 2015, Available at SSRN: https://ssrn. com/abstract=2061521.

Liu Z. , et al. , "Optimal Capital Account Liberalization in China", *Journal of Monetary Economics*, Vol. 117, 2021.

Liu Z. , et al. , "Interest-Rate Liberalization and Capital Misallocations", *American Economic Journal: Macroeconomics*, Vol. 13, No. 2, 2021.

Lucas R. E. , "Interest Rates and Currency Prices in a Two-Country World", *Journal of Monetary Economics*, Vol. 10, No. 3, 1982.

Pi J. , and P. Zhang, "*Hukou* System Reforms and Skilled-Unskilled Wage Inequality in China", *China Economic Review*, Vol. 41, 2016.

Pi J. , and P. Zhang, "Rural-Urban Human Capital Disparity and Skilled-Unskilled Wage Inequality in China", *Review of Development Economics*, Vol. 22, No. 2, 2017.

Pi J. , and P. Zhang, "Financial Discrimination and Wage Inequality in China", *Singapore Economic Review*, Vol. 69, No. 8, 2024.

Qian Y. , and B. R. Weingast, "China's Transition to Markets: Market-Preserving Federalism, Chinese Style", *Journal of Policy Reform*, Vol. 1, No. 2, 1996.

Rotemberg J. J. , "Monopolistic Price Adjustment and Aggregate Output", *Review of Economic Studies*, Vol. 49, No. 4, 1982.

Ru H. , "Government Credit, a Double-Edged Sword: Evidence from the China Development Bank", *Journal of Finance*, Vol. 73, No. 1, 2018.

Sidrauski M. , "Inflation and Economic Growth", *Journal of Political Economy*, Vol. 75, No. 6, 1967.

Smets F. , and R. Wouters, "Shocks and Frictions in US Business Cycles: A Bayesian DSGE Approach", *American Economic Review*, Vol. 97, No. 3, 2007.

Song Z., et al., "Sharing High Growth Across Generations: Pensions and Demographic Transition in China", *American Economic Journal: Macroeconomics*, Vol. 7, No. 2, 2015.

Song Z., et al., "Growing Like China", *American Economic Review*, Vol. 101, No. 1, 2011.

Song Z., et al., "Growing (with Capital Controls) Like China", *IMF Economic Review*, Vol. 62, No. 3, 2014.

Song Z., and W. Xiong, "Risks in China's Financial System", *Annual Review of Financial Economics*, Vol. 10, No. 1, 2018.

Taylor J. B., "Discretion versus Policy Rules in Practice", in Meltzer A. H., and C. I. Plosser, eds., *Carnegie-Rochester Conference Series on Public Policy*, Amsterdam: Elsevier, 1993.

Taylor J. B., "A Historical Analysis of Monetary Policy Rules", in Taylor J. B., eds., *Monetary Policy Rules*, Chicago: University of Chicago Press, 1999.

Wang R., et al., "Real Estate Price and Heterogeneous Investment Behavior in China", *Economic Modelling*, Vol. 60, 2017.

Wang R., et al., "Borrowing Constraint, Heterogeneous Production Sectors and Policy Implications: The Case of China", *International Review of Economics & Finance*, Vol. 49, 2017.

Wu G. L., "Capital Misallocation in China: Financial Frictions or Policy Distortions?", *Journal of Development Economics*, Vol. 130, 2018.

Xiong W., "The Mandarin Model of Growth", WorkingPaper, Princeton University, 2019.

Xu C., "The Fundamental Institutions of China's Reforms and Development", *Journal of Economic Literature*, Vol. 49, No. 4, 2011.

Yao Y., and M. Zhang, "Subnational Leaders and Economic Growth:

Evidence from Chinese Cities", *Journal of Economic Growth*, Vol. 20, 2015.

Yun T. , "Nominal Price Rigidity, Money Supply Endogeneity, and Business Cycles", *Journal of Monetary Economics*, Vol. 37, No. 2, 1996.

Zhu X. , "Understanding China's Growth: Past, Present, and Future", *Journal of Economic Perspectives*, Vol. 26, No. 4, 2012.

附　录

A　第三章附录

一　推导过程和结果

（一）家庭部门的最优化条件

分别对家庭部门效用函数中的消费 C_t 和下期期初持有的银行存款 D_{t+1} 求导，可以得到如下的一阶必要条件：

$$\frac{1}{C_t} = \lambda_t \tag{A.1}$$

$$1 = \beta E_t \frac{\lambda_{t+1}}{\lambda_t} R_{t+1} \tag{A.2}$$

其中 λ_t 是第 t 期家庭部门预算约束的拉格朗日乘子。

（二）政府部门的最优化条件

分别对政府部门目标函数中的在职消费 C_{gt} 和下一期公共品供给 G_{t+1} 求导，可以得到如下的一阶必要条件：

$$\frac{1}{C_{gt}} = \lambda_{gt} \tag{A.3}$$

$$1 = \frac{\gamma}{\lambda_{gt} P_{st} G_{t+1}} + \beta_g (1 - \delta_g) E_t \frac{\lambda_{gt+1} P_{st+1}}{\lambda_{gt} P_{st}} \tag{A.4}$$

其中 λ_{gt} 是第 t 期政府部门预算约束的拉格朗日乘子。

（三）　新二元部门的公式推导

部门 i 的总产出［即（3.24）式］的推导过程如下：

$$Y_{it} = \int_{-\infty}^{+\infty} y_{it} dF_i(\varepsilon_{it})$$

$$= A_{it} G_t \left(\frac{\varepsilon_{it} k_{it}}{l_{it}} \right)^{\alpha} \int_{-\infty}^{+\infty} l_{it} dF_i(\varepsilon_{it})$$

$$= A_{it} G_t \left(\frac{\widetilde{K}_{it}}{L_{it}} \right)^{\alpha} \int_{-\infty}^{+\infty} l_{it} dF_i(\varepsilon_{it})$$

$$= A_{it} G_t (\widetilde{K}_{it})^{\alpha} (L_{it})^{1-\alpha} \qquad (A.5)$$

其中根据（3.9）式和（3.23）式，劳动和有效资本存量的比值 $\varepsilon_{it} k_{it}/l_{it}$ 和 $\widetilde{K}_{it}/L_{it}$ 与企业水平的变量无关，且 $\varepsilon_{it} k_{it}/l_{it} = \widetilde{K}_{it}/L_{it}$。

给定（3.22）式和（3.18）式至（3.20）式，部门 i 第 t 期期末的有效资本存量 $\widetilde{K}_{it+1}$、总资本存量 K_{it+1}、实际总存款 D_{it+1} 和实际总贷款 B_{it+1} 的表达式［即（3.21）式和（3.25）式］可以写成：

$$\widetilde{K}_{it+1} = -H_{it} \left[g_i(\underline{\varepsilon}_{t+1}^i) + \theta^i g_i(\overline{\varepsilon}_{t+1}^i) \right] \qquad (A.6)$$

$$K_{it+1} = H_{it} \left\{ 1 - F_i(\underline{\varepsilon}_{t+1}^i) + \theta^i \left[1 - F_i(\overline{\varepsilon}_{t+1}^i) \right] \right\} \qquad (A.7)$$

$$D_{it+1} = H_{it} F_i(\underline{\varepsilon}_{t+1}^i) \qquad (A.8)$$

$$B_{it+1} = \theta^i H_{it} \left[1 - F_i(\overline{\varepsilon}_{t+1}^i) \right] \qquad (A.9)$$

其中 $g_i(x)$ 的表达式如下：

$$g_i(x) = -\int_x^{+\infty} \varepsilon_{it} dF_i(\varepsilon_{it}) = \frac{\kappa_i (\Omega_i)^{\kappa_i} x^{1-\kappa_i}}{1-\kappa_i} \qquad (A.10)$$

（四）　商业银行的最优化条件

分别对商业银行利润函数中的向政策扶持部门和市场部门发放的贷款金额 B_{st+1} 和 B_{pt+1} 求导，可以得到如下的一阶必要条件：

$$R_{st} = 1 + \frac{R_t - 1}{1 - \zeta_s} + \xi_s \qquad (A.11)$$

$$R_{pt} = 1 + \frac{R_t - 1}{1 - \zeta_p} + \xi \qquad (A.12)$$

二 动态系统

动态系统包括七部分：一、家庭部门由（A.1）式和（A.2）式构成；二、政府部门由（3.4）式、（3.5）式、（3.28）式、（A.3）式和（A.4）式构成；三、新二元经济部门由（3.23）式、（3.24）式、（3.26）式和（A.6）式至（A.9）式构成，因为这些式子中的 $i \in \{s, p\}$，所以它们代表 14 个等式；四、商业银行部门由（3.29）式、（A.11）式和（A.12）式构成；五、公共品部门由（3.30）式构成；六、民用品部门由（3.31）式至（3.34）式构成；七、市场的加总由（3.11）式和（3.36）式至（3.42）式构成。动态系统包含 37 个方程，决定如下 37 个内生变量：

$$[C_t, D_t, C_{gt}, G_t, \mathcal{F}_t, T_t, \lambda_t, \lambda_{gt}, I_{gt}, I_t, w_t, r_t^k, \text{GDP}_t,$$
$$\text{TFP}_t, \widetilde{Y}_{st}, Y_t, \Upsilon_t, P_{st}, P_{pt}, D_{st}, B_{st}, K_{st}, \widetilde{K}_{st}, H_{st}, L_{st}, Y_{st}, D_{pt},$$
$$B_{pt}, K_{pt}, \widetilde{K}_{pt}, H_{pt}, L_{pt}, Y_{pt}, R_t^C, R_{st}, R_{pt}, R_t]$$

三 参数校准

表 A.1 展示了对新二元经济基础模型进行校准所得到的结果。

表 A.1   新二元经济基础模型参数校准结果

变量	含义	校准值
（一）家庭部门		
β	家庭部门折现因子	0.99
（二）政府部门		
β_g	政府部门折现因子	0.95
γ	政府官员重视仕途的程度	1.60
δ_g	公共品季度折旧率	0.023
τ	补贴率	0.05
ϑ	政府税收收入占 GDP 比重	0.20
（三）新二元部门		
α	资本收入份额	0.50

续表

变量	含义	校准值
δ	资本品季度资本折旧率	0.025
θ^e	企业退出市场的概率	0.06
A_s	政策扶持部门全要素生产率	1
A_p	市场部门全要素生产率	1.42
θ^s	政策扶持部门贷款价值比	0.504
θ^p	市场部门贷款价值比	0.279
κ_s	政策扶持部门资本质量冲击累积分布函数的参数	2
κ_p	市场部门资本质量冲击累积分布函数的参数	2
Ω_s	政策扶持部门资本质量冲击累积分布函数的参数	0.5
Ω_p	市场部门资本质量冲击累积分布函数的参数	0.5
（四）商业银行		
ξ	金融摩擦系数	0.01
ζ_s	政策扶持部门贷款所需存款准备金率	0.13
ζ_p	市场部门贷款所需存款准备金率	0.12
ξ_s	逆隐性担保程度	0
（五）民用品部门		
σ	替代弹性	3
ϕ	政策扶持部门产品的相对比例	0.44
（六）外生冲击		
ρ_{As}	政策扶持部门技术冲击持续性的参数	0.9
ρ_{Ap}	市场部门技术冲击持续性的参数	0.9
σ_{As}	政策扶持部门技术冲击的标准差	0.01
σ_{Ap}	市场部门技术冲击的标准差	0.01

B　第四章附录

一　推导过程和结果

家庭部门、政府部门和商业银行部门的最优化条件可见

A. 1. 1 节、A. 1. 2 节和 A. 1. 4 节，政策扶持部门的公式推导可见 A. 1. 3 节，其中需要令公式中的 i 取 s。本节给出市场部门的公式推导。

市场部门的加总生产函数 ［即 （4. 22） 式］ 的推导过程如下：

$$Y_{pt} = \int_{-\infty}^{+\infty} y_{pt} dF_p(\varepsilon_{pt})$$

$$= A_{pt}(G_t)^{1-\alpha_m} \left(\frac{\tilde{y}_{st}}{l_{pt}}\right)^{\alpha_m} \left(\frac{\varepsilon_{pt} k_{pt}}{l_{pt}}\right)^{\alpha(1-\alpha_m)} \int_{-\infty}^{+\infty} l_{it} dF_i(\varepsilon_{it})$$

$$= A_{pt}(G_t)^{1-\alpha_m} \left(\frac{\tilde{Y}_{st}}{L_{pt}}\right)^{\alpha_m} \left(\frac{\tilde{K}_{pt}}{L_{pt}}\right)^{\alpha(1-\alpha_m)} \int_{-\infty}^{+\infty} l_{it} dF_i(\varepsilon_{it})$$

$$= A_{pt}(\tilde{Y}_{st})^{\alpha_m} \left[G_t(\tilde{K}_{pt})^{\alpha}(L_{pt})^{1-\alpha} \right]^{1-\alpha_m} \quad (B. 1)$$

其中根据 （4. 4） 式、（4. 5） 式、（4. 20） 和 （4. 21） 式，市场部门每个企业的劳动和有效资本之比以及劳动和政策扶持部门产品之比都是相同的，与企业水平的变量无关，且等于市场部门加总水平的劳动和有效资本之比和劳动和政策扶持部门产品之比。

给定 （4. 19） 式和 （4. 14） 式至 （4. 16） 式，市场部门第 t 期期末的有效资本存量、总资本存量、实际总存款和实际总贷款的表达式 ［即 （4. 18） 式和 （4. 23） 式］ 可以写成：

$$\tilde{K}_{pt+1} = -H_{pt} \left[g_p(\underline{\varepsilon}_{t+1}^p) + \theta^p g_p(\overline{\varepsilon}_{t+1}^p) \right] \quad (B. 2)$$

$$K_{pt+1} = H_{pt} \left\{ 1 - F_p(\underline{\varepsilon}_{t+1}^p) + \theta^p \left[1 - F_p(\overline{\varepsilon}_{t+1}^p) \right] \right\} \quad (B. 3)$$

$$D_{pt+1} = H_{pt} F_p(\underline{\varepsilon}_{t+1}^p) \quad (B. 4)$$

$$B_{pt+1} = \theta^p H_{pt} \left[1 - F_p(\overline{\varepsilon}_{t+1}^p) \right] \quad (B. 5)$$

其中 $g_p(x)$ 的表达式如下：

$$g_p(x) = -\int_x^{+\infty} \varepsilon_{pt} dF_p(\varepsilon_{pt}) = \frac{\kappa_p (\Omega_p)^{\kappa_p} x^{1-\kappa_p}}{1-\kappa_p} \quad (B. 6)$$

二 动态系统

动态系统包括七部分：一、家庭部门由 （A. 1） 式和 （A. 2） 式构成；二、政府部门由（3.4）式、（3.5）式、（3.28）、（A.3）和（A.4）式构成；三、政策扶持部门由（3.23）式、（3.24）式、（3.26）式和（A.6）式至（A.9）式构成，且这些式子中的 i 取 s；四、市场部门由（4.20）式至（4.22）式、（4.24）式和（B.2）式至（B.5）式构成；五、商业银行部门由（3.29）式、（A.11）式和（A.12）式构成；六、公共品部门由（3.30）式构成；七、经济的加总由（3.36）式至（3.39）式、（4.7）式和（4.25）式至（4.28）式构成。动态系统包含35个方程，决定如下35个内生变量：

$$[C_t,\ D_t,\ C_{gt},\ G_t,\ \mathcal{F}_t,\ T_t,\ \lambda_t,\ \lambda_{gt},\ I_{gt},\ I_t,\ w_t,\ r_t^k,\ \mathrm{GDP}_t,$$
$$\mathrm{TFP}_t,\ \widetilde{Y}_{st},\ \mathrm{Y}_t,\ P_{st},\ D_{st},\ B_{st},\ K_{st},\ \widetilde{K}_{st},\ H_{st},\ L_{st},\ Y_{st},\ D_{pt},\ B_{pt},\ K_{pt},$$
$$\widetilde{K}_{pt},\ H_{pt},\ L_{pt},\ Y_{pt},\ R_t^C,\ R_{st},\ R_{pt},\ R_t]$$

三　参数校准

表 B.1 展示了对垂直市场结构中的新二元经济模型进行校准的结果。

表 B.1　　　　　　垂直市场结构中的新二元经济模型参数校准结果

变量	含义	校准值
（一）家庭部门		
β	家庭部门折现因子	0.99
（二）政府部门		
β_g	政府部门折现因子	0.95
γ	政府官员重视仕途的程度	2.62
δ_g	公共品季度折旧率	0.023
τ	补贴率	0.05
ϑ	政府税收收入占 GDP 比重	0.20
（三）新二元部门		
α	资本收入份额	0.50
δ	资本品季度资本折旧率	0.025

变量	含义	校准值
θ^e	企业退出市场的概率	0.06
α_m	政策扶持部门产值比重	0.3
A_s	政策扶持部门全要素生产率	1
A_p	市场部门全要素生产率	1.42
θ^s	政策扶持部门贷款价值比	0.504
θ^p	市场部门贷款价值比	0.279
κ_s	政策扶持部门资本质量冲击累积分布函数的参数	2
κ_p	市场部门资本质量冲击累积分布函数的参数	2
Ω_s	政策扶持部门资本质量冲击累积分布函数的参数	0.5
Ω_p	市场部门资本质量冲击累积分布函数的参数	0.5
（四）商业银行		
ξ	金融摩擦系数	0.01
ζ_s	政策扶持部门贷款所需存款准备金率	0.13
ζ_p	市场部门贷款所需存款准备金率	0.12
ξ_s	逆隐性担保程度	0
（五）外生冲击		
ρ_{As}	政策扶持部门技术冲击持续性的参数	0.9
ρ_{Ap}	市场部门技术冲击持续性的参数	0.9
σ_{As}	政策扶持部门技术冲击的标准差	0.01
σ_{Ap}	市场部门技术冲击的标准差	0.01

C 第五章附录

一 推导过程和结果

（一）家庭部门的最优化条件

分别对家庭部门效用函数中的消费 C_t，当期劳动投入 L_t，下期期初持有的银行存款 D_{t+1}，和下期期初持有的货币余额 M_{t+1} 求导，可以得到如下的一阶必要条件：

$$\frac{1}{C_t} = \lambda_t \tag{C.1}$$

$$w_t = \frac{\chi L_t^{\eta}}{\lambda_t} \tag{C.2}$$

$$1 = \frac{\nu}{\lambda_t m_t} + \beta E_t \frac{\lambda_{t+1}}{\lambda_t \Pi_{t+1}} \tag{C.3}$$

$$1 = \beta E_t \frac{\lambda_{t+1} R_{t+1}}{\lambda_t \Pi_{t+1}} \tag{C.4}$$

其中 λ_t 是第 t 期家庭部门预算约束的拉格朗日乘子，$m_t = M_{t+1}/P_t$ 表示第 t 期期末的实际货币余额，$\Pi_t = P_t/P_{t-1}$ 是第 t 期通货膨胀率。

（二）政府部门的最优化条件

分别对政府部门目标函数中的在职消费 C_{gt} 和下一期公共品供给 G_{t+1} 求导，可以得到如下的一阶必要条件：

$$\frac{1}{C_{gt}} = \lambda_{gt} \tag{C.5}$$

$$1 = \frac{\gamma}{\lambda_{gt} P_{st} G_{t+1}} + \beta_g (1-\delta_g) E_t \frac{\lambda_{gt+1} P_{st+1}}{\lambda_{gt} P_{st}} \tag{C.6}$$

其中 λ_{gt} 是第 t 期政府部门预算约束的拉格朗日乘子。可以发现（C.5）式和（C.6）式与（A.3）式和（A.4）式一致。

（三）新二元部门的公式推导

部门 i 的总产出［即（5.25）式］的推导过程与（A.5）式的推导过程是一致的：

$$Y_{it} = \int_{-\infty}^{+\infty} y_{it} dF_i(\varepsilon_{it})$$

$$= A_{it} G_t \left(\frac{\varepsilon_{it} k_{it}}{l_{it}} \right)^{\alpha} \int_{-\infty}^{+\infty} l_{it} dF_i(\varepsilon_{it})$$

$$= A_{it} G_t \left(\frac{\widetilde{K}_{it}}{L_{it}} \right)^\alpha \int_{-\infty}^{+\infty} l_{it} dF_i(\varepsilon_{it})$$

$$= A_{it} G_t (\widetilde{K}_{it})^\alpha (L_{it})^{1-\alpha} \tag{C.7}$$

其中根据（5.9）式和（5.24）式，劳动和有效资本存量的比值 $\varepsilon_{it} k_{it}/l_{it}$ 和 $\widetilde{K}_{it}/L_{it}$ 与企业水平的变量无关，且 $\varepsilon_{it} k_{it}/l_{it} = \widetilde{K}_{it}/L_{it}$。

给定（5.23）式和（5.19）式至（5.21）式，部门 i 第 t 期期末的有效资本存量 $\widetilde{K}_{it+1}$、总资本存量 K_{it+1}、实际总存款 $\widetilde{d}_{it}$ 和实际总贷款 $\widetilde{b}_{it}$ 的表达式［即（5.22）和（5.26）式］可以写成：

$$\widetilde{K}_{it+1} = -H_{it} \left[g_i(\underline{\varepsilon}_{t+1}^i) + \theta^i g_i(\overline{\varepsilon}_{t+1}^i) \right] \tag{C.8}$$

$$K_{it+1} = H_{it} \left\{ 1 - F_i(\underline{\varepsilon}_{t+1}^i) + \theta^i \left[1 - F_i(\overline{\varepsilon}_{t+1}^i) \right] \right\} \tag{C.9}$$

$$\widetilde{d}_{it} = H_{it} F_i(\underline{\varepsilon}_{t+1}^i) \tag{C.10}$$

$$\widetilde{b}_{it} = \theta^i H_{it} \left[1 - F_i(\overline{\varepsilon}_{t+1}^i) \right] \tag{C.11}$$

其中 $\widetilde{d}_{it} = D_{it+1}/P_t$ 表示第 t 期期末部门 i 的实际总存款，$\widetilde{b}_{it} = B_{it+1}/P_t$ 表示第 t 期期末部门 i 的实际总贷款，$g_i(x)$ 的表达式如下：

$$g_i(x) = -\int_x^{+\infty} \varepsilon_{it} dF_i(\varepsilon_{it}) = \frac{\kappa_i(\Omega_i)^{\kappa_i} x^{1-\kappa_i}}{1-\kappa_i} \tag{C.12}$$

（四）商业银行的最优化条件

分别对商业银行利润函数中的向政策扶持部门和市场部门发放的贷款金额 B_{st+1} 和 B_{pt+1} 求导，可以得到如下的一阶必要条件：

$$R_{st} = 1 + \frac{R_t - 1}{1 - \zeta_s} + \xi_s \tag{C.13}$$

$$R_{pt} = 1 + \frac{R_t - 1}{1 - \zeta_p} + \xi \tag{C.14}$$

可以发现（C.13）式和（C.14）式与（A.11）式和（A.12）式一致。

（五）民用品部门的公式推导

民用品部门的总产出［即（5.39）式］的推导过程如下：

$$Y_{it} = \int_0^1 Y_t(z) dz$$

$$= \left[\phi + (1-\phi) \left(\frac{Y_{pt}(z)}{\widetilde{Y}_{st}(z)} \right)^{\frac{\sigma-1}{\sigma}} \right]^{\frac{\sigma}{\sigma-1}} \int_0^1 \widetilde{Y}_{st}(z) \, dz$$

$$= \left[\phi + (1-\phi) \left(\frac{Y_{pt}}{\widetilde{Y}_{st}} \right)^{\frac{\sigma-1}{\sigma}} \right]^{\frac{\sigma}{\sigma-1}} \widetilde{Y}_{st}$$

$$= \left[\phi (\widetilde{Y}_{st})^{\frac{\sigma-1}{\sigma}} + (1-\phi)(Y_{pt})^{\frac{\sigma-1}{\sigma}} \right]^{\frac{\sigma}{\sigma-1}} \quad (C.15)$$

其中根据（5.34）式、（5.35）式、（5.37）式和（5.38）式，政策扶持部门和市场部门的产品投入之比 $Y_{pt}(z)/\widetilde{Y}_{st}(z)$ 和 $Y_{pt}/\widetilde{Y}_{st}$ 与 z 无关，且 $Y_{pt}(z)/\widetilde{Y}_{st}(z) = Y_{pt}/\widetilde{Y}_{st}$。

（六）零售部门的公式推导

P_t^* 的递归形式［即（5.46）式、（5.47）式和（5.48）式］的推导过程如下：

由（5.45）式可以得到：

$$\epsilon E_t \sum_{j=0}^{\infty} (\beta\theta)^j \lambda_{t+j} MC_{t+j} \Gamma_{t+j} P_{t+j}^{\epsilon} = (\epsilon-1) P_t^* E_t \sum_{j=0}^{\infty} (\beta\theta)^j \lambda_{t+j} \Gamma_{t+j} P_{t+j}^{\epsilon-1}$$

$$(C.16)$$

注意到当 $j \geq 1$ 时，有：

$$P_{t+j} = P_t \frac{P_{t+1}}{P_t} \frac{P_{t+2}}{P_{t+1}} \cdots \frac{P_{t+j}}{P_{t+j-1}} = P_t \prod_{i=1}^{j} \Pi_{t+i} \quad (C.17)$$

将上式代入（C.16）式并在左右两边消去 P_t^{ϵ}，即可将左边部分写成关于 g_t^1 的递归形式，右边部分写成关于 g_t^2 的递归形式。

通货膨胀 Π_t 的运动方程（5.49）式推导过程如下：

根据（5.42）式和 Calvo 定价方式，有：

$$P_t = \left[\int_{S_t(\theta)} P_{t-1}(z)^{1-\epsilon} dz + (1-\theta) P_t^* \right]^{\frac{1}{1-\epsilon}}$$

$$= \left[\theta P_{t-1}^{1-\epsilon} + (1-\theta)(P_t^*)^{1-\epsilon} \right]^{\frac{1}{1-\epsilon}} \quad (C.18)$$

其中 $S_t(\theta)$ 表示第 t 期不能调整价格的企业集合。第二个等号用到的事实是 θ 比例不能调整价格的企业所构成的价格指数缩小为上一期价格指数的 θ 倍，这一关系成立的原因是企业的数量是无穷的。

对（C.18）式左右两边同时取 $1-\epsilon$ 次幂，然后左右两边同时除以 $P_t^{1-\epsilon}$，即可得到（5.49）式。

同理，v_t 的推导过程如下：

对（5.41）式左右两边进行积分，可以发现：

$$
\begin{aligned}
v_t &= \int_0^1 \left(\frac{P_t(z)}{P_t}\right)^{-\epsilon} dz \\
&= \int_{S_t(\theta)} \left(\frac{P_{t-1}(z)}{P_t}\right)^{-\epsilon} dz + (1-\theta)\left(\frac{P_t^*}{P_t}\right)^{-\epsilon} \\
&= \int_{S_t(\theta)} \left(\frac{P_{t-1}}{P_t}\frac{P_{t-1}(z)}{P_{t-1}}\right)^{-\epsilon} dz + (1-\theta)\left(\frac{P_t^*}{P_t}\right)^{-\epsilon} \\
&= \Pi_t^{\epsilon} \int_{S_t(\theta)} \left(\frac{P_{t-1}(z)}{P_{t-1}}\right)^{-\epsilon} dz + (1-\theta)\left(\Pi_t^*\right)^{-\epsilon} \\
&= \theta \Pi_t^{\epsilon} v_{t-1} + (1-\theta)\left(\Pi_t^*\right)^{-\epsilon}
\end{aligned}
\tag{C.19}
$$

从而得到 v_t 的递归形式。

二　动态系统

动态系统包括九部分：一、家庭部门由（C.1）式至（C.4）式构成；二、政府部门由（5.4）式、（5.5）式、（5.29）式、（C.5）式和（C.6）式构成；三、新二元经济部门由（5.24）式、（5.25）式、（5.27）式和（D.8）式至（C.11）式构成，因为这些式子中的 $i \in \{s, p\}$，所以它们代表 14 个等式；四、商业银行部门由（5.30）式、（C.13）式和（C.14）式构成；五、公共品部门由（5.31）式构成；六、民用品部门由（5.32）式和（5.37）式至（5.39）式构成；七、零售部门由（5.46）式至（5.51）式构成；八、中央银行部门由（5.52）式至（5.54）式构成；九、经济的加总由（5.11）式和（5.55）式至（5.62）式构成。动态系统包含 49 个方程，决定如下 49 个内生变量：

$[C_t, L_t, D_t, M_t, C_{gt}, G_t, \mathcal{F}_t, T_t, \lambda_t, \lambda_{gt}, I_{gt}, I_t, w_t, r_t^k,$
$\mathrm{GDP}_t, \mu_t, \omega_t, \mathrm{TFP}_t, D_{st}, B_{st}, K_{st}, \tilde{K}_{st}, H_{st}, L_{st}, Y_{st}, D_{pt}, B_{pt},$

K_{pt}, $\widetilde{K}_{pt}$, H_{pt}, L_{pt}, Y_{pt}, R_t^C, R_{st}, R_{pt}, $\widetilde{Y}_{st}$, Y_t, P_{st}, P_{pt}, MC_t, Υ_t, Γ_t, v_t, Π_t, Π_t^*, g_t^1, g_t^2, m_t^s, R_t]

三　参数校准

表 C.1 展示了对考虑货币政策非对称传导的新二元经济模型进行校准的结果。

表 C.1　　货币政策非对称传导中的新二元经济模型参数校准结果

变量	含义	校准值
（一）家庭部门		
β	家庭部门折现因子	0.995
χ	劳动的负效用参数	18.94
η	逆 Frisch 劳动供给弹性	2
ν	持有货币的效用参数	0.0009
（二）政府部门		
β_g	政府部门折现因子	0.95
γ	政府官员重视仕途的程度	1.37
δ_g	公共品季度折旧率	0.023
τ	补贴率	0.05
ϑ	政府税收收入占 GDP 比重	0.20
（三）新二元部门		
α	资本收入份额	0.50
δ	资本品季度资本折旧率	0.025
θ^e	企业退出市场的概率	0.06
A_s	政策扶持部门全要素生产率	1
A_p	市场部门全要素生产率	1.42
θ^s	政策扶持部门贷款价值比	0.504
θ^p	市场部门贷款价值比	0.279
κ_s	资本质量冲击累积分布函数的参数	1.8
κ_p	资本质量冲击累积分布函数的参数	1.7

续表

变量	含义	校准值
Ω_s	资本质量冲击累积分布函数的参数	0.4444
Ω_p	资本质量冲击累积分布函数的参数	0.4118
（四）商业银行		
ξ	金融摩擦系数	0.01
ζ_s	政策扶持部门贷款所需存款准备金率	0.13
ζ_p	市场部门贷款所需存款准备金率	0.12
ξ_s	逆隐性担保程度	0
（五）民用品部门		
σ	替代弹性	3
ϕ	政策扶持部门产品的相对比例	0.44
（六）零售部门		
ϵ	零售商品替代弹性	10
θ	企业不能调整销售价格的概率	0.66
（七）中央银行		
ψ_π	中央银行稳定价格的参数	-0.65
ψ_y	中央银行实现潜在经济增长率的参数	0.30
μ	目标实际货币供应量增长率	1
Π	目标通货膨胀率	1.005
ω	目标 GDP 增长率	1
（八）外生冲击		
ρ_{As}	政策扶持部门技术冲击持续性的参数	0.9
ρ_{Ap}	市场部门技术冲击持续性的参数	0.9
σ_{As}	政策扶持部门技术冲击的标准差	0.01
σ_{Ap}	市场部门技术冲击的标准差	0.01
σ_m	货币政策冲击的标准差	0.01

索　引

B

补贴率 46
部门偏向性 6,133,174
部门性差异 18

C

Calvo 定价 26,108
CES（不变替代弹性） 27,51
财富的逆转 24
财政收入占 GDP 比重 45,101,156
财政压力 156
财政压力冲击 157
参数校准 53,80,111
垂直市场结构 71
存款准备金 50,106

D

贷款价值比 47,78,103
党的二十大报告 1
党的二十届三中全会 1
抵押品约束 47,103
动态随机一般均衡模型 25

E

二元经济 5

F

房地产部门 30
负外部性 17

G

公共品部门 50,106
公共品供给 44,137
公共品折旧因子 44
供给侧结构性改革 7,179

H

货币政策冲击 115
货币政策非对称传导 96

货币中性 26

J

技术路线图 13
家庭部门 43,100
家庭部门折现因子 43,100
价格加成率 115
价格粘性 26
金融加速器 28
金融摩擦 28,50
晋升锦标赛 4,21,135
晋升锦标赛冲击 137
晋升锦标赛强度参数 44,101,
  138
经济高质量发展 12,176

L

拉格朗日乘子 47,103
劳动收入份额下降 154
利率溢价 50,106
零售部门 108

M

民用品部门 51,106
目标通货膨胀率 110

P

帕累托分布 48,78

Q

全国统一大市场 2,9,72
全要素生产率 52,111

R

RBC(真实经济周期) 25
人口老龄化 31
融资约束 18

S

商业银行 49,105
社会主义市场经济 1
生产率差异 19
实际货币供应量 110
市场部门 3,45,75,101
市场部门技术冲击 61,86,124
市场失灵 2
数量型货币政策规则 109
随机折现因子 47,77

T

Taylor 规则 26
土地财政 30,155

W

唯 GDP 论 136,143
维护市场的经济联邦制 135

X

小政府、大市场 2,176

新二元经济 3,5

新凯恩斯动态随机一般均衡模型 26

新凯恩斯菲利普斯曲线 27

Y

要素市场化改革 2,4,176

一次付总税收 43

隐性担保 50,106

影子银行 31

有为政府 1,176

有效市场 1,176

有形之手 2,176

Z

在职消费 44,100,137

政策非预期效果 33

政策扶持部门 3,45,101

政策扶持部门技术冲击 56,81,120

政策模拟实验 64,91,129

政策性优惠 14

政府部门 43,100

政府部门折现因子 44,101

政府和市场的关系 1

政治周期与经济周期 136

中国奇迹 1

中国智造 2

中央银行 109

资本回报率 52,80,111

资本偏向型 153

资本收入份额 45,75,101

资本折旧率 46

资本质量冲击 45,75,101

资源错配 3,22

资源配置效率 6,95,174,179